Robert Moore und Douglas Gillette

Der Magier im Mann

Wege zum inneren Schamanen

Walter-Verlag
Solothurn und Düsseldorf

Titel der amerikanischen Originalausgabe:
The Magician Within – Accessing the Shaman in the Male Psyche
William Morrow and Company Inc., New York

Unter Verwendung einer Übersetzung aus dem Amerikanischen
von Eva Maria Hirsch, vom Verlag bearbeitet, umgestaltet
und mit einem Vorwort versehen.

Die Deutsche Bibliothek – CIP-Einheitsaufnahme

Moore, Robert:
Der Magier im Mann : Wege zum inneren Schamanen / Robert Moore
und Douglas Gillette. [Übers. aus dem Amerik. von
Eva Maria Hirsch]. – Solothurn : Düsseldorf : Walter, 1995
Einheitssacht.: The Magician Within <dt.>
ISBN 3-530-40003-3
NE: Gillette, Douglas:

Satz: Utesch Satztechnik GmbH, Hamburg
Druck und Einband: Clausen & Bosse, Leck
Printed in Germany
ISBN 3-530-40003-3

«Erkenne dich selbst!»

Von einer Inschrift, die den Sieben Weisen
am Tempel des Apoll in Delphi gewidmet ist.

Für Imhotep, Quetzalcoatl, Sokrates, Lao-tse, Giordano Bruno, Paul Tillich, Alfred North Whitehead, Orville und Wilbur Wright, Albert Einstein, Jonas Salk, Victor Turner, Louis B. Leakey und alle männlichen Schamanen, Propheten, Heiler, Wissenschaftler, Gurus, Denker, Erfinder und Pioniere der unsichtbaren Welten, die ihr Leben der Veränderung der Menschheit gewidmet haben durch Wissen, Aufklärung und unermüdliche Hingabe an die Sache der Ganzheit.

Inhalt

EINFÜHRUNG

TEIL EINS: DER MÄNNLICHE MAGIER

TEIL ZWEI: DER BIPOLARE SCHATTEN DES MAGIERS

TEIL DREI: DIE ENTWICKLUNG DES SCHAMANEN IN DER MÄNNLICHEN PSYCHE

EINFÜHRUNG

Verwundeter Bison mit Mensch und Vogel; Felsbild. Lascaux bei Montignac, Dordogne. (Aus Herbert Kühn: Die Felsbilder Europas. Europa-Verlag, Zürich-Wien 1952.)

Vorwort zur deutschen Ausgabe

Robert Moore und Douglas Gillette haben ein Modell des männlichen Selbst entwickelt, das auf vier Grundarchetypen der reifen Männlichkeit beruht, die in jedem Mann angelegt sind. Jeder dieser Archetypen – die Autoren bezeichnen sie als *Magier, König, Krieger und Liebhaber* – hat sein ganz spezifisches Energiepotential. Sehr verallgemeinert formuliert prägen Eros und Empathie den *Liebhaber*, ein ordnendes, zentrierendes und im weitesten Sinn Fruchtbarkeit bringendes Potential den *König*, «Aggression» im Sinne eines aktiven, bewußten Angehens von Situationen den *Krieger*, Wissen um die inneren Zusammenhänge und ein weiser Umgang damit den *Magier*. Gelingt es dem modernen Mann, einen Zugang zu diesen Archetypen zu finden, so stehen ihm deren Energiepotentiale zur Verfügung, die bei einem richtigen Umgang die Entwicklung eines reifen männlichen Selbst fördern und jedem Mann die Möglichkeit bieten, sich in Richtung einer umfassenderen, ganzheitlicheren Männlichkeit zu entwickeln. Allen vier Archetypen ist gemeinsam, daß ihr Potential vom reifen Mann nicht nur zur eigenen Individuation, sondern immer auch zum Wohle der Gemeinschaft eingesetzt wird.

Daß jeder Archetyp auch seinen bipolaren Schatten – einen aktiven und einen passiven Pol – enthält, ist eine wichtige Erkenntnis der Autoren. Der süchtige und der impotente Liebhaber sind die beiden Schattenformen des *Liebhabers*, der Tyrann und der Aufgebende diejenigen des *Königs*, der Sadist und der Masochist die des *Kriegers* und schließlich der distanzierte Manipulator und der verleugnende Unschuldige die des *Magiers*. Diese zu kennen und möglichst umfassend zu integrieren ist ein wesentlicher Schritt im Reifungsprozeß. Der interessierte Leser sei auf die Erläuterungen zur dreieckigen Darstellungsform der vier Grundarchetypen und zum pyramidenförmigen Modell des reifen männlichen Selbst im vierten Teil dieses Buches verwiesen.

Über jeden der vier Grundarchetypen haben die Autoren eine Art Monografie geschrieben, die in differenzierter Weise in das Wesen des entsprechenden Archetyps einführt, anhand mythischer und historischer Gestalten aufzeigt, wie sich der Archetyp im menschlichen Leben ausdrückt, auf seinen bipolaren Schatten eingeht und den modernen Mann zeigt, wie er einen fruchtbaren Zugang zu dem spezifischen Energiepotential des Archetyps finden kann. Überlegungen zum Modell der vier Grundarchetypen – das auf der Jungschen Quaternio beruht – vermitteln zudem ein hilfreiches Hintergrundwissen.

Jede Monografie bildet eine abgeschlossene Einheit, die es dem modernen Mann ermöglicht, eine spezifische Seite seiner Männlichkeit besonders zu entwickeln. Da die vier Grundarchetypen voneinander abhängig sind, müssen bei der Entwicklung eines Archetyps die anderen drei immer – mehr oder weniger – die Möglichkeit haben, mitzuschwingen, damit die Gefahr einer Einseitigkeit vermieden wird. Daher finden sich in jeder Monografie immer auch Bezüge zu den anderen drei Archetypen.

Das vorliegende Buch über den Archetyp des Magiers (amerikanischer Originaltitel: *The Magician Within*) ist zur Zeit die einzige der vier Monografien, die in deutscher Sprache vorliegt. Die amerikanischen Originalausgaben sind im Verlag William Morrow in New York erschienen; die Titel der drei anderen Monografien sind: *The King Within, The Warrior Within, The Lover Within*.

Einstimmung

Tief im Schoß der Mutter Erde, in den aus dem Magdalénien stammenden Höhlen von Zentralfrankreich, vermittelt ein gemaltes Bild eine Ahnung von der Zukunft einer bemerkenswerten Spezies. Das Bild – in einer Krypta am Ende der labyrinthartigen Gänge in den Höhlen von Lascaux – zeigt einen Mann, der eine Vogelmaske trägt. Zu seiner Rechten liegt ein Büffel mit heraushängenden Eingeweiden, der durch den Speer eines Jägers verendet; zu seiner Linken flieht ein Nashorn den Schauplatz des Geschehens. Das pralle Glied des Vogelmannes weist aggressiv und erotisch auf den sterbenden Büffel. Sein Zauberstab, der zu seiner Rechten liegt, trägt an der Spitze das Abbild eines Vogels.

Dieser Vogelmann ist mit größter Wahrscheinlichkeit ein Magier. Er ist der Gebieter über die Kraft, die Imagination und die Technologie seiner Kultur. Seine Kräfte verleihen ihm die Fähigkeit, die Dinge seiner Welt zu erneuern, und durch seine innere Vision hat er es zustande gebracht, sich selbst eine neue Gestalt zu geben. Er ist zu einem Vogel geworden, einem reinen Geistwesen, das aufsteigt in große Höhen. Die Energie, mit der er diese Wandlung vollbrachte, dient bis heute den Generationen, die von ihm abstammen. Künstler, Theologen, Geistes- und Naturwissenschaftler, sie alle schöpfen in ihren geistigen und spirituellen Ekstasen aus demselben Archetyp des Magiers. Und in dem Maß, in dem sie ihren ekstatischen Träumen konkrete Form geben, werden ihre Visionen auch die Welt verändern.

Wenn wir uns von der Altsteinzeit in das zweite nachchristliche Jahrhundert und von einer historischen Höhle in eine andere begeben, finden wir in einer von Menschenhand gemeißelten Katakombe ein weiteres eindrucksvolles Bild des Magiers. Unter der antiken Stadt Rom malten frühe Anbeter Christus im Gewand eines Magiers, wie er mit einem Zauberstab in der Hand vor dem in Leinenbinden gehüllten Körper seines Freundes Lazarus steht. Indem er diesen mit seinem Zauberstab berührt, verwandelt Christus den Tod in Leben!

Wie alle Magier kennt er sich aus in der Technologie der inneren Kräfte – den ursprünglichen Energien der Psyche, die unseren menschlichen Unternehmungen Inhalt und Sinn verleihen. Es sind die Energien, die verlorene Seelen retten, verwirrte Seelen, die im «Tod» einer Neurose, eines Komplexes oder einer Besessenheit weggesperrt sind. Diese Energien stehen uns allen zur Verfügung, denn in jedem von uns findet sich ein Magier. In der Geschichte gab es eine Anzahl von Meistern im Umgang mit diesen Energien, die uns in unseren Bemühungen, sie selbst zu benützen, ein Vorbild sind. Ein besonders großer war Christus, der, nachdem er sich selbst auferweckt hatte, imstande war, davonzufliegen – wie der alte Vogelmann es vor ihm getan hatte – und in die lichterfüllten Himmel aufzusteigen.

Geschlechtsidentität, Geschlechtsasymmetrie und das sexuelle Ungleichgewicht der Macht

In zunehmendem Maße bemühen sich heutzutage Männer und Frauen, in einer diffusen Welt der Geschlechtervermischung zurechtzukommen. Besorgt fragen sie sich, was denn ihre eigene sexuelle Identität ausmache, vorausgesetzt, daß es sie überhaupt gibt. Frauen ziehen Anzüge an und werden Bankiers und Rechtsanwälte. Männer putzen das Haus und lernen, wie man Windeln wechselt. Diese Veränderungen in der traditionellen Rollenverteilung bei der Arbeit mögen ihr Gutes haben. Aber gibt es auch wirkliche Unterschiede zwischen Männern und Frauen? Wenn nicht, welche Freude bleibt uns dann noch in der sexuellen Vereinigung? Sind wir zu austauschbaren Teilen geworden, androgyn bis ins Mark?

Es gibt Leute, die uns beibringen wollen, daß wir uns unserer geschlechtsspezifischen Unterschiede schämen sollten. Vertreter einer radikalen Androgynie gehen sogar so weit, die Forschungen im Bereich der geschlechtsspezifischen Unterschiede in der Gehirnstruktur und im chemischen, hormonellen oder instinktmäßigen Aufbau, die kulturell übertriebene Skripts beeinflussen könnten, zu verurteilen.[1]

Einige Theoretikerinnen bieten klischeehafte Ideale «weiblicher» psychischer Eigenschaften an, die heute für voll menschlich zu halten seien.[2] Knaben sollen in der Entwicklung den Mädchen unterlegen sein; Männer werden als biologisch und emotional tieferstehend als Frauen betrachtet. Einige radikale Feministinnen und Feministen behaupten, daß die Frauen ganz ohne Männer besser dran wären –

oder daß männliche Kinder genetisch oder gesellschaftlich manipuliert werden sollten, um die «männliche Angriffslust» zu eliminieren.

Das soll nicht heißen, daß alle feministische Kritik unberechtigt ist. Ihre Kritik an den patriarchalen Gesellschaften ist durchaus sinnvoll. Das Patriarchat hat *wirklich* die Tendenz, eine Art der Männlichkeit zu institutionalisieren, die dazu neigt, andere Menschen, andere Gattungen und die Umwelt auszubeuten und zu unterdrücken. Aber unterdrückerische «Macho»-Gesellschaften verweigern den Männern ihre reife Männlichkeit genauso, wie sie Frauen und weibliche Eigenschaften herabsetzen. Im typischen Fall kontrolliert eine kleine Minderheit von unterentwickelten Männern an der Spitze der sozialen Pyramide Macht und Reichtum, und alle anderen, Männer *und* Frauen, sind davon ausgeschlossen. Diese Minderheit ordnet die «anderen» in einer absteigenden Ordnung nach dem Grad ihrer Nützlichkeit für sie und verteidigt sich gegen sie mit der Kraft ihres aufgeblasenen Eigennutzes. Das Patriarchat ist folglich eine Manifestation des infantilen Größenwahns, an dem seine Führer leiden.

Das Patriarchat wurde nicht um der Männer als Geschlecht oder um einer vollen beziehungsweise reifen Männlichkeit willen errichtet und weitergeführt. Es wird vielmehr von Männern aufrechterhalten, die grundsätzlich *unreif* sind. In Wahrheit ist es die Herrschaft von Knaben, die oft auch noch grausam sind und Mißbrauch treiben. Wir sind der Meinung, daß menschliche Gesellschaften in den meisten Fällen immer schon aus Knaben und Mädchen bestanden haben, die mehr oder weniger unbewußt ihre unreifen und großartigen Fantasien ausagiert haben. Unser planetares Zuhause war meistens der Inselwelt in William Goldings *Herr der Fliegen* ähnlich. Daher haben sich unsere Gesellschaften, im großen und ganzen gesehen, der Verwirklichung und dem Ausdruck von *beidem* widersetzt: der reifen weiblichen und der reifen männlichen Psyche.

Kinder, die mit Brutalität aufgewachsen sind – und für die meisten Kinder zu allen Zeiten und an allen Orten ist Brutalität eine Alltäglichkeit –, werden zu brutalen Erwachsenen. Aber eigentlich sind sie gar keine richtigen Erwachsenen. Sie können nur vorgeben, erwachsen zu sein, während sie immer noch auf dem Niveau einer kindischen Selbstverherrlichung handeln. Für die entwicklungsbedingte Verkrüppelung, die dann das Patriarchat hervorbringt, sind jedoch nicht nur kindische Männer verantwortlich. Unreife Männer *und* Frauen sind unbewußte Partner in der gesellschaftlich abgesegneten Unterdrückung der Kinder. Das Selbstgefühl eines Kindes wird verzerrt, wenn die Mutter es versäumt, sich ihren eigenen emotionalen Problemen und ihrem eigenen ungelösten Verlangen nach Macht und Schmeichelei zu stellen. Die Therapeutin Alice Miller hat eine Anzahl bahnbrechender Bücher geschrieben, die sich mit «giftiger Pädagogik» beschäftigen, wie sie das Problem nennt.[3] Kindische Männer und Frauen wachsen nie aus ihrem Eigennutz und der Beschäftigung mit sich selbst heraus, und sie geben ihre Wunden an ihre Kinder weiter. Reife Männer und Frauen finden Wege zu einer selbstlosen Sorge um andere, auch wenn sie sich offenkundig um ihr eigenes Selbst kümmern.

Kurz gesagt, wir haben das Gefühl, es sei falsch, das Patriarchat als Ausdruck einer reifen Männlichkeit oder als Ausdruck des innersten Wesens des Männlichen zu betrachten. Patriarchale Gesellschaften sind zum Teil deshalb aus dem Gleichgewicht, weil an ihrer Spitze Männer stehen, die nicht im Gleichgewicht sind. Obgleich wir den oft schrecklichen Mißbrauch der patriarchalen Systeme verabscheuen, möchten wir doch daran erinnern, daß Männer von den frühen seßhaften neolithischen Kulturen an dazu beitrugen, all die höheren Zivilisationen hervorzubringen, die wir aus der überlieferten Geschichte kennen.[4] Die Bemühungen von dynamischen Männern, die dem Leben dienten, hinterließen staunenswerte Zeugnisse an Entdekkungen und großen Werken. Es ist offensichtlich, daß die Energien von Männern – in Partnerschaft mit Frauen und den weiblichen Energien – die bedeutenden Fortschritte der Vorstellungskraft und der Gesellschaftsstruktur, die für unsere Spezies charakteristisch sind, geliefert haben und liefern werden. Die Männer der Vergangenheit, in jedem Stamm und jeder Nation, haben darum gerungen zu erlernen, wie sie ihre Macht zum Segen für die menschliche Gemeinschaft gebrauchen könnten. Und wir ringen weiterhin darum.

Die Definition von männlichen und weiblichen Merkmalen hat zu vielen Diskussionen geführt. Nach Jahren der Forschung sind Tiefenpsychologen und andere Forscher der Meinung, daß jedes Geschlecht sowohl die psychischen als auch die physischen Merkmale des anderen trägt.[5] Kein Mann ist ausschließlich männlich, so wie es auch keine rein weibliche Frau gibt.[6] Jungsche Psychologen nennen die weiblichen Merkmale der männlichen Psyche Anima, die männlichen Merkmale der weiblichen Psyche bezeichnen sie als Animus.

Animus und Anima entwickeln sich auf eine komplizierte Art, wenn die Persönlichkeit zur Reife heranwächst. Weder Männer noch Frauen können zur psychischen Reife gelangen ohne die Integration ihres jeweiligen gegengeschlechtlichen Teils. Die weiblichen Elemente des Mannes steigern seine Männlichkeit, wie die männlichen Aspekte der Frau ihre Weiblichkeit verstärken. Typisch männliche Merkmale überwiegen im Mann und typisch weibliche in der Frau. Natürlich gibt es Ausnahmen, aber gewöhnlich verhält es sich so. Alle diese Diskussionen über männliche und weibliche Charakteristika haben die eine Frage gemeinsam, ob Männlichkeit ihrem *Wesen* nach mehr geneigt ist, zu Zwangsmitteln zu greifen, mehr Machtmißbrauch treibt und mehr zwanghaft dominieren will als das Weibliche. Viele haben stillschweigend angenommen oder offen die Meinung vertreten, daß biologische Geschlechtsunterschiede eine starre Differenzierung der Geschlechterrollen *notwendig* machen und daher die männliche Vorherrschaft *unvermeidlich* sei.

So wird zum Beispiel die sich wandelnde Geschichte männlicher und weiblicher Rollen in den israelischen Kibbuzen als Beweis für angeborene männliche und weibliche Merkmale herangezogen.[7] Kibbuze waren als bäuerliche Gemeinschaften im späten neunzehnten Jahrhundert unter dem Einfluß marxistischer Ideale gegründet worden. Männer und Frauen wurden nicht nur als gleich(berechtigt) betrachtet, sondern auch als von Natur aus identisch. Die Frauen arbeiteten genauso viele Stunden auf den Feldern wie die Männer. Die Männer arbeiteten genauso viele Stunden in den Küchen, Kindertagesstätten und Kinderschlafsälen wie die Frauen.

Mit den Jahren kam es allerdings zu einer unerwarteten Entwicklung. Allmählich verließen die Frauen die Felder, die traditionellen Bereiche männlicher Arbeit. Sie spezialisierten sich immer mehr auf Küchenarbeit, Arbeit in den Kindertagesstätten und Schlafsälen. Allmählich spezialisierten sich die Männer auf die Feldarbeit. Gegen den enormen Druck der Kibbuzideologie taten sich die meisten Männer und Frauen entsprechend ihren «traditionellen», geschlechtsspezifischen Rollen zusammen. War das ein Ergebnis der Biologie oder ein unreifes Handhaben männlicher Macht? Gemäß der Soziobiologie, der Verhaltensforschung an Primaten und der Forschung im Bereich der Gehirn- und der Hormonstruktur *kann es* instinktbedingte biologische Wurzeln für Tendenzen dieser Art im sozialen Verhalten geben.[8] Zusätzlich weist der Anthropologe David Gilmore in seinem Buch *Mythos Mann. Rollen, Rituale, Leitbilder* –

der ersten ausführlich dokumentierten kulturübergreifenden Untersuchung des «Männlichkeitskultes» – nachdrücklich darauf hin, daß es eine breite gesellschaftliche Unterstützung für eine Aufteilung der Rollen zwischen Männern und Frauen sowohl im gesellschaftlichen Bereich wie bei der Arbeit gibt.[9]

Selbst wenn bewiesen werden könnte, daß gewisse traditionelle männliche oder weibliche *Tendenzen* ererbt sind, wäre das noch keine Grundlage dafür, die üblichen Karikaturen dieser Eigenschaften zu rechtfertigen. Vor allem rechtfertigt es weder die Annahme, daß Männer ihrem Wesen nach gewalttätig, außergewöhnlich aggressiv, gefühllos und desinteressiert an innigen Beziehungen seien, noch daß Frauen ein Monopol auf sanftes, nährendes, gefühlsbetontes und intuitives Verhalten besitzen. Die wahrscheinlich zutreffendste Feststellung ist, daß Männer in bezug auf bestimmte psychische Eigenschaften aus «härterem Holz geschnitzt» sind und Frauen bezüglich anderer. Unglücklicherweise haben historische Kulturen immer schon dazu geneigt, diese Tendenzen zu verstärken, statt dazu beizutragen, sie auszugleichen.

So wichtig alle diese Betrachtungen sein mögen, in diesem Buch haben wir nicht das Ziel, uns auf den Unterschied zwischen den Geschlechtern zu konzentrieren. Es geht uns vielmehr darum, das Verständnis für das im Unbewußten angelegte Männliche und für die Herausforderung, die der verantwortungsvolle Umgang mit der männlichen Macht darstellt, zu fördern. *Denn was auch immer die Quelle des männlichen Mißbrauches der Macht sein mag, es liegt in unserer Verantwortung als Männer von heute, diesen Mißbrauch zu verstehen und die emotionalen und spirituellen Grundlagen dafür zu schaffen, ihn zu beenden.* Wir möchten den Männern helfen, das auszudrücken, was der Psychoanalytiker Erik Erikson den «generativen Mann» in ihrem Inneren genannt hat[10], indem wir untersuchen, wie die Männlichkeit an jenem Ort verankert ist, wo Körper, Instinkt, Geist und Seele im Mann entstehen.

Im Gegensatz zu den Denkern, die mit Reinhold Niebuhr Macht an sich als etwas betrachten, das unausweichlich zum Bösen führt[11], sind wir der Überzeugung, daß es möglich ist, Macht verantwortlich zu gebrauchen. Die Neigung, persönliche und kollektive Machtbefugnisse zu erlangen, ist im gleichen Maß Teil unseres instinktiven Kostüms wie essen, schlafen und sich fortpflanzen. Wir können nicht wegwünschen, was der Psychologe Alfred Adler «den Willen zur Macht»[12] nannte, den Wunsch, Widerstand zu überwinden. «We shall overcome» (wir werden alles überwinden) ist nicht nur eine Bürgerrechtsparole; Effektivität und Kompetenz in der Anpassung zu erreichen ist ein menschlicher Instinkt. Wir können und sollen unsere Kinder nicht dazu erziehen, diesen ursprünglichen und letztlich lebensfördernden Instinkt zu scheuen.[13] Die Frage sollte nie sein, wie man das Verlangen nach Macht loswerden kann, gleichgültig, ob es einen Mann oder eine Frau betrifft. Die Kernfrage ist, wie wir sie sinnvoll gebrauchen und gleichzeitig unsere anderen Instinkte auf lebensspendende und welterschaffende Aktivitäten lenken können.

Der schöpferische Gebrauch instinktiver männlicher Energien verlangt Reife, wie der gute Gebrauch jeder Energiequelle. Menschliche Reife war wahrscheinlich schon immer Mangelware, doch sind wir der Meinung, daß sie in mancher Hinsicht in der Vergangenheit leichter verfügbar war als heute. Sie war sogar in patriarchalen Staaten mit ihren Nachteilen leichter verfügbar als in unseren modernen Gesellschaften. In früheren Zeiten gab es von weisen Männern geleitete mächtige Initiationsrituale, die Knaben und Mädchen halfen, sich selbst in Männer und Frauen zu wandeln, die imstande waren, ihre gesellschaftliche Verantwortung zu übernehmen.[14] Der Wirkungskreis dieser Initiationsrituale vor unserer Zeit war oft durch die unbeugsamen kulturellen Normen beschränkt. Aber sie stellten den Knaben und Mädchen doch brauchbare Entwürfe zur Verfügung, wie sie ihre geschlechtsspezifische Reife erreichen konnten, und sie beruhten auf einer mythischen Vision von dem, was der Stamm für das Beste in der menschlichen Natur hielt – einer Vision des möglichen Menschen, die ihnen als Richtschnur diente.

Ein Elektrikerlehrling muß von einem erfahrenen Meister in die Geheimnisse der Quellen der Elektrizität eingeweiht werden, in die Methoden der Stromerzeugung und die Technologie der Verteilung. Was immer der Lehrling nicht sorgfältig zu verstehen sucht, ist eine Gefahr für ihn selbst, denn die Elektrizität hat Kraft genug, ihn zu töten. Auf ähnliche Art müssen alle Menschen in den weisen und lebensfördernden Gebrauch ihrer psychischen Kraftquellen eingeweiht werden. Mißverstanden, können unsere psychischen Energien schwere Zerstörungen in unserem Leben anrichten. Unsere moderne Gesellschaft stellt einem Individuum, das eine berufliche Tätigkeit erlernen will, eine wohldurchdachte Ausbildung zur Verfügung, doch denken wir nicht daran, etwas Ähnliches einem Mann anzubieten, der seine eigene Psyche meistern will. Das Fehlen von Lehrern ändert aber nichts an unserem Bedürfnis zu lernen, wie wir zu den mächtigen Energien in den Tiefen unserer Seele Zugang gewinnen können.

Der Initiationsprozeß läuft darauf hinaus, unser Ich aus dem Zentrum des Universums zu entfernen. Schafft eine Gesellschaft die Initiationsrituale ab, verliert das individuelle Ich eine passende Möglichkeit, diese wertvolle Lektion zu lernen. Die Lebensumstände werden ihm mit der Zeit diese Lektion aufzwingen, aber möglicherweise auf eine sehr schmerzhafte und unangemessene Art.

Bei weitem die ernsthafteste Konsequenz, die sich daraus

ergeben hat, daß unsere Gesellschaft keine Initiationsrituale mehr abhält, ist das Fehlen einer regelmäßig wiederkehrenden Möglichkeit, um in der Gemeinschaft über das Wesen der Reife nachzudenken. Eine Gesellschaft muß wissen, was Reife ist, bevor sie das Wissen darum weitergeben kann. Es ist, als ob wir keinen Plan mehr hätten, der uns den Weg zur Reife weist. Wenn man nicht weiß, wo etwas ist, und man auch keinen Plan besitzt – wie kommt man dorthin? Einige werden in das Ziel hineinstolpern, aber die meisten von uns werden sich hoffnungslos verirren. Wenn die Leute den Werteverlust in unserer Kultur beklagen, dann vermissen sie zum Teil die alten umwandelnden Rituale, denn diese stellen uns eine Struktur zur Verfügung, innerhalb deren wir uns an gesellschaftliche Werte erinnern und erneut über sie nachdenken können.

In vielen Stammesgesellschaften haben Initiationszeremonien immer noch die Bedeutung, die ihnen zusteht. Durch rituelle Übungen und das Enthüllen von sorgfältig verwalteter Weisheit wird das Ich auf eine «Umlaufbahn» um ein transpersonales Anderes gebracht. Das Ich kann dieses transpersonale Andere als irgendeine Gruppe oder Aufgabe erleben, der das Individuum seine Treue, seine größten Bemühungen, ja sogar sein Leben weiht. In Gesellschaftsordnungen vor unserer Zeit waren solche Gruppenaufgaben und Loyalitäten stets selbst einem größeren transpersonalen Anderen untergeordnet und erhielten dadurch ihre Bedeutung – die Religionen der Welt nennen dieses größere transpersonale Andere «Gott».

Als kulturelles System betrachtet, hat die moderne Zeit in hohem Maße Gott, wirkungsvollen Initiationsprozessen, Ritualmeistern und sogar der Familie, dem Stamm und dem Volk den Rücken zugewendet. Daher kann ein individuelles Ich nicht mehr zur nüchternen, aber freudigen Erkenntnis seiner *nicht* zentralen Stellung in der Psyche und im Universum vordringen. Die Natur füllt das Vakuum, das die Neuzeit geschaffen hat, mit unseren modernen Ichs, die sich fürchterlich ausdehnen, um den freien Raum auszufüllen. Wo ein mächtiges transpersonales Anderes fehlt, wird Gott durch unbewußte Ansprüche auf eigene Göttlichkeit ersetzt.

Eine individuelle Psyche, aufgedunsen von einer gefährlich verzerrten Selbsteinschätzung, die auch die anderen falsch einschätzt – Familie, Freunde, Liebhaber, Geschäftspartner, Nation und möglicherweise den gesamten Globus –, muß den Preis für ihren Infantilismus bezahlen. Korrupte Politiker, geldgierige Yuppies, Drogenhändler, Ehemänner, die ihre Frauen und Ehefrauen, die ihre Männer mißbrauchen und die neuen Rassisten sind nur einige Beispiele für einen Infantilismus, der gänzlich außer Kontrolle geraten ist. Kleinliche Diktatoren, selbsternannte fundamentalistische «Messiasse» und ihre terroristischen Henker, Völkermord verübende Rote Khmer, Tyrannen aus der chinesischen kommunistischen Partei und verantwortungslose Geschäftsführer der internationalen Ölgesellschaften verursachen, unter vielen anderen, eine unglaubliche gesellschaftliche Verwüstung und Umweltzerstörung. Diese begleiten stets die Inflation des Ichs, wenn es von keinem Verständnis für Grenzen, die in einem transpersonalen Anderen wurzeln, im Zaum gehalten wird. Solche Möchtegern-Männer und -Frauen haben es versäumt, sich eine ausreichend umfassende und tiefe Sicht der archetypischen Realitäten anzueignen, auf denen unsere Psyche gründet. Es ist an der Zeit, das wir uns wieder diesen im Unbewußten gegründeten Strukturen zuwenden und von ihnen die psychische Unterstützung beziehen, die unsere moderne Zeit so verzweifelt braucht.

Wir bieten dieses Buch dem Mann an, der nach einem Handbuch für die Psyche sucht, und der Frau, die einen Leitfaden möchte zum harten Holz, aus dem die Männer geschnitzt sind, und gleichzeitig zu ihrem eigenen inneren männlichen Anteil. So wie kein Flugzeugpilot es versuchen würde, eine 747 zu fliegen, ohne ihre Eigenschaften und Instrumente auswendig zu kennen, so gibt es nur einen Weg, die unendlich komplizierte männliche Psyche erfolgreich «zu fliegen», nämlich sie in- und auswendig zu kennen und klar zu verstehen, wie man an ihr archetypisches Energiesystem herankommt. Der achtsame Gebrauch dieser Energie wird einem Mann zu seiner reifen Männlichkeit verhelfen.

TEIL EINS

DER MÄNNLICHE MAGIER

Schwarzer Hirsch, der große Häuptling und der letzte heilende Weise der Ogalalla-Sioux. (Aus Schwarzer Hirsch: Die Heilige Pfeife. Das indianische Weisheitsbuch der sieben geheimen Riten. Walter-Verlag, Olten 1978.)

1. Vorläufer bei den Primaten: Das Alphatier

Die Schimpansen sind unsere nächsten lebenden Verwandten im Tierreich[15]; ihr genetisches Profil ist zu über 98 Prozent identisch mit unserem.[16] Die Ergebnisse der Verhaltensforschung weisen zudem darauf hin, daß die sozialen Strukturen und das Verhalten zwischen den Individuen bei Primaten und bei Menschen sehr ähnlich sind.[17] Wahrscheinlich sind auch gleichartige psychische Prozesse wirksam.

Wir können natürlich nicht zur Gänze *wissen*, was Tiere fühlen und denken, und oftmals können wir auch nicht sicher sein, daß wir *wissen*, was andere *Menschen* fühlen oder denken. In beiden Fällen basiert unser Urteil auf dem Verhalten, das wir beobachten. Unser großer Vorteil bei der Beobachtung von Menschen ist natürlich die gesprochene Sprache, aber wir haben immer noch die subjektive Aufgabe, die linguistischen Zeichen zu interpretieren. Obwohl Schimpansen nicht sprechen können, *können* sie doch mit uns in einer Zeichensprache und mittels anderer wortähnlicher Methoden kommunizieren, die Forscher ausgedacht haben.[18]

Außerdem hat ihr komplexes Repertoire an Körpersignalen eine verblüffende Ähnlichkeit mit unserer eigenen Körpersprache. Man darf mit an Sicherheit grenzender Wahrscheinlichkeit annehmen, daß Schimpansen, wenn sie den *Eindruck* machen, ängstlich, zornig, unterwürfig, liebevoll oder eingeschüchtert zu sein, auch tatsächlich diese Emotionen empfinden. Wahrscheinlich ist ihr emotionales Erleben weniger selbstbewußt und kompliziert als unseres, aber es bietet dennoch Anhaltspunkte für die Psychologie der Primaten, unsere eigene eingeschlossen.

Die hierarchischen Machtblöcke und Allianzen der Schimpansengesellschaft gruppieren sich um ein dominierendes männliches Tier, das die Verhaltensforscher das *männliche Alphatier* nennen.[19] Erfolgreiche Alphatiere sind gewöhnlich reif und physisch mächtig. Sie zeichnen sich durch Weitblick, Mut und etwas, was man nur als «Charakter» bezeichnen kann, aus. Männliche Alphatiere zeigen in vielem ein Verhalten, das auch für den heiligen König typisch ist, für die von einem speziellen Archetyp inspirierte Gestalt, die wir in *The King Within* untersucht haben.

Alphatiere umgeben sich mit männlichen «Rittern», die ihnen helfen, ihr «Reich» zu schützen und zu verteidigen. Diese Kriegermännchen zeigen Eigenschaften, die typisch sind für das, was David Gilmore bei Männern «Männlichkeitskult» nennt. Wie ihre menschlichen Gegenstücke schützen und versorgen Schimpansenmännchen die Weibchen und die Jungen ihrer Gemeinschaften.[20]

Sowohl in der Schimpansengesellschaft als auch in anderen Primatengesellschaftsordnungen zeigen Alphatiere Eigenschaften, die der Funktion des Magiers in der menschlichen Psyche entsprechen. Oftmals treffen sie Entscheidungen, die ein kognitives Urteil verlangen – zum Beispiel: wann es Zeit ist, die Horde oder den Stamm weiterziehen zu lassen, um Räubern zu entgehen, wo der beste Nächtigungsplatz ist, wann man Futterstellen wechseln muß und so weiter. Außerdem ist die Kraft des Magiers – sowohl als Funktion eines Regulierungsmechanismus im Gehirn der Primaten, um aggressive und sexuelle Impulse auszugleichen und zu kontrollieren, als auch als Funktion eines höheren Denkprozesses – Teil der psychischen Ausstattung jedes Schimpansen, des männlichen und des weiblichen, und ist ganz allgemein ein Merkmal der Primaten. Dieser kreative, Strategien entwerfende Archetyp befähigt die Schimpansen insbesondere, eine große Anzahl an Werkzeugen herzustellen und auch zu gebrauchen – von Prügeln und Steinen bis zu Termitenstangen und sogar «Toilettenpapier» – alles klare Beweise für eine beginnende Technologie, die eine der Gaben des Magiers darstellt.

2. Die schamanische Tradition

Erscheinungsformen des Magiers

Der Archetyp des Magiers steht hinter einer Vielzahl von menschlichen Berufen und Berufungen. Der Magier spornt uns an, uns ins Unsichtbare zu wagen. Er ist ein Mittler zu verborgenem Wissen und ein Mitteilender dieses Wissens, er ist Heiler, Technologe und Lehrer, er ist kontemplativ und steht hinter unserer unersättlichen menschlichen Neugier. Er hält sein inneres Auge fest auf den Entwurf des Selbst gerichtet – auf das «Abbild Gottes», den «Diamantkörper», den wir alle in uns tragen – und ist bemüht, uns einzuweihen in eine weisere und vollständigere Art des Menschseins.

Wann immer jemand sich in seinem Beruf verborgener Kräfte bedient, seien sie psychisch oder physisch, findet er Zugang zum Magier. Viele Berufe sind unter seiner Ägide tätig: Wissenschaftler, Techniker, Mathematiker, Anwälte, Ärzte, Psychiater, Psychologen, Philosophen, Lehrer, Forscher, Ökonomen, Soziologen, Politiker, Kosmologen, Priester, Propheten, Schamanen, medial begabte Menschen und Künstler. – In all diesen Berufen und in vielen anderen drükken sich die Energien des Magiers aus, meist in Verbindung mit den Energien von einem oder mehreren der anderen drei Grundarchetypen der reifen Männlichkeit.

Berufe, die geistige Disziplin und technisches Können betonen, sind auch stark vom Krieger beeinflußt, dem Archetyp der Selbstdisziplin und des Durchhaltens, während sich andere Magier-Berufe stärker auf das Gefühl und die Beziehungsfähigkeit stützen, die typisch sind für den Archetyp des Liebhabers. Insbesondere beim Künstler finden wir diese Verbindung. Der Archetyp des Liebhabers ermöglicht dem Künstler den Zugang zu den allen Dingen zugrunde liegenden Energien und der Magier-Archetyp eine tiefe Verbindung mit dem Unbewußten. Die Intuition des Liebhabers, daß Raum und Zeit eine Einheit bilden, in der Vergangenheit, Gegenwart und Zukunft wie ein einziger Augenblick erlebt werden, und daß alle Punkte des Universums letztlich zusammenfallen, findet ihren Ausdruck auch in der Manifestation des Magiers als Prophet, Seher oder Medium.

Die Medizinmänner und Regenmacher der traditionellen Kulturen arbeiten gleichermaßen im Bereich der introvertierten Selbstdisziplin und der extravertierten fürsorglichen Verantwortung für eine größere Gemeinschaft. Andere heilige Männer, zum Beispiel Yogis, befolgen strenge, asketische Vorschriften, die sie zu einer Beziehung führen, die auf eine transzendente Realität bezogen ist. Entsprechende moderne Berufe sind die des Lehrers, des Psychologen, des Psychiaters und des Arztes.

Auch Politiker und Vertreter bedienen sich der Fertigkeiten des Magiers, wenn es darum geht, geschickt Eindruck zu erwecken. Beide sind in der Lage, die Dinge als etwas erscheinen zu lassen, was sie nicht sind, und man kann nur hoffen, daß sie genug Kontakt zum Archetyp des Königs haben, um sich an das größere Wohl der Gemeinschaft zu erinnern.

Die Priesterschaften aller Religionen sind von alters her darum bemüht, ihrer Herde die Kraft der geistigen Welt (was wir als das kollektive Unbewußte bezeichnen würden) zu vermitteln. Viele Priester beziehen sich dabei sowohl auf den Krieger wie auch auf den Magier. Man denke nur an die Jesuiten, einen Orden, der ausdrücklich unter dem Motto «Soldaten Christi» gegründet wurde. Die wichtigste Voraussetzung für das Priestertum war immer schon eine Geübtheit darin, die Kraft des Magiers hervorzurufen, sie zu zügeln und zu verteilen, aber nicht unbedingt die direkte Erfahrung derselben. Im Gegensatz dazu haben Propheten, Seher, Medien und religiöse Poeten *direkten* Umgang mit dieser Kraft und leben ihr Leben in tiefer Gemeinschaft mit diesem Archetyp. Der Priester hat mehr mit Struktur zu tun, mit der etablierten Zeremonie, während diese anderen, spirituellen Persönlichkeiten sich um eine ekstatische Vereinigung bemühen und sich mit umwandelnden Ritualen beschäftigen. Eine solche ekstatische Vereinigung steht fast immer in einem Spannungsverhältnis zur Struktur. Daher rühren die Konflikte zwischen Propheten und Priestern, die die Geschichte durchziehen.

Menschen in technisch orientierten Berufen arbeiten mit einem Wissen, das normalerweise außerhalb ihres Berufes unbekannt ist. Technologie ist eine Spezialität des Magiers, ihre Anwendung und die notwendige Energie für einen hoch technisierten Beruf werden dagegen vom Krieger zur Verfügung gestellt. Der Liebhaber hat wenig Einfluß auf einen solchen Beruf. Viele Menschen, die in diesen Lebensbereichen arbeiten, können in ihrem Privatleben äußerst beziehungsfähig sein, doch ihre Arbeit hat die Tendenz, von den Gefühlen abgetrennt stattzufinden. Die Verantwortung ist in dieser Art von Berufen ebenso beschränkt, wie der Blickwinkel eng ist. Die Arbeit hat selten direkt damit zu tun, anderen zu dienen. Es gibt natürlich Ausnahmen, zum Beispiel der Forscher, der darum bemüht ist, ein Heilmittel für Aids zu finden, oder der öffentliche Verteidiger, der daran arbeitet, einen nützlichen Präzedenzfall zu definieren, aber meistens sind die Bemühungen dieser Berufe in ihrer Reichweite eingeschränkt. Die Energie des Liebhabers gibt diesen Männern nur ihre plötzlichen Einsichten und unerwarteten Lösungen für schwierige Probleme.

Die zehn Phasen des Magier-Lebens

Die Magier-Energie ist die introvertierteste Energie der vier Grundarchetypen der männlichen Psyche. Sie ist wohl die Energie, die am schwierigsten zu verstehen ist, erfordert sie doch mehr Geduld und geistige Differenziertheit als die Energie des Liebhabers, des Kriegers oder des Königs. Einer der Gründe, warum diejenigen, die mit ihr arbeiten, die Tendenz haben, den archetypischen Magier zu mystifizieren, liegt darin, daß sie unsere Aufmerksamkeit gewinnen wollen. Sie bemühen sich, uns mit ihren Mystifikationen zu beeindrucken, damit wir nicht das Interesse an dem verlieren, was der Magier eigentlich tut.

E. M. Butler war ein Gelehrter, der nicht in die Falle ging und das Thema nicht mystifizierte. In seinem Buch *The Myth of the Magus* zeigt er zehn Elemente auf, die den Geschichten aller großen historischen Magier gemeinsam sind. Von Jesus bis hin zu den anonymen Schamanen, die wir bald untersuchen werden, stimmen die Mythen über das Leben eines Magiers auffallend überein:

- Erstens: Sein Ursprung ist übernatürlich und geheimnisvoll. Er kann ein göttliches oder dämonisches Kind sein, aber er ist nie gewöhnlich.
- Zweitens: Bei seiner Geburt gibt es Zeichen, die seine geheimnisvolle Herkunft und seine übernatürlichen Kräfte anzeigen. So wird zum Beispiel erzählt, daß bei der Geburt Mohammeds alle Götterstatuen der Welt heruntergefallen seien. In einer uns vertrauteren Tradition führt ein Stern die Heiligen Drei Könige zum neugeborenen Jesuskind.
- Das dritte gemeinsame Element besteht darin, daß das Magier-Baby in seiner Kindheit gefährdet ist. Böse Wünsche oder einfach die Macht des Bösen versuchen, den Magier bei der Geburt umzubringen.

- Das vierte Element ist irgendeine Form der Initiation. Einschränkungen und Versuchungen finden statt, die entweder der fünften Stufe vorangehen oder ihr folgen.
- In dieser fünften Phase erfolgt eine Wanderschaft in die Weite. Der Magier unternimmt diese entweder auf der Suche nach Weisheit, oder er verkündet dabei die Weisheit, die er bereits erworben hat. Die Reisen können auch übernatürlich sein, einen Abstieg in die Unterwelt beinhalten oder einen Aufstieg zum Himmel. Wiederum fällt es leicht, Jesus in dieser Tradition unterzubringen: In der christlichen Überlieferung begab er sich in die Unterwelt. Die esoterischen Traditionen der Gnostiker berichten von einem Jesus, der nach Indien reiste, um dort bei den Weisen zu studieren. Andere Geschichten erzählen davon, daß er in den Himalaja ging und dort initiiert wurde. Dieser Ort der Initiation im Himalaja wäre dann natürlich jene legendäre geheime Kammer, die sich nach Shangri-la öffnet.
- In der sechsten Phase muß sich der Magier einem magischen Wettkampf stellen. Nach Butler ist dies ein unveränderliches Merkmal im Leben jedes Magiers, sei er legendär oder wirklich. Als Beispiel führt er den Wettkampf zwischen Elias und den Propheten des Baal an.
- Die siebte Phase enthält fast immer ein Gerichtsverfahren oder eine Verfolgung.
- Achtens gibt es einen letzten Auftritt, der oft ein feierliches und prophetisches Lebewohl einschließt. Das letzte Abendmahl Jesu paßt eindeutig in diese achte Phase.
- In der neunten Phase kommt es oft zu einem gewaltsamen oder geheimnisvollen Tod.
- Zehntens erfolgt eine Auferstehung oder ein Aufstieg in den Himmel.

Die letzten Phasen werfen ein interessantes Licht auf die menschliche Natur. Warum ein Gerichtsverfahren oder eine Verfolgung? Weil die Menschen geradezu Künstler der Verleugnung sind. Sie bemühen sich sorgfältigst darum, sich eines jeden Problems unbewußt zu sein, besonders dann, wenn die Bewußtheit von ihnen fordern würde, einen aktiven Beitrag zu einer Lösung zu leisten. Zum Gerichtsverfahren kommt es, weil der Magier zu viele unangenehme Wahrheiten weiß und zum Handeln aufruft.

Ein Individuum wird zum Sündenbock der Gemeinschaft, wenn es deren Schatten enthüllt. Betrachten wir Jesu Geschichte unter diesem Aspekt, dann sehen wir einen Mann, der eine Menge weiß, viel aufdeckt und für seine Bemühungen umgebracht wird. Interessanterweise deutet die zehnte Phase des Mythos darauf hin, wie schwer es ist, die Wahrheit umzubringen. Am Ende der Geschichte erfolgt eine Richtigstellung, denn der Magier kommt zurück und wächst über die, die ihn gequält haben, hinaus. Und dies ist die Wahrheit, die letztlich im Gedächtnis bleibt.

Der Schamane als vollständigster Ausdruck des Magier-Archetyps

Es gibt keinen Archetyp des Schamanen, wie einige glauben. Der Schamane ist nur eines der vielen Gesichter des Magier-Archetyps, wie der Medizinmann, der Hexenmeister, der Zauberer, der Therapeut oder der Arzt, doch er stellt von allen menschlichen Berufen seinen umfassendsten Ausdruck dar.

Der Schamane wurde von Anthropologen zuerst in den Stammesgesellschaften von Zentral- und Nordasien studiert. (Der Begriff «Schamane» stammt aus der Sprache eines sibirischen Volkes.) In der Folge hat man Schamanen auch in den traditionellen Kulturen von Australien und Südafrika bis Yukatan entdeckt. Viele Gelehrte vertreten heutzutage die Theorie, daß der Schamanismus als psychospirituelles Phänomen den großen spirituellen Traditionen der Geschichte zugrunde liegt. Auch die Wissenschaft, früher wie heute, steht in der Schuld der intuitiven Einsichten des Schamanen.

Der Schamane war der Hüter des esoterischen Wissens und der Fachmann für die heiligen Kräfte. Seine geheime Weisheit betraf die Naturgesetze und die psychischen Wirkungsweisen. Er kannte die Zyklen der Natur, den Lauf der Gestirne – die Phasen des Mondes und den Gang der Sonne –, und er konnte sie auch interpretieren. Und was vielleicht am wichtigsten war, er verstand die Bewegungen der Tierherden, von denen das Leben der Menschen abhing. Es war der Schamane, den man rief, wenn es darum ging, die geheiligten Orte und Zeiten, die periodisch in den gewöhnlichen Raum und die gewöhnliche Zeit hereinbrechen, zu lokalisieren, zu weihen und zu verwalten.

Der Schamane erkannte, daß die menschliche Psyche aus Energieströmen und dynamischen Strukturen besteht, die man in harmonischen Einklang miteinander bringen kann. Er nannte die Strukturen, die er antraf, Dämonen, Engel oder Geister. Heute würden wir dieselben Phänomene als Neurosen, Komplexe und Archetypen bezeichnen. Er erforschte die verborgenen Welten der Natur und der Psyche, indem er sein Bewußtsein veränderte, oftmals durch Trommeln, seltener durch die Verwendung halluzinogener Drogen. Seine nach innen gerichtete Suche zwang ihn zunächst dazu, seine eigene zersplitterte Psyche zu integrieren und sich seinen eigenen Komplexen zu stellen.

Es war denn auch oft eine nervöse Krankheit in der Kindheit, die jemanden als möglichen Erben eines älteren Schamanen bezeichnete. Butlers erste und zweite mythische Phase können in der psychischen Erkrankung eines Knaben gefunden werden – in deren geheimnisvollem Ursprung und in ihrer Bedeutung als Vorzeichen für die Erlangung übernatürlicher Kräfte. Statt die Krankheit zu heilen, förderte der erfahrene Schamane ihren Verlauf, um so seinem Schüler eine praktische Lektion über die Heilmechanismen der menschlichen Psyche zu erteilen.

Doch die wichtigste Aufgabe eines Schamanen bestand darin, den Mitgliedern seines Stammes zu helfen. In Gedichten und in Liedern verkündete er seine ekstatischen Visionen und Diagnosen der Krankheiten, die seine Mitmenschen und ihre Welt heimsuchten. So war er Heiler, Künstler und Fachmann zugleich – der Magier par excellence. Aufgrund seiner spirituellen Kraft wurde er auch zum Ratgeber in Wirtschaftsfragen, zum Designer, Architekten und zum Politiker – im Grunde wurde sein Rat in jeder Angelegenheit, die die Gemeinschaft als Ganzes betraf, eingeholt.

Oftmals drückt sich der Magier-Archetyp in einem Menschen aus, der es vorzieht, ein Problem zu studieren, statt es zu lösen. Das ist beim Schamanen nicht der Fall. Er ist die am weitesten entwickelte Verkörperung des Magiers aufgrund der Probleme, mit denen er bereit ist, sich auseinanderzusetzen. Er besitzt die Fähigkeit, sich um andere zu kümmern, eine Eigenschaft, die von der Wirkung des König-Archetyps stammt. Er hat die Fähigkeit zu kämpfen, eine Eigenschaft des Krieger-Archetyps, und er ist imstande, jemanden hoch genug zu schätzen, um für ihn zu kämpfen, was letztlich ein Geschenk des Liebhabers ist.

Unterscheidung von Magier- und König-Archetyp

Die Gelehrten lassen eine Tendenz erkennen, die vier grundlegenden Archetypen der reifen Männlichkeit zu vermengen, und das ist auch einer von Butlers Fehlern. In der Unterscheidung der Stadien im Leben eines Magiers leistet er eine bewundernswerte Arbeit, doch neigt er dazu, den

Archetyp des Königs und des Kriegers mit dem Magier zusammenfallen zu lassen. Er stellt ganz richtig fest, daß in den meisten Magiern sehr wenig Energie des Liebhaber-Archetyps zu finden ist. Der Magier ist tatsächlich von allen vier Archetypen am wenigsten mit dem Körper verbunden.

Hält man sich das verwickelte Netz an Wechselwirkungen zwischen den vier Archetypen vor Augen, ist leicht zu sehen, wie man sie durcheinanderbringen kann. Wenn man den Einfluß auf menschliche Berufe betrachtet, so verbindet sich der Magier vorwiegend mit dem Krieger und nur gelegentlich mit dem Liebhaber. Aber die engste Beziehung besteht zwischen dem Magier und dem König.

Das heilige Königtum scheint – zumindest in Afrika und Zentralasien – vom Amt des Regenmachers oder Schamanen seinen Ausgang genommen zu haben. In anderen Weltgegenden, wo die schwierigsten Kämpfe eher zwischen den Stämmen und nicht gegen das Wetter stattfanden, kam der König aus der Kriegerklasse. Aber in jedem heiligen Königtum glaubte man, daß der König auf mystische Art den lebensnotwendigen Mittelpunkt der geschaffenen Welt verkörpere. In ihm kamen die verschiedenen Dimensionen der Realität zusammen und wirkten harmonisch zum Wohl aller Dinge.

Alle Ämter des Königs erwuchsen daher aus den Aufgaben des Schamanen. Vor dem König war es die Aufgabe des Schamanen gewesen, die Kluft zwischen der Unterwelt, der Erde und dem Himmel zu überbrücken. Es war der Schamane, der zuerst mit der Kraft eines starken Willens und durch die intuitiven Anweisungen des Selbst Ordnung ins Chaos gebracht hatte. Dementsprechend war er es, der einst für seinen Stamm die *Weltachse* – das Zentrum der Welt – konstelliert hatte, so daß die Menschen ihr Leben darum herum aufbauen konnten.

Es gibt jede Menge Raum für gelehrte Meinungsverschiedenheiten, wann genau diese schamanischen Pflichten vom

König übernommen wurden und warum das geschah. Und weil ihre Aufgaben so ähnlich sind, kann es schwierig sein, eine klare Unterscheidung zwischen dem Schamanen und dem König zu treffen.

Was den Gelehrten bei der Entwirrung Schwierigkeiten bereitet, das hat die Volkskultur noch weiter vermischt. Von heiligen Königen hat man immer schon geglaubt, daß sie magische Kräfte verkörperten, die Kraft, ihre Untertanen und ihr Königreich zu heilen und auch zu vernichten, miteingeschlossen. Gewisse Magier wurden in ähnlicher Weise mit königlichen Attributen ausgestattet. Von Jesus, dem Magier, glaubten die ganz frühen Christen, er sei der wahre König Israels. Spätere Verehrer machten ihn zum Christus Pantokrator, zum Weltenherrscher. Die drei Magier, die kamen, um das Jesuskind anzubeten, werden die Heiligen Drei Könige genannt – die drei Magier-Astrologen kamen wahrscheinlich aus Persien und wurden vom Verfasser des Evangeliums aus einer alten Erzählung von der Geburt des Zarathustra entlehnt. In Mexiko werden sie als die «drei magischen Könige» bezeichnet, und wir hören diese Assoziation auch deutlich aus dem englischen Weihnachtslied «We three kings of orient are» heraus.*

Dennoch lohnt es sich, zwischen dem Magier und dem König zu unterscheiden, damit man feststellen kann, welche Energien in den verschiedenen Situationen wirksam werden. Das Reich des Königs beinhaltet eine politische Sphäre, welche der Magier selten betritt, mit Ausnahme des Schamanen in der eingeschränkten Umwelt einer traditionellen Gesellschaft. Der König bemüht sich grundlegend um eine schöpferische Ordnung und um Struktur, während der Magier sich mit den Grenzbereichen jenseits der Struktur befaßt. Der König ist der umfassendste von allen Arche-

* Im Englischen heißen die Hl. Drei Könige «the three magi» – die drei Magier. Anm. d. Üb.

typen – in einer reifen Persönlichkeitsstruktur herrscht er über die anderen Archetypen und bringt Ordnung in das Selbst. Der Magier hingegen, dessen Brennpunkt im Inneren liegt, ist ein introvertierter und zurückgezogener Archetyp.

Die klarste Unterscheidung zwischen den beiden kann vielleicht im Zusammenhang mit sexuellen Beziehungen gemacht werden. Der König befindet sich stets in einer intimen, erotischen Beziehung zur Königin. Im Gegensatz dazu ist der Magier nur selten zur Gänze auf eine weibliche Energie bezogen. Der Magier-Archetyp hat seine eigene gegengeschlechtliche Komponente (siehe Seite 250ff.), aber ein Mann, der von diesem Archetyp besessen ist, hat selten eine tiefe sexuelle Bindung an eine Frau und ist meistens asexuell. Seine Androgynie gibt ihm vollständige Autonomie.[21] Einige wenige Schamanen sind und waren homosexuell. Homosexualität schließt eine Beziehung zur Anima nicht aus, doch macht sie eine volle Beziehung zu einer Frau unmöglich. Und natürlich schließt sie Nachkommenschaft aus.

Der Magier ist im Kern seiner Struktur von einem vollen Ausdruck seiner Sexualität abgeschnitten. Der Mann, dessen bestimmender Archetyp der Magier ist, erlebt Ekstase vor allem in seinem Geist und seinem Herzen. Er kann sie auch in seinem Körper fühlen, wenn sie in Tanz, Gesang und künstlerischem Ausdruck ein Gefäß hat und dadurch in Bahnen gelenkt ist. Aber er wird nicht in der Lage sein, eigentliche sexuelle Ekstase zu erfahren. Er wird seine Muse haben wie Dante seine Beatrice – aber wie Dante Beatrice nie im Fleisch genossen hat, so wird auch er nie eine volle Körperlichkeit mit einer Frau aus Fleisch und Blut erleben.

Der bipolare Schatten des Magiers

Das frühreife Kind verkörpert eine junge Form der Magier-Energie.[22] Das außergewöhnlich begabte Kind ist meist entweder ein extravertierter Supererfolgstyp oder extrem zurückgezogen und fast übermäßig scheu. In traditionellen Gesellschaften werden begabte Kinder genau beobachtet, ob sie Anzeichen von sich entwickelnden schamanischen Fähigkeiten zeigen.

Ein voll entfalteter Archetyp integriert und transzendiert seinen bipolaren Schatten, sogar in einem Kind. Meistens haben wir es jedoch mit unreifen Magierformen zu tun. Diese manifestieren sich im bipolaren Schatten, am aktiven Pol als «Trickster» und am passiven als «Unschuldiger». Diese unreifen Formen werden oft bis weit ins Erwachsenenalter hineingetragen. Ein Mann, der im bipolaren Schatten gefangen ist, zeigt eine innerpsychische Spaltung, eine unangemessene Beschäftigung mit sich selbst und ein dysfunktionales Verhalten. Reife schließt stets die Integration der psychischen Gegensätze ein und überwindet die inneren Spaltungen.

Das System des bipolaren Schattens, das wir entworfen haben (siehe Seite 121 ff.), entspricht der Erkenntnis Adlers, daß Persönlichkeitsstörungen in einer aktiven und einer passiven Form auftreten. Unser Modell paßt auch gut in das Gedankengut Hegels, gemäß dem sich das Universum durch einen Prozeß von These, Antithese und Synthese vorwärtsbewegt. Alfred North Whitehead sieht ein «Abenteuer an Ideen», das die geschaffene Welt in winzigen Zuwachsraten, die er «Gelegenheiten» nennt, voranlockt. Diese Gelegenheiten treten mit Gott (oder – vom psychologischen Standpunkt aus gesehen – einem Archetyp) in Wechselwirkung und ergeben einen «schöpferischen Fortschritt». Das Whiteheadsche Modell der Vorwärtsbewegung ist, wie das Hegelsche, eine direkte Parallele zur

Handlungsweise des Ichs, wenn es imstande ist, die einander bekämpfenden Gegensätze des bipolaren Schattens zu integrieren und so das Schattensystem zu transzendieren.

Besonders bedeutsam ist, daß unsere Theorie mit Jungs Konzept von der *coniunctio oppositorum* übereinstimmt, bei der Gegensätze durch die «transzendente Funktion» ausgesöhnt werden. Jung war der Auffassung, daß die wesentliche Aufgabe des Ichs darin bestehe, entgegengesetzte Ansichten, Impulse, Emotionen und Vorstellungsbereiche in einer Spannung zu halten und es nicht zuzulassen, daß ein Pol des dialektischen Gegensatzes in das Unbewußte verschwindet. Mit der Zeit würde dieser Titanenkampf, sofern er bewußt ausgetragen, erlitten und ertragen wird, eine transzendente dritte Möglichkeit hervorbringen, die zuvor weder gefühlt noch vorgestellt werden konnte.

Unsere Theorie betont – wie es die Jungsche Psychologie seit Jung nicht getan hat –, wie lebenswichtig das Ich in seiner Beziehung zu den dynamischen archetypischen Strukturen ist. Wenn es nicht auf die richtige Art Zugang findet zum Archetyp als Ganzem (einschließlich des bipolaren Schattens, der in den Archetyp als ein transzendentes Drittes integriert ist), wird es vom Schatten besessen und schwingt nur heftig zwischen den beiden Polen des Schattens hin und her. Der eine Pol wird zu einer «positiven Inflation» oder einer «Explosion» des Ichs führen, während der andere eine «negative Inflation» oder das «Implodieren» des Ichs verursachen wird.

Sind die beiden Pole in ein transzendentes Drittes integriert, verlieren sie ihre pathologischen Wirkungen. In der sich daraus ergebenden Vereinigung wird ihre Pathologie in einen schöpferischen Fortschritt umgewandelt – was an den Heiligen Paulus erinnert, der von Christi Sterben sagt: «Verschlungen ward der Tod im Sieg» (1. Brief an die Korinther).

Der Schlüssel zu diesem Wandlungserlebnis liegt im Tun

des Ichs. Es muß sich selbst in eine Position «jenseits von Raum und Zeit» – in die Welt des «Geistes» oder des kollektiven Unbewußten – bringen, um die Mitteilungen des Archetyps auf eine umfassende Weise begreifen zu können (siehe auch Seite 74ff.). Das Ich verhält sich wie ein anziehender Körper, desgleichen die drei Elemente des Archetyps – der positive Pol und die beiden Pole des Schattens –, von denen jedes eine Art Zugkraft auf die anderen ausübt.

Im kollektiven Unbewußten bildet der Archetyp eine Ganzheit und hat den Schatten vollständig in sich integriert. Das Ich wirkt als eine Gelegenheit für die Verkörperung des Archetyps in Raum und Zeit. In der bruchstückhaften Dimension von Raum und Zeit erscheint der Archetyp dem Ich weitgehend in seiner bipolaren Schattenform und teilt nur Andeutungen seiner Ganzheit mit. Das Ich muß die Ganzheit ausreichend gut erkennen, um nicht die Bruchstücke des Schattens mit der Gesamtheit des Archetyps zu verwechseln.

Der bipolare Schatten ist den Symplegaden ähnlich, den zusammenschlagenden Felsen, zwischen denen das Ich einen mittleren Kurs steuern muß, damit es nicht zerstört wird, geleitet von seinem ahnenden Wissen um den Archetyp. Wenn es gelingt, den mittleren Kurs zu finden, bildet das Ich die lebenswichtige Achse zwischen Ich und Archetyp, durch die ein Energieaustausch möglich wird. Das Ich braucht die Verlockungen des Archetyps, um einen schöpferischen Fortschritt zu erleben. Und der Archetyp braucht das Ich, um für zukünftige schöpferische Handlungen in der Welt erweitert und bereichert zu werden.

Durch die Handlung des Ichs können die Gegensätze des bipolaren Schattens wieder in den Archetyp als Ganzes integriert werden. Um dieses Ziel zu erreichen, stehen dem Ich verschiedene Methoden zur Verfügung, zum Beispiel analytische Techniken wie Trauminterpretation und aktive Imagination. Mit der Hilfe des Magier-Archetyps steigen

Intuitionen und ganze Muster in die rechte Gehirnhälfte auf und werden in der linken Gehirnhälfte in logische Argumente übertragen.[23] Der Magier macht also von den technologischen und rationalen Prozessen der linken Gehirnhälfte Gebrauch und stellt in der rechten Gehirnhälfte imaginative, intuitive und inspirative Energien bereit.

Der Magier manifestiert sich am vollkommensten im Schamanen, weil diesem ein ausgeglichener Zugriff zu beiden Gehirnhemisphären gelingt. Wie S. 231 ff. erläutert wird, weist die Forschung im Bereich der Denkmodi darauf hin, daß Frauen dazu neigen, die rechte und die linke Gehirnhälfte ganzheitlicher zu gebrauchen als Männer. Auch der Schamane benutzt die Wahrnehmung und das Denken in gleicher Weise. In einer gewissen Art ist sein *modus operandi* mehr der einer Frau als der eines Mannes. Das ist vielleicht der Grund für seine asexuelle oder gelegentlich homosexuelle Orientierung.

Der Schamane und schizoide Phänomene

Einigen Gelehrten ist die Ähnlichkeit zwischen dem veränderten Bewußtseinszustand des Schamanen und der Schizophrenie aufgefallen. Andere haben die Ähnlichkeiten bemerkt, aber die grundlegenden Unterschiede betont. Es ist richtig, daß die Reisen des Schamanen in andere Welten Begegnungen mit fremden Wesen sowohl feindlicher als auch freundlicher Natur einschließen. In psychologischer Terminologie würden wir diese fremden Wesen als Gestaltungen «innerhalb» des Unbewußten beschreiben, sowohl des kollektiven als auch des persönlichen.

Vielleicht sitzt das Ich-Bewußtsein des Schamanen in seiner linken Gehirnhälfte und macht seine Beutezüge in die rechte. Die Wesen wären dann Bilder, die die rechte Gehirnhälfte zum Wohl des reisenden Ichs hervorbringt. Das Corpus callosum, die Neuronenbrücke zwischen der linken und der rechten Gehirnhälfte, wäre dann außergewöhnlich aktiviert und würde eine Flut von Impulsen zwischen beiden Hemisphären ermöglichen.

Bei Schizophrenen sind die natürlichen Hindernisse für eine Kommunikation zwischen der linken und der rechten Hemisphäre gleichermaßen vermindert. Es gibt Beweise, daß bei Leuten, die an einer multiplen Persönlichkeitsstörung leiden, etwas Ähnliches stattfindet. In seinem Buch *Der Ursprung des Bewußtseins durch den Zusammenbruch der bikameralen Psyche* verbindet der umstrittene Autor Julian Jaynes die mentalen Prozesse der modernen Schizophrenen mit den Prozessen unserer menschlichen Vorfahren vor der Entwicklung des Ich-Bewußtseins. Er ist der Meinung, daß das moderne Ich-Bewußtsein irgendwann im neunten vorchristlichen Jahrhundert begann, und vertritt den Standpunkt, daß vor dieser Zeit bei allen Menschen und vor allem bei Sehern und Propheten fast ununterbrochen Bilder und Stimmen der rechten Hirnhälfte in die Prozesse der linken Hirnhälfte einbrachen.

Menschen mit schamanischen Funktionen – zum Beispiel das Orakel von Delphi – waren besonders empfänglich für diese Stimmen. Sie hörten die «Götter» auf ähnliche Art und Weise, wie moderne Schizophrene ihre inneren Stimmen hören. Zwar sind verschiedene Aspekte von Jaynes' Theorie zweifelhaft, doch ist es durchaus möglich, daß Intuition und poetische Inspiration zu schizophrenen Phänomenen in Beziehung stehen. Wir sind der Auffassung, daß der Magier, der die Magiereigenschaften nicht in einer gesunden Weise entwickelte, eindeutig schizoid ist. Er zeigt Eigenschaften, die, wenn sie zu weit getrieben werden, schizophrene Züge herauszufordern scheinen.

Diejenigen, die sich dagegen aussprechen, daß schizophrene und schamanische Bewußtseinszustände miteinander gleichgesetzt werden, betonen mit Recht, daß die

Stimmen eines Schizophrenen fast immer als feindlich und verfolgend erfahren werden, während die Visionen eines Schamanen oft positiv sind und das Selbstbewußtsein stärken. Zweifellos durchlebt ein angehender Schamane eine ernste psychische Zerrüttung, während der er sich oft als zerstückelt erlebt oder als von verschiedenen Göttern oder Dämonen verschlungen. Es ist seine alte Art des Ich-Bewußtseins, die stirbt, und mit Hilfe «innerer Helfer» wird er wiederhergestellt. Nach dieser grausamen Initiation findet er zu einer integrierteren Art, Mensch zu sein. Im Unterschied zum Schizophrenen behält er sein Ich; er wird zum «Meister der Geister» und nicht zu ihrem passiven Opfer.

Es kann sein, daß jede größere Lebenskrise eine plötzliche und schmerzliche Öffnung der Verbindung zwischen der linken und der rechten Gehirnhälfte mit sich bringt. Dann ist der geänderte Bewußtseinszustand, der daraus entstanden ist, wohl immer am Rande mit schizophrenen Bewußtseinszuständen verwandt. Aber selbst dann befreit der Magier-Archetyp in seiner Ganzheit das Ich vom Besessensein durch die «Götter» und stellt die Ich-Strukturen mit Hilfe von «inneren Helfern», «Krafttieren» und «Geistführern» wieder her. Dadurch wird das Ich stärker und gelangt zu einem erweiterten Verständnis von Ganzheit und Begabung.

Die Konstellation des Magiers

Konstelliert sich der Magier-Archetyp in einem Mann, geschehen verschiedene Dinge. Vor allem wird der Mann zu einem Suchenden. Er beginnt nach einem Magier zu suchen, der ihn führen kann.

In *Begegnungen der dritten Art (Close Encounters of the Third Kind)* spielt Richard Dreyfuß die Rolle eines gewöhnlichen Mannes. Er hat Kinder, eine Frau und einen Lieferwagen und lebt zufrieden vor sich hin, bis zu einer Begegnung mit dem, was Jung das Numinose genannt hat – in seinem Fall mit einem UFO, das fast auf seinem Lastwagen gelandet wäre. Nach diesem Ereignis ist sein Leben nie mehr wie vorher. Er wird zu einem Suchenden.

Zu Beginn der Suche kann es sein, daß man nicht die leiseste Idee hat, was man eigentlich sucht. Ohne davon zu wissen, ist man auf der Suche nach dem Magier. Es gibt Leute, die zwanzig oder dreißig Kulte durchwandern, um den wahren Magier zu finden. Doch das gesuchte Ziel ist nicht draußen in der Welt, es liegt tief im Inneren. Und ein Zweck einer Initiation besteht darin, diese einfache Wahrheit zu lehren.

Sobald sich der Archetyp des Magiers konstelliert hat, entwickelt sich – als zweites Phänomen – eine für die Initiation geeignete heilige Landschaft. Das heißt, daß das ganze Leben entsprechend dem Archetyp der Initiation gestaltet wird. Wenn man einmal ein Suchender geworden ist, begibt man sich auf eine Pilgerreise in der heiligen Landschaft, und man wird diese Reise fortsetzen, bis man ans Ende gelangt ist.

Das dritte ist die Suche nach einem Ort für die Wandlung. An diesem Ort kann die Initiation vollendet und der Suchende von seiner Suche entbunden werden. Wenn die Menschen von einem Kraftort sprechen, dann meinen sie einen Ort in der heiligen Landschaft, der umwandelnd wirkt. Es handelt sich um ganz besondere und seltene Orte, und das ist der Grund, warum der Schamane für sein Volk von so großer Bedeutung war, wenn es darum ging, die Energie eines Ortes der Wandlung aufzufinden, zu weihen und zu verwalten.

Gelingt es, in angemessener Weise einen Zugang zu den Energien des Magiers zu finden, kann man unter ihrer Führung den Gefahren der inneren Welten trotzen. Die «Tode», die wir sterben, sind die Vorspiele für unsere «Wiedergeburten» auf dem Weg zu unserer vollen Menschlichkeit. In den kommenden Kapiteln werden wir das Wesen des Suchenden erforschen, seine Initiation und die geheiligten Orte, die er zu entdecken sucht.

3. Bilder des Magiers in Mythos und Geschichte

Ursprünge

Früher haben wir Menschen immer betont, daß unser kulturelles Erbe uns zu etwas Einzigartigem unter den Lebewesen mache, mit der Begründung, daß Tiere nicht in der Lage seien, etwas zu erschaffen und eine Kultur weiterzugeben. Ihre Gewohnheiten seien ausschließlich ihren Instinkten zuzuschreiben. Doch dieses Kriterium ist in den letzten Jahren zu Fall gekommen, zusammen mit vielen anderen Maßstäben in bezug auf unsere Einzigartigkeit.

Japanischen Affen ist in der heutigen Zeit etwas gelungen, was man nur als kulturellen Durchbruch bezeichnen kann.[24] Aufmerksame Beobachter bemerkten vor einigen Jahren, wie ein einzelnes Weibchen einen großen Fortschritt bei der Futterbereitung machte. Es kam auf die Idee, sein Futter vor dem Fressen im Ozean zu waschen. Danach wurde beobachtet, wie es anderen Mitgliedern des Stammes die neue Technik beibrachte. Einige Affen auf anderen japanischen Inseln taten bald das gleiche.

Weiter westlich davon sind afrikanische Schimpansen dabei gesehen worden, wie sie Blätter von Stengeln abstreiften und dann die Stengel in Termitenhügel steckten, um die Insekten damit herauszubekommen.[25] Termiten sind für Schimpansen eine Delikatesse. Die Jungen beobachteten aufmerksam die Arbeitsweise ihrer Mütter und begannen bald auch selbst zu experimentieren. Irgendein alter Schimpanse war offensichtlich auf die Idee gekommen, den Stengel als Werkzeug zu benutzen, und hatte die neue Technologie eingeführt – und seine schmackhafte kulturelle Neuerung wurde dann an die folgenden Generationen weitergegeben.

Auch der Gebrauch der Sprache und ihre Weitergabe wurden als eine Gabe betrachtet, die ausschließlich Menschen besitzen. Schimpansen haben zwar keine biologische Ausrüstung für eine verbale Sprache, doch wurden sie von Menschen gelehrt, eine Zeichensprache zu gebrauchen.[26] Einige wurden darauf beobachtet, wie sie diese Form der Kommunikation ihren Jungen beibrachten. Schimpansen haben sogar die Fähigkeit, eine Sprache zu erschaffen. Ein Schimpanse, der zum ersten Mal Enten auf einem Teich sah, machte aufgeregt das Zeichen «Wasser» und das Zeichen «Vogel» und kreierte so das Wort «Wasservogel», eine Beschreibung, die absolut korrekt war.

Wenn der Magier als Archetyp des Wissenden und Fachmann im Umgang mit inneren Kräften betrachtet wird, dann ist also seine Energie nachweislich zumindest in einigen anderen Primaten vorhanden. Wahrscheinlich tauchte er in der Psyche unserer Spezies in einer weit zurückliegenden vormenschlichen Vergangenheit auf.

Die Höhlen von Lascaux bieten den frühesten greifbaren Beweis für menschliche Psychospiritualität. Sie sind voll üppiger, kraftvoller Tierdarstellungen, die die Vorstellungswelt der paläolithischen Jäger erfüllt haben. Die Sorgfalt, mit der diese großartigen Tiere wiedergegeben sind, gibt uns einen Hinweis auf die psychische und spirituelle Beziehung, die unsere weit zurückliegenden Ahnen gefühlsmäßig zu ihnen hatten.

Viele Wissenschaftler haben diese Höhlen als Heiligtümer interpretiert, die für männliche Initiationsriten bestimmt waren. Zweifellos betrifft die Mehrheit der gemalten Figuren männliche Belange, und die wenigen Menschen, die abgebildet sind, sind fast alle Männer. Einige davon sind die schamanischen Vogelmänner, die wir in der Einführung beschrieben haben.

Aber es gibt auch, wie Riane Eisler in ihrem Buch *Kelch und Schwert. Von der Herrschaft zur Partnerschaft* richtigerweise aufzeigt, eine große Anzahl von Statuetten in diesen Höhlen, die offensichtlich Muttergottheiten darstellen. Sie wirft die Frage auf, wie ausschließlich diese Höhlen eigentlich männlichen Interessen dienten, spielt aber dabei unnötigerweise den klaren Beweis herunter, daß die Benutzer dieser Höhlen einer männlichen Jägerkultur zugehörten, an deren Spitze ein Schamane stand.

Zählen wir zu den Beweismitteln, die uns die Höhlen zur Verfügung stellen, noch den Umstand hinzu, daß in den meisten primitiven Kulturen die oberste Gottheit bis zum heutigen Tag männlich ist – von den australischen Eingeborenen bis zu den afrikanischen Stämmen –, dann werden wir nicht den Fehler machen, die Rolle eines männlichen Gottes in einer Religion der Steinzeit zu unterschätzen.[27] Es ist durchaus plausibel, sich vorzustellen, daß Völker im Paläolithikum verstanden haben, daß sowohl das weibliche als auch das männliche Prinzip für eine Verwirklichung des Reichtums und der Fruchtbarkeit in der Welt des Menschen und der Natur notwendig sind.[28]

Wir können annehmen, daß in der frühen Religion ein entfernter, unsichtbarer Himmelsvater neben einer sichtbaren und greifbaren Erdmutter eine wichtige Rolle gespielt hat. Sie war in einer konkreten Form dargestellt, denn ihr irdisches Reich war ja auch berührbar. Er dagegen war nur durch Hinweise und Zeichen repräsentiert, wegen der Gefahr, die der Darstellung des Unbeschreiblichen innewohnt. Und es kann sein, daß die Tonfiguren der Muttergottheiten dazu benützt wurden, um die Knaben in die Geheimnisse der Sexualität einzuführen. Es wäre keine Überraschung, eine Erdmutter in Zeremonien, die von den alten Jägern abgehalten wurden, anzutreffen. Das schamanische Bewußtsein der alten Zeit kann die Höhlenheiligtümer als Gebärmutter und Geburtskanal der Erdmutter verstanden und sie als Heiligtümer für die Initiation von Knaben in das erwachsene Mannsein benützt haben – ein Vorgang, bei dem die Knaben aus der Gebärmutter der Erde «wiedergeboren» wurden.[29]

Wenn wir uns primitiven Gesellschaften zuwenden, die bis in die Gegenwart überlebt haben, sehen wir reichlich Beweise für die Magier-Energie. Von den Savannen Afrikas zu den Regenwäldern Brasiliens, vom schneebedeckten nördlichen Asien bis in die Wüsten Australiens – wohin wir auch blicken, überall sehen wir Schamanen, Magier, Regenmacher und Medizinmänner.[30] Ihre Funktionen sind mehr oder weniger die gleichen, auch wenn der Schwerpunkt der einen Kultur auf der Beeinflussung der Fruchtbarkeit liegen mag und der einer anderen darauf, den toten Seelen zu helfen, zuversichtlich in das Leben danach hinüberzugehen. Bemerkenswert ist die allgemeine Verbreitung des schamanischen Phänomens als Ausdruck des Magier-Archetyps. Auf die eine oder andere Art hat der Schamane überall unsere Spezies zur Reise nach Innen inspiriert, zur Reflexion, zum Bewahren und zum Erschaffen. Er hat uns gelehrt, unsere kostbare psychische Energie zu lenken und zu verwalten, damit sowohl in uns selbst als auch außerhalb in der Natur Harmonie gewährleistet ist.

Historische Magier

Das erste historische Beispiel, das wir von der Verkörperung eines Magiers haben, ist das des ägyptischen Wesirs Imhotep (etwa 2800 v. Chr.).[31] Imhotep war der oberste Ratgeber von Djoser, einem Pharao der Zweiten Dynastie, und er war ein mächtiger Heiler und Arzt. Seine medizinischen Neuerungen waren für die alten Völker so umwerfend, daß er sogar zu einem Gott wurde. Die Griechen kannten ihn als den Gott Asklepios.

Imhotep war nicht nur der größte Heiler seiner Zeit, er

war auch ein Architekt des heiligen Raumes und der heiligen Zeit. Er entwarf König Djosers großartige «Totenstadt» in Saqqara am Westufer des Nils und beaufsichtigte die Bauarbeiten. Es wurde eine vollständige Miniaturstadt mit Lagerhäusern, hausähnlichen Grüften, einer Rennbahn und gepflasterten Straßen errichtet, in deren Zentrum sich das erste voll entwickelte Pyramidengrabmal der alten Welt befand. Diese erstaunliche Leistung auf dem Gebiet der Grabarchitektur war vollständig von glänzendem, weißem Kalkstein bedeckt und von einer schön verzierten Mauer umgeben.

Als mikrokosmische Darstellung des Universums war der Saqqara-Komplex heilig. Innerhalb der Grenzen seines Bezirks wurde der Tod in Leben zurückverwandelt. König Djoser hielt hier seine periodischen Heb-sed-Rennen ab, um seine immer noch vorhandene Stärke zu demonstrieren und damit seine Eignung, sein Königtum fortzusetzen. Gleichzeitig erhielt er durch magische Rituale, die das Rennen begleiteten, neue Kräfte. Nach seinem Tod wurde Djoser in der Pyramide zur Ruhe gebettet, die in Kalkstein die Strahlen der Sonne darstellte, die ägyptische «Himmelsleiter». Zum geheiligten Zeitpunkt der Erneuerung bekräftigte Imhotep seine Macht, die Mumie des Pharaos in Geist verwandeln zu können.

Imhotep war nicht der einzige, der die Großtaten der Magie zustandebrachte, die die Zivilisation entstehen ließen. Jede alte Zivilisation hatte ihre Zauberer und Hexenmeister, ihre Astrologen und Astronomen, Philosophen und Theologen, Metallurgen, Architekten, Chemiker und Physiker. Die ägyptische Literatur quillt über vor Kurzgeschichten, die die Heldentaten berühmter Magier feiern. Babylonische Zauberer waren weit und breit bekannt. Später wandelten die persischen Magier die Kulturen und Religionen des gesamten Nahen Ostens um. Ihr Einfluß auf die Welt Griechenlands und Roms war tiefgreifend, und durch diesen Kanal haben sie jede nachfolgende Blüte der westlichen Zivilisation beeinflußt.[32]

Samuel, Elias und Elischa aus der Bibel sind schamanische Figuren. Nach ihrer wunderbaren Geburt hören sie eine innere Stimme, die sie als Jahwe oder Elohim erkennen. Sie vollbringen große magische Taten – zum Beispiel Feuer vom leeren Himmel herabzurufen oder Tote aufzuerwecken –, und ihr Tod ist ein Ereignis, das von einem großen Geheimnis umgeben ist. Elias zum Beispiel fuhr mit seinem Körper in einem feurigen Wagen in den Himmel. Auch die biblischen Propheten waren von der Magier-Energie inspiriert, die bemerkenswerte Einsichten in die menschliche Natur, die damals herrschende Weltlage und vielleicht sogar die Zukunft möglich machte. Wie viele andere in der schamanischen Tradition zeichneten sie einen Großteil ihres Materials in metrischem Versmaß auf.

Jesus ist der größte aller biblischen Magier. Es gibt Erzählungen – die allerdings nicht Teil der kanonischen Tradition sind –, daß der Knabe Jesus Vögel aus Ton geformt habe, die er dann in wirkliche Vögel verwandelte, die davonflogen und ihren Schöpfer priesen. Als Erwachsener vermehrte er Brotlaibe und Fische, verwandelte Wasser in Wein, heilte die Kranken, besänftigte den Sturm, ging über das Wasser, trieb den Menschen Dämonen aus und erweckte sogar Tote zum Leben. Er gab das mythologische Erbe seines Volkes in einer neuen Interpretation weiter, wie das die Schamanen so oft tun. Und seine Gleichnisse waren, wenn auch nicht Dichtung im konventionellen Sinn, so doch sicher lyrisch in ihrer Komposition und ihrem Inhalt. Am Ende vollbrachte er mit seinem Verschwinden das größte Kunststück dieser Art, das die Geschichte kennt, und hinterließ sein Grab leer, damit die nachfolgenden Generationen sich darüber den Kopf zerbrechen können. Wie viele andere Schamanen nahm er die Krankheiten der Menschen auf sich und wurde wegen seiner Bemühungen und seiner Selbstaufopferung umgebracht. Und dann wurde er, wie viele Magier vor ihm, zu einem Gott.

In den griechischen Mysterienreligionen wurde der durch den Magier-Archetyp geleitete Initiationsprozeß zum zentralen Thema. Männer und Frauen jeden Alters standen den tiefen Mysterien von Leben und Tod in den geheimen Ritualen zu Ehren der Demeter, der Göttin der Erde, von Angesicht zu Angesicht gegenüber. Indem sie gezwungen waren, ihrer eigenen Sterblichkeit ins Auge zu sehen, erlangten die Initiierten größere Weisheit und Reife. Sie wurden gelassen und belebt, indem sie sich den Mechanismen der menschlichen Psyche aussetzten.

Obwohl die Initiierten auf Geheimhaltung eingeschworen waren, hinterließ Plutarch einen – unvollständigen – Bericht von den Vorgängen, die hinter ihm lagen. Ohne die Einzelheiten der Zeremonie zu kennen, wissen wir folgendes:

> «... die Kandidaten mußten durch gewundene unterirdische Gänge wandern. Es war eine Pilgerfahrt durch das Dunkel, eine Reise zu einem unsichtbaren Ziel, die die Geistesgegenwart auf die Probe stellte. Und dann, im Augenblick der Entscheidung, wurden die Initianden schrecklichen Qualen unterzogen. Sie erlebten Schaudern und Zittern, sie schwitzten vor Angst und waren gelähmt vor Schrecken, bis allmählich wieder das Licht kam und es wieder Tag wurde. Vor ihnen öffnete sich ein großartiger Platz mit heiligen Gesängen und tanzenden Chören. Der Initiierte wurde mit Girlanden gekrönt, und an der Seite reiner und heiliger Männer genoß er das Fest der Wiedergeburt.»[33]

Auch hier dient die Reise in die Unterwelt als Symbol für die Wiedergeburt aus dem Schoß der Erde. Höhlen werden so oft in Initiationspraktiken auf der ganzen Welt verwendet, daß es den Anschein hat, als ob die Metapher der Höhle als Schoß archetypischen Charakter hätte. Initiation hat etwas mit dem Sterben einer überholten Ich-Struktur zu tun, damit sich eine weisere bilden kann. Die Griechen hatten Glück, denn ihre Mysterienrituale wurden von Ritualmeistern gelenkt, die sich sorgsam darum bemühten, ihre Weisheit weiterzugeben.

Der Magier ist mit dem Tod bestens vertraut. Er ist der Führer der Seelen, und als Schamane ist er der Retter der verlorenen Seelen. Er kennt auch das tiefe Geheimnis – verborgen am Urquell aller Dinge –, daß aus dem Tod das Leben kommt, erneuert, verwandelt und triumphierend.

Eine christliche Bewegung – unter der Bezeichnung Gnostizismus bekannt – entwickelte sich in der Zeit Christi aus den früheren hermetischen Traditionen und dauerte die nächsten Jahrhunderte an.[34] (Hermes war ein griechischer Gott, der «Seelenführer». Wegmarken an den Straßen waren damals unter der Bezeichnung «Hermen» bekannt.) Gnostische Texte basieren auf der Überzeugung, daß die Materie böse und Emanzipation daraus nur durch Wissen oder Gnosis erreichbar ist. Die Tatsache, daß die Gnostiker ausschließlich auf geistige Mittel zur Erlösung vertrauten, zeigt einen starken Einfluß des Magier-Archetyps. Ihre heiligen Texte stützen sich auf eine tiefe Introversion, eine grundlegende Selbstreflexion und die Überzeugung, daß die Erleuchtung von Innen kommt. Jung betrachtete die Gnostiker als Vorläufer der modernen Tiefenpsychologie.

Die katholische Kirche hat die Anhänger des gnostischen Glaubens verfolgt, bis ihre Traditionen verschwanden. Ihre Ideen aber tauchten von Zeit zu Zeit in den «Häresien» des europäischen Mittelalters auf. Einige Gelehrte sind der Auffassung, daß es eine ungebrochene gnostische Tradition gebe. Diese sei dank der Bemühungen von Individuen aufrechterhalten worden, die Bücher und Praktiken durch die Jahrhunderte weitergaben. Immer wieder erreichten diese Lehren, so meinen sie, ein größeres Publikum, und dann entwickelten sich Bewegungen größeren Umfangs aus ihnen (wie zum Beispiel die Häresie der Albigenser). Andere Forscher nehmen die Ähnlichkeiten zwischen den verschiedenen häretischen Ausbrüchen zur Kenntnis, sind aber der Meinung, daß sie isoliert voneinander auftraten – gleichartig sei die archetypische Kraft hinter den Häresien und nicht die Häresien selbst. Gleichgültig, welche Version historisch gesehen richtig ist, die Magier-Energie war offensichtlich ein bedeutender Teil dieser Untergrundbewegungen.

Der Magier spielte auch eine bedeutende Rolle in den okkulten Traditionen, die durch die ganze europäische Geschichte hindurch im geheimen praktiziert wurden. Und schließlich leitete der Magier-Archetyp öffentlich die aufblühende scholastische Bewegung in der Kirche, und im stillen fuhr er fort, die Überzeugungen der Alchemisten zu beeinflussen.

Die Geschichten um Merlin, den legendären britischen Zauberer, lassen uns einen Blick darauf werfen, wie der Magier im mittelalterlichen Europa vom Volk verehrt, aber von der Kirche verabscheut wurde. Die Merlinsage zeigt uns eine Gestalt, die aus Erzählungen über verschiedene druidische Schamanen zusammengesetzt ist. Die Druiden waren die Priester der keltischen vorchristlichen Religion, die mehr oder weniger öffentlich eine Zeitlang in die christliche Ära hinein überlebte. Sie wußten um die geheimnisvollen Kräfte der Natur, sie bewahrten die astronomischen und astrologischen Überlieferungen – Stonehenge war eines ihrer Heiligtümer, erbaut, um die Jahreszeiten und Sonnenwenden zu beobachten und zu feiern –, und sie waren die Wächter über die Wälder und Völker von Britannien und Gallien.[35]

Stonehenge soll Merlins Entwurf gewesen sein. Eine Anzahl riesiger Megalithen umgibt kreisförmig einen heiligen Ort, in dessen Mittelpunkt ein Steinaltar steht. Ein anderer Stein ist an der Peripherie so aufgestellt, daß in der Morgendämmerung der Sonnenwende die Strahlen der Sonne diesen Stein entlang aufsteigen, um schließlich über seine Spitze zu fallen und den Altar im Mittelpunkt zu erleuchten. Wir können uns nur ausmalen, welcher Art die Zeremonie oder das Opfer war, das in diesem machtvollen Augenblick am Altar dargebracht wurde. Merlin wurde nicht nur das Konzept für das Heiligtum zugeschrieben, auch das Bearbeiten, der Transport und das Errichten der Steine, sagt man, seien von ihm in die Wege geleitet worden.

Die riesigen, unmöglich schweren Steine wurden in einem Steinbruch gebrochen, der weit von Stonehenge entfernt war, und mußten durch ganz England über Land transportiert werden, denn zwischen beiden Orten gab es keine Flußverbindung. Viele verschiedene Möglichkeiten wurden bereits vorgeschlagen, um den Transport der Steine zu erklären. Die Sage weiß natürlich zu berichten, daß Merlin sie auf magische Art transportierte.

In der Artussage gilt Merlin als der Genius hinter Camelot, dem englischen Paradigma für das Paradies auf Erden. Es war Merlin, der den Jahreszeiten ihre Form verlieh und der Artus inspirierte, seinem anarchischen Land Gesetz und Ordnung zu bringen und an seinem Hof die zivilisierten Bräuche des Rittertums einzuführen. Die meisten Erzählungen von Camelot lassen eine tiefe Verehrung für Merlin erkennen.

Es gibt aber auch Versionen der Geschichte, die ein mißtönenderes, christliches und abwertendes Porträt des alten Magiers zeichnen. In einigen erscheint er als nutzloser, stümperhafter alter Narr, und in anderen ist er nicht viel mehr als ein Schattenmagier, dessen diabolische Pläne das Königreich verheeren. In T. H. Whites schöner, melancholischer Nacherzählung der Artussage erscheint Merlin abwechselnd als wohlmeinender, aber zerstreuter Hanswurst und als reizbarer, bitterer, alter Mann. Dennoch übt Merlin auch heute noch seinen Zauber auf unsere Vorstellung aus. Und die heilige Vollkommenheit von Camelot ruft in uns immer noch die Vision einer erhabenen Art des Menschseins hervor, inspiriert und geleitet von den Kräften des Magiers.

Die Alchemisten stützten sich stark auf die Kräfte des Magier-Archetyps. Wenn auch anfangs ihr Interesse darin bestand, einen Weg zu finden, um unedlere Stoffe in Gold zu verwandeln, so entschlossen sie sich doch sehr bald, auch eine innere Integration zu bewirken. Ihre Ansicht war, daß sie so lange unfähig wären, erfolgreich Metalle zu verwandeln und zu reinigen, als sie nicht sich selbst verwandelt und gereinigt hätten. Sie beschäftigten sich mit esoterischen Zeremonien, die sie von den Gnostikern und Okkultisten übernommen hatten. Deren letztes Ziel war mehr die Integration verschiedener psychischer Einheiten, denen sie im Reich der Vorstellung begegneten, als die Weiterentwicklung der chemischen Wissenschaft. Sie begegneten den Energiebereichen in den tiefsten Schichten der Psyche – wo die «Krafttiere» und die «Geister» der schamanischen Tradition ihren Aufenthalt haben oder die Archetypen und Komplexe der modernen Psychologie. Und sie bemühten sich, die «chymische Hochzeit» zustande zu bringen, eine Vermählung der inneren und äußeren Gegensätze. Durch diese Vermählung kommt das materielle Gold ebenso sicher wie das Gold der Seele oder das Selbst zum Vorschein.

Eine reale chemische Entdeckung der Alchemisten ist dieser Erforschung der Gegensätze zu verdanken. Einige waren der Meinung, daß man potentielles Gold nur in einer Substanz finden könne, die aus einem gegensätzlichen Material bestand. Daher bemühte sich Brandt, ein Bürger Hamburgs (gest. 1692)[36], zusammen mit anderen, die Komponenten des Harns zu untersuchen, zu trennen und zu destillieren – und im Laufe dieses Verfahrens wurde der Phosphor entdeckt.

Auch die Juden im Europa des Mittelalters schöpften Kraft aus dem Magier-Archetyp.[37] Die gleiche Energie, die einst ihre in Entwicklung begriffenen Gesetze, Gebräuche und Theologien beeinflußt hatte, inspirierte sie, die Wissenschaften der griechischen Philosophen weiterzuführen, was schließlich in die Lehren und Übungen der Kabbala mündete. Als der jüdische Talmud zusammengetragen wurde – es handelt sich dabei um bemerkenswerte Textdeutungen, die in sich selbst einen Ausfluß der Magier-Energie darstellen –, nahm auch ein kompliziertes und profundes Studium der menschlichen Psyche seinen Anfang. Die Kabbala, so die Bezeichnung, unter der dieses Studium bekannt wurde, war dem Werk der Gnostiker, der Okkultisten und Alchemisten ebenbürtig, ja sogar überlegen.

Wie die Gnostiker glaubten auch die Kabbalisten, daß bestimmten Worten und Beschwörungen eine große Kraft innewohne. Sie betrachteten das Alte Testament als einen symbolischen Text, hinter dessen Gleichnissen ein Offenbarungswissen lag. Nichts wurde als das genommen, als was es nach außen erschien; alles bezog sich auf etwas, das über das Etwas noch hinausging. Diese Tradition entstand wahrscheinlich auf dem kulturellen Hintergrund magischer Beschwörungen – von Worten also, von denen man annahm, sie seien unter bestimmten Umständen mächtig genug, um Ereignisse zu bewirken.

Hinter jedem Abschnitt im Alten Testament vermutete man einen Code, der von einem raffinierten Verstand entdeckt werden könne. Die Erlösung lag für die Kabbalisten in einer außerordentlichen intellektuellen Anstrengung. Wie zuvor die Alchemie, so führte auch die Kabbala ihre Anhänger zur Erforschung der verborgenen Schichten der Psyche. Es mag dahingestellt bleiben, ob die Grundlagen, von denen sie ausgingen, solide waren, in ihrer genauen Beschreibung und Anrufung der zehn «Aspekte» Gottes erforschten die Kabbalisten die Archetypen des kollektiven Unbewußten.

Die kabbalistische Tradition hielt sich in Osteuropa bis ins frühe zwanzigste Jahrhundert, obwohl sie von rationalisierenden Rabbis des achtzehnten und neunzehnten Jahrhunderts heftig unterdrückt worden war. Wer sich für eine populäre Darstellung der jüdischen schamanischen Tradition interessiert, wie sie sich um die Jahrhundertwende entwickelt hatte, dem sei Isaac Bashevis Singers Geschichte *Der Zauberer* oder der gleichnamige Film empfohlen.

Zu Beginn des Films ist Yoshi (der denselben Namen wie Jesus trägt – Yeshua auf hebräisch) ein Zauberer beim Theater. Wie die Kabbalisten sehnt er sich danach, von Gott zu erfahren, «wie man es macht». Er wünscht sich, die göttliche Magie der Schöpfung, der wirklichen Wandlung und Wiedererschaffung zu erleben. Yoshi ist außerdem ein Möchtegern-Erfinder – wie wir gesehen haben, ist das Interesse an Technologie ein anderer Aspekt des Magiers. Yoshi verbringt seine freie Zeit damit, primitive Flugzeuge zu bauen und zu fliegen, und er gibt auch sein ganzes übrigbleibendes Geld dafür aus.

Nach einer Anzahl von persönlichen und beruflichen Katastrophen wird Yoshi ein Asket und mauert sich in einer Hütte ein, aus der es keinen Ausgang gibt. Er errichtet die steinerne Hütte um sich herum und läßt nur ein kleines Fenster in einer Mauer frei. Durch dieses Fenster empfängt er seine mageren Mahlzeiten und gibt denjenigen Rat und Einsicht, die kommen, um seine Weisheit und seine Heilkraft zu suchen.

In der letzten, packenden Szene kommen eine Frau und ihr Sohn zu Yoshi auf Besuch. Sie sind der Meinung, daß ihnen von ihm Unrecht geschehen sei, und überschütten ihn mit Anklagen. Sie stacheln einige der Dorfbewohner zum Aufruhr an, und der Mob macht sich über Yoshis Hütte her. Diese fällt zusammen, ein Stein nach dem anderen. Yoshis Frau und seine Freunde bemühen sich einzugreifen, sie werden aber weggestoßen. Als die letzte Wand der Hütte zerstört ist, findet der Mob inmitten all der zerbrochenen Steine – niemanden!

Yoshi hat den größten aller «Tricks» vollbracht, der schon auf den Malereien in den paläolithischen Höhlen zu sehen ist. Er ist ein Vogelmann geworden! Während die Menge noch in den Ruinen seiner Klause steht, fliegt eine Schar wilder Gänse über ihre Köpfe hinweg. Eine schreit laut, und Yoshis Frau blickt zum Himmel, und ihr Gesicht zeigt Schmerz und Erstaunen. Yoshi ist, wie alle guten Schamanen, in den Himmel aufgefahren. Er hat seinen Traum vom Fliegen durch die spirituelle Technologie der Seele verwirklicht.

Die Kulturen der amerikanischen Ureinwohner waren reich an Schamanen. Wir sind in der glücklichen Lage, den Bericht eines der letzten großen Schamanen der Ogalalla Sioux, des inzwischen berühmt gewordenen Schwarzen Hirsch, zu besitzen. Schwarzer Hirsch fühlte, er müsse einen Übersetzer finden, um «seine Große Vision für den Menschen» zu retten und aufzuzeichnen. Er fand ihn in John G. Neihardt.[38] Neihardt veröffentlichte eine Interviewserie mit diesem großen Schamanen, in der Schwarzer Hirsch davon erzählt, wie sein Leben verlief und wie sich die schamanische Berufung und das Bewußtsein in ihm entfaltet haben.

Schwarzer Hirsch berichtet von seiner frühen Erkrankung und seinen Offenbarungsvisionen, die in seiner «Großen Vision» ihren Höhepunkt hatten. In dieser Vision wurden ihm unter anderem die Struktur des Universums geoffenbart und die Natur der göttlichen Geschöpfe. Durch Stimmen und visuelle Halluzinationen wurde er zum Schamanen berufen. Neihardt berichtet, daß die kosmischen Großväter Schwarzem Hirsch eine hölzerne Schale reichten:

> «... und sie war voll Wasser, und in dem Wasser war der Himmel. ‹Nimm das›, sagte der Großvater. ‹Es ist die Kraft, Leben zu geben, und sie gehört dir.›
> Nun hatte er einen Bogen in seinen Händen. ‹Nimm das›, sagte er. ‹Es ist die Kraft zu zerstören, und sie gehört dir›.»[39]

Schwarzer Hirsch, wie alle Schamanen (und wie alle Mystiker), erblickte das am meisten gehütete Geheimnis, das es gibt:

> «Ich sah mehr, als ich sagen kann, und ich verstand mehr, als ich sah; denn ich sah auf eine heiligen Art die Formen aller Dinge im Geiste und die Form aller Formen, wie sie zusammenleben müssen als ein Wesen. Und ich sah, daß der heilige Reifen meines Volkes einer von vielen Reifen war, die einen Kreis bildeten, weit wie das Licht des Tages und wie das Licht der Sterne, und in der Mitte wuchs ein mächtiger, blühender Baum, der alle Kinder von der einen Mutter und dem einen Vater beschützte. Und ich sah, daß er heilig war.»[40]

Wenige Jahre nach der Großen Vision von Schwarzer Hirsch kam die Magier-Energie in einem völlig anderen kulturellen Kontext in zwei neuen Wissenschaften zum Vorschein, die es miteinander zustande brachten, die europäischen Postulate über die Realität völlig über den Haufen zu werfen. Gerade als die Gesellschaft endlich die Lehren der materialistischen Wissenschaftler annahm, die verkündeten, daß die gesamte Realität in einem dreidimensionalen Raum-Zeit-Universum enthalten sei, bewiesen die Arbeiten der Pioniere der Tiefenpsychologie und der Atomphysik, daß das Gegenteil der Fall war. Ihre Botschaft war alt, es war eine Botschaft, die jeder Schamane, jeder Medizinmann und jeder Jahrmarktszauberer schon immer gekannt hat: «Die Dinge sind nicht das, was sie scheinen!»

Die neuen Entdeckungen der Atomphysik enthüllten, daß die anscheinend feste materielle Welt eine große Illusion ist und in Wirklichkeit aus Energiefeldern und Raum-Zeit-Krümmungen besteht, in denen sich Wellen/Partikel und Energiequanten vorübergehend aus nicht erklärlichen Gründen manifestieren.[41] Einstein, der vielleicht größte Magier in dieser magischen Show, zeigte, daß Raum und

Zeit Aspekte desselben Phänomens und daß beide durch Bewegung definiert sind. Er bewies, daß Raum und Zeit flexible, formbare Dinge sind. Seine Arbeiten führten zu den von Kollegen auf mathematischem Weg bestimmten Entdeckungen, daß andere Dimensionen möglich sind und daß es Wurmlöcher gibt und schwarze Löcher und andere Universa, vielleicht sogar Millionen davon, die in sich ausdehnenden Blasen gedeihen, in einem Raum-Zeit-System, das ganz anders ist als das unsere.

Schon bald ließ man die Magier in Los Alamos arbeiten, und in dem Bemühen, die Prozesse nachzuvollziehen, die tief im Inneren der Sterne am Werk sind, drehten sie die Zeituhr um Milliarden von Jahren zurück. Ihr Anführer, Robert Oppenheimer, war zutiefst erschüttert, als er Augenzeuge wurde, wie die erste Atombombe in der Dunkelheit der Wüste detonierte. In diesem übernatürlichen Blitz von unvorstellbarem Licht und undenkbarer Hitze erinnerte sich Oppenheimer an die Zeilen eines Dichter-Schamanen, der ein solches Ereignis in den Tiefen seiner inneren Wanderschaft vorhergesehen hatte, er erinnerte sich an den Schamanen, der die *Bhagavad-Gita* geschrieben hatte:

> «Die Zeit ich bin, der Zerstörer der Welten, und ich bin gekommen, alle Menschen in Anspruch zu nehmen…»

Entdecker des Unbewußten

Zur selben Zeit bestätigten die Untersuchungen Sigmund Freuds über die innere Welt der menschlichen Psyche, daß nicht alles so einfach war, wie es den Anschein hatte. Freud war der erste, der eine systematische Untersuchung des Unbewußten vornahm. Die Öffentlichkeit war schon bald davon fasziniert zu erfahren, daß unsere Motive oft nicht das sind, wofür wir sie ausgeben, und daß es sich beim «Ich», von dem man einst geglaubt hatte, es sei die ganze Persönlichkeit, um nicht mehr als um die Spitze eines Eisbergs handelt, der weit in die Schichten einer Seele hinabreicht, die ebenso tief, dunkel und geheimnisvoll ist wie die des Ozeans.

Freud nahm – bewußt oder unbewußt – etwas, das früher ein okkultes Revier war, nämlich die Trauminterpretation, und erweiterte ihre Werkzeuge und ihre Präzision. Er «prophezeite» auch die verborgene Bedeutung von Dingen, die wir zufällig sagen (Zufälle, die wir heute unter dem Begriff «Freudsche Fehlleistungen» kennen). Er erforschte die geheimnisvolle und sich erneuernde Welt des Inneren, er wurde ein Abenteurer wie der Schamane, ein Abenteurer der unsichtbaren Dimensionen der Realität. In seiner analytischen Praxis war er der Steuermann über den heiligen Raum und die heilige Zeit des Unbewußten. Er wurde eine Art «Seelenführer», wie der Ritualmeister in einer traditionellen Gesellschaft, einer, der half, die unreifen und unvollständigen Menschen ins Erwachsenenalter zu initiieren. Bezeichnenderweise hatte dieser moderne Magier eine Statuette des ägyptischen Imhotep auf seinem Schreibtisch, mit dem er angeblich des öfteren Zwiesprache hielt. Vielleicht hörte Freud die Orakel, die ihn oft inspirierten, von Imhotep.

Freuds jüngerer Kollege Carl Gustav Jung führte die Erforschung des inneren Raumes und der inneren Zeit viel weiter, als sein Mentor es getan hatte. Jung entdeckte komplexe Strukturen im Unbewußten, die er Archetypen nannte. Sie entsprachen den «Dämonen» und «Engeln» eines anderen Zeitalters. Jungs Intelligenz war umfassend und wißbegierig, und sein Interesse am Übernatürlichen, an parapsychologischen Erfahrungen, Mythologien der ganzen Welt, östlicher Spiritualität, Träumen und den sozialen und politischen Ereignissen in der Welt ist ausgedrückt in seiner umfassenden und zutiefst spirituellen Auslegung der menschlichen Seele. Und schließlich stellte er durch seine Psychologie eine Brücke zwischen den Geisteswissenschaften und den Naturwissenschaften her. Auch die spirituellen Traditionen unserer Spezies, unsere Biologie und unsere Traditionen der gnostischen und okkulten Lehren sind in seinem Werk miteinander in Beziehung gesetzt und verbunden. Durch Jungs Entdeckung der grundlegenden Struktur und Dynamik der Psyche – die schließlich weit über Freud hinausging – befähigte uns die Magier-Energie, die diesen «weisen alten Mann» inspirierte, uns selbst in unserem modernen Kontext zu verstehen. Zum ersten Mal waren wir im modernen Zeitalter des Wissenschaftsglaubens imstande, die Kräfte des beobachtenden Ichs wieder für uns in Anspruch zu nehmen, uns von den Komplexen, die von uns Besitz ergriffen hatten, zu distanzieren, uns gegen die Numinosität der Archetypen abzuschirmen und gleichzeitig schöpferische Wege zu finden, um uns ihnen zu nähern.

Mehrere unabhängige Neuerer und eine Menge psychologischer Schulen sind dem Vorbild dieser beiden modernen Magier gefolgt. Unter den psychologischen Denkern, die am meisten Einsicht und Hilfestellung geboten haben, sind Alice Miller, Heinz Kohut und D. W. Winnicott zu nennen, alle drei psychoanalytische Selbst-Psychologen, und der Psychoanalytiker Erik Erikson, der uns sein Konzept des «generativen Mannes» hinterließ.[42]

Ein erneuertes Interesse der Allgemeinheit am Okkulten hat die Entdeckungen dieser psychologischen Denker begleitet. Ein breites Interesse an allem, von astralen Projektionen bis zu Séancen, von Tarotkarten bis zu Zen ist seit der Mitte des neunzehnten Jahrhunderts sichtbar geworden, und das Interesse nimmt bis zum heutigen Tag immer noch zu. Viele westliche Durchschnittsmenschen haben die Reise nach Innen begonnen. Bankiers, Börsenmakler, Versicherungsvertreter und Politiker haben sich den Theosophen, dem Neuheidentum, den Scientologen oder anderen Gruppen angeschlossen; eine Überfülle an neuen Religionen ist entstanden, zusammen mit Selbsthilfegruppen für jede nur vorstellbare Bewegung oder Gruppierung.

Ein Kennzeichen all dieser alternativen psycho-religiösen Organisationen ist ein Interesse an und eine Wertschätzung für den heiligen Raum und die heilige Zeit, für Ritualmeister und den Initiationsprozeß – wenn auch auf einem sehr unterschiedlichen Niveau bezüglich Weisheit und Differenziertheit. Mircea Eliade, ein großer Gelehrter auf dem Gebiet der vergleichenden Religionswissenschaft und der Mythologie, wies auf die Initiation als die dem Leben zugrunde liegende Dynamik hin, als den Prozeß, der dem Leben Bedeutung und Würde verleiht. Eliade war der Auffassung, daß der heilige Raum in unserem modernen Leben fehlt, und er sah darin den Grund unseres Unbehagens. Wir glauben, daß er unrecht hatte, wir sind der Meinung, daß uns ein heiliger Raum zur Verfügung steht, denn dieser ist Teil unserer archetypischen Ausstattung. Unser Problem besteht nicht darin, daß er uns nicht zur Verfügung steht, sondern daß wir nicht wissen, was wir damit anfangen sollen.

Auch wenn die Führer von vielen dieser alternativen Gruppen und Religionen mehr mit dem Zauberlehrling als mit dem Zauberer gemeinsam haben, so zeigen diese Gruppen doch eine Verbindung zu den tiefen psychospirituellen Prozessen der Seele, eine Verbindung, die die meisten etablierten Kirchen und Synagogen schon lange verloren haben. In ihrem Bemühen, mit der in unserer Zeit vorherrschenden Verehrung von Wissenschaft und Rationalismus zu Rande zu kommen, haben die meisten etablierten Religionen ihre grundlegende Spiritualität und ihr Ziel verloren. Das ist der Grund, warum so viele Leute sich von diesen Religionen abgewandt haben und sich oft okkulten Bewegungen zuwenden.

Die moderne Zeit hat ihre kulturell angepaßten Bürger

von ihren psychischen Tiefen abgeschnitten. Deshalb ist ihnen der Jungbrunnen des schöpferischen Lebens verwehrt. Die moderne Zeit pfercht alle Erfahrungen in eine Raum-Zeit-Dimension, sie ignoriert alles, was nicht von den fünf Sinnen erfaßt werden kann, beziehungsweise von den wissenschaftlichen Instrumenten, die sie erweitern. Und sie weigert sich, sich mit der Realität des kollektiven Unbewußten im Hintergrund des Ichs abzufinden, trotz aller Beweise, die im Laufe der letzten neunzig Jahre in großer Zahl zusammengetragen wurden.

Die moderne Zeit hat den heiligen Raum und die heilige Zeit auf eine zweiwöchige Kreuzfahrt in die Karibik reduziert. Bar und Bat-Mitzvah und Konfirmationsunterricht sind die einzigen noch verbliebenen Relikte der geheiligten Initiationsriten unserer Vorfahren. Träume wurden auf elektrochemische Entladungen der «Schlafzentren» des Gehirns reduziert. Mit nichts außer der materiellen Welt zum Leben hat die Moderne Konsum und Materialismus zu Religionen gemacht. Auch wenn unsere moderne Zeit vom Magier-Archetyp als dem Wissenden und dem Techniker besessen ist, so sind sein Wissen und seine Technologie doch auf materielle Formen und materielle Energien begrenzt.

Wie wir schon erwähnten, hat der Magier immer eine Tendenz, schizoid zu werden und sich selbst vom Reich der tiefen Gefühle abzuspalten. Wir haben erlebt, wie die Moderne diese Tendenz bis zum logischen Extrem getrieben hat, und wir erleben es, daß die Energie des Schattenmagiers außer Kontrolle geraten ist. Die Bedrohungen durch eine nukleare Zerstörung, die ökologische Verwüstung und die massenhafte Ausrottung anderer Arten hängen als schwere Belastung über unseren Köpfen. Der «Machtschatten» des Magiers in seinem negativen, manipulativen und destruktiven Aspekt hat Kräfte entfesselt, die er nicht imstande ist zu kontrollieren.

Aber unvermeidbar bewegen wir uns in eine postmoderne Welt. Angekündigt durch den Aufstieg der Tiefenpsychologie, der Atomphysik und der okkulten Lehren, hat eine neue Wertschätzung der unsichtbaren Welten begonnen, eine neue Einteilung des heiligen Raums und der heiligen Zeit, eine neue Verbindung mit der Kraft der Bilder und Symbole und eine erneuerte Verpflichtung gegenüber dem Heilungsprozeß. Ausgelöst durch einfühlsame und einsichtsvolle populäre Bücher wie Carlos Castañedas «Studien» der Spiritualität der Yaqui-Indianer, ist ein wachsendes Interesse am Schamanen zu verzeichnen. Und wie wir schon gesagt haben: Der Schamane ist der umfassendste Ausdruck der Magier-Energie im menschlichen Leben. Er signalisiert uns neue Möglichkeiten einer größeren Ganzheit sowohl als Individuen als auch als Spezies. Mit seiner Gegenwart, die uns helfen wird, den heiligen Raum und die heilige Zeit zu lokalisieren und zu verwalten, können wir vielleicht einmal den Ort finden, wo «alle Formen... zusammen leben wie ein Wesen.»

4. Heiliger Raum und heilige Zeit

Das Wesen der heiligen Realität

Eine zentrale Aufgabe im Wirken des Magiers in der Welt besteht darin, den heiligen Raum und die heilige Zeit zu finden, sie zu weihen und zu verwalten. Mit der Hilfe des Magier-Archetyps erkennen wir, daß Raum und Zeit keine konstanten Größen sind, daß sie «klumpig» sind, nicht glatt und homogen. Es gibt Orte und Augenblicke, die eine außerordentliche emotionale Ladung haben. Der Magier wagt sich in diese aufgeladenen Orte und Zeiten und zeigt uns, wie man sie auf eine positive und erneuernde Art erleben kann.

Arnold van Gennep war der erste, der von dieser Uneinheitlichkeit von Raum und Zeit gesprochen hat. Er beobachtete das Phänomen im Laufe seiner anthropologischen Studien über primitive Völker, vor allem in Zusammenhang mit ihren Übergangsriten. Er stellte fest, daß diese Riten, kunstvoll ausgeführt und dramatisiert durch religiöse Rituale, einen der wichtigsten Übergänge im Leben eines jeden Menschen markierten – den Übergang von der Kindheit zum Erwachsensein.

Mircea Eliade identifizierte diese adoleszenten Übergangsriten als Spezialfälle dessen, was er als den ursprünglichen, alles durchdringenden Impuls des menschlichen Lebens betrachtete. Er nannte die Dynamik, mit deren Hilfe die Menschen im Verlauf ihres Lebens vorwärtsschreiten, «Initiation». Joseph Campbell machte Eliades Idee vom initiatorischen Prozeß populär und umgab sie in seinem Buch *Der Heros in tausend Gestalten* mit anderen Ideen aus dem Gebiet der Tiefenpsychologie. Victor Turner erweiterte unser Verständnis der anthropologischen Auffassung von den Übergangsriten, denen das Leben von uns allen untersteht.

Die Gelehrten begrenzten früher die Riten auf ein Geschehen, das beim Übergang von der Kindheit zum Erwachsensein stattfindet, doch bestätigten sie bald, was der wirklichen menschlichen Erfahrung entspricht: Das Szenario der Initiation wird unser ganzes Leben hindurch immer wieder gespielt, auf verschiedenen Entwicklungsstufen, von der Geburt bis zum Tod, und vielleicht darüber hinaus.

Eine Initiation in eine reichere, tiefere, reifere Art des Menschseins findet immer in einer heiligen Zeit und an einem heiligen Ort statt. Eliade stellte fest, daß vor der Moderne alle Völker die heterogene, mehrdimensionale Natur der Realität anerkannten und daß diese Völker zwei grundlegende Formen der Realität erlebten. Die Alltagsform nannte Eliade «profan», und daher wurde die andere Form – die den Verstand verdreht und einem beinahe die Eingeweide herausreißt – «heilig» genannt. Weil das Wort «profan» inzwischen so negativ belastet ist, werden wir diese bekannte Realität «gewöhnlich» nennen. In demselben Sinn werden wir von Zeit zu Zeit die «heilige» Realität als «außergewöhnlich» bezeichnen.

Es gibt eine in unserer Zeit weit verbreitete Fantasie, die «heilig» mit «angenehm» gleichsetzt. Aber ein Erlebnis innerhalb des heiligen Raumes und der heiligen Zeit ist oft alles andere als angenehm. Für Naturvölker war jede Zeit «heilig» – Zeit der Götter –, wenn sie nicht dem Alltäglichen entsprach. Diese Menschen waren der Auffassung, daß die Welt sich ständig aufbraucht und von Zeit zu Zeit Infusionen an heiliger Energie benötigt, um weiterzuexistieren. Daher waren ihre Ausflüge in den heiligen Raum nicht nur ein initiatorisches Erlebnis, sondern auch eine Möglichkeit, die Welt beim Weiterleben zu unterstützen.

Die außergewöhnliche Realität wird zeitweise zu etwas Wunderbarem – vorausgesetzt, sie bringt uns nicht um. Aber oft ist sie zunächst verwirrend und angsterregend. Alle tiefgründigen spirituellen Traditionen wissen das, wie auch die wenigen tapferen Individuen, die sich einer Analyse unterziehen oder einer anderen Form der tiefgehenden Psychotherapie. Wir können uns auf die verschiedensten Arten in die außergewöhnliche Realität begeben, und wenn wir erst innerhalb dieser heiligen Dimension sind, begegnen wir einer Vielzahl von ernstzunehmenden psychischen Gefahren, die ähnlich dem Gift der Schlange das Potential zur Heilung, aber auch ihre ganz spezifischen Risiken beinhalten.

Turner beschreibt zwei Arten des heiligen Raums. Die erste Art nennt er *liminal* (von *limen*, dem lateinischen Wort für Schwelle), die zweite *liminoid*. Von der psychologischen Warte aus betrachtet, ist der liminale Raum zunächst zerstörerisch, löst er doch unsere früheren Erwartungen davon, wie wir uns selbst und unsere Beziehungen zur Welt erleben, auf. Doch anschließend bietet er uns eine neue Vision von uns selbst und unseren Beziehungen. Wir sind erneuert, fast neu erschaffen als besser integrierte und reifere Menschen.

Der liminoide Raum andererseits kann uns erfrischen und unsere Batterien neu aufladen, aber er wird uns nicht wandeln. Ein idyllischer Urlaub findet in einer Art liminoidem Raum statt. Er ist wirklich nichts Gewöhnliches, aber er führt auch nicht dazu, daß sich unser Leben verändert.

Der heilige Raum und die heilige Zeit sind immer mit Libido aufgeladen. Die heilige Realität kann, durch einen Ausbruch von unbewußtem, archetypischem Material, ein Ich vernichten, wenn die Energie nicht entsprechend in Bahnen gelenkt und kontrolliert wird. Bevor sie zu einer heilenden Kraft wird – was nur unter optimalen Bedingungen geschieht, und wenn sie von einem Magier gelenkt wird –, macht sie einen Menschen verrückt. Wir alle kennen die Verrücktheit, die vom Kontakt mit der heiligen Dimension kommt, vom Tod eines geliebten Menschen, vom Verlust einer wichtigen Arbeitsstelle, von einer Trennung oder von einer Scheidung.

Es ist nicht möglich, ein menschliches Leben zu leben ohne gelegentliche Ausflüge in die außergewöhnliche Realität. Alte Völker wußten das und ritualisierten ihre «verrückten Zeiten» und umgaben sie mit Zeremonien und physischen und psychischen Einfriedungen. Wenn ein Mensch einen Verlust erlitt, wurde er für tabu erklärt. Die Nachbarn mieden ihn. Sie wußten, daß er sich wahrscheinlich unberechenbar verhalten würde, und wollten an seiner Energie nicht teilhaben – schließlich war er besonders gefährdet, von Tiergeistern besessen zu werden. Dadurch wurde die Energie eingeschlossen, damit sie mit Hilfe des Schamanen in eine erneuernde Energie verwandelt werden konnte und nicht in eine zerstörerische. Unzureichende Absonderung des Ichs und unzureichendes Management der mächtigen Kräfte der heiligen Realität führen zu «chronischer Liminalität» und Wahnsinn.

Die alten Sumerer hatten eine interessante Art, die Bedeutung der Augenblicke, in denen ein menschliches Leben von der gewöhnlichen zur außergewöhnlichen Realität überwechselt, zu illustrieren und neu zu strukturieren. Das Orientalische Institut in Chicago beherbergt eine bemerkenswerte Sammlung von sumerischen Statuetten. Nachdem man durch eine Rekonstruktion des babylonischen Ischtar-Tores gegangen ist, begegnet man in den dunklen Gängen des Museums einer Sammlung von Statuetten in eigentümlichen Stellungen. Diese Darstellungen von sumerischen Männern und Frauen (etwa 3000 v. Chr.) stehen in Gebetshaltung, die Beine geschlossen, die Hände vor dem Körper gefaltet, sie sind gelassen und konzentriert. Ihre gesamte Energie und Aufmerksamkeit ist auf eine unsichtbare Realität gerichtet.

Ihr überraschendstes Merkmal – noch verblüffender als ihre intensive Konzentration – ist der Ausdruck ihrer Augen. Es sind verrückte Augen, Augen voll Verwunderung und Angst. Riesengroß und weit aufgerissen, starren sie ohne Wimpernschlag auf etwas, was wir nicht sehen können. Wir können uns vorstellen, was sie erblicken, denn wir wissen, daß diese Statuetten wirkliche Menschen darstellten und im Mittelpunkt von sumerischen Tempeln aufgestellt wurden, inmitten der heiligen Realität. Die Statuetten erhoben nicht nur den Anspruch darauf, die Seelen dieser Männer und Frauen zu symbolisieren, sie waren diese Seelen. Sie wurden in ständiger Gegenwart des heiligen Raumes und der heiligen Zeit gehalten und dienten so dazu, die Energie des Außergewöhnlichen in das alltägliche Leben der betreffenden Menschen einfließen zu lassen, wenn diese ihren weltlichen Bedürfnissen und Geschäften außerhalb des Tempelbezirks nachgingen.

Der Ausdruck auf den Gesichtern dieser Statuetten, besonders ihre Augen, zeigen bildhaft, wie Menschen darauf reagieren, wenn sie «die Schwelle» in den außergewöhnlichen Bereich «überschreiten». Die gleiche zweifache Reaktion von Angst und Verwunderung ist in Ausdruck und Körpersprache von modernen Menschen vorhanden, die sich einem therapeutischen Prozeß unterziehen. Es findet die gleiche Kommunikation mit dem Unbeschreiblichen statt, wenn diese Analysanden die Grundfesten ihrer Seele freilegen, um gewandelt zu werden.

In der Welt vor der Moderne wurde ein heiliger Raum niemals geschaffen. Er wurde immer von einem ungewöhnlich begabten, intuitiven Menschen entdeckt. Dieser Mensch war der Magier, der darin geübt war, die Omen und Zeichen der göttlichen Geschöpfe, die hinter dem Schleier des materiellen Universums wohnten, zu interpretieren. Gelegentlich, wenn sie diesen Schleier durchbrachen und sich selbst offenbarten, war der Magier als Zeuge gegenwärtig.

Alte Städte waren heilige Räume, gewöhnlich etwa rund angelegt (und manchmal exakt kreisförmig), mit dem Palast-Tempel-Komplex im Mittelpunkt des Kreises.[43] So wohnte der König im organisatorischen Zentrum, von dem die geschaffene Welt ausstrahlt. Heilige Berge, heilige Bäume und innere Heiligtümer waren «Kraftorte», an welchen ein Energieaustausch zwischen den verschiedenen Dimensionen der Realität stattfand. Das Zentrum war immer abgegrenzt und von undurchdringlichen Mauern, «magischen Kreisen» oder etwas anderem umgeben, was dazu diente, den gewöhnlichen Raum und die gewöhnliche Zeit von der außergewöhnlichen Raum-Zeit-Dimension zu trennen.

In Wirklichkeit ist unser gesamtes Erleben des heiligen Raums und Territoriums eine Projektion unseres eigenen inneren Reiches auf die äußere Welt. Alle unsere Begegnungen mit der «verrückten Zeit» und den Dämonen und Engeln, die sie bewohnen, geschehen innerhalb unserer Psyche. Daher müssen wir imstande sein, einen Zugang zum inneren Magier zu finden, wenn wir unseren eigenen individuellen Mittelpunkt finden wollen. Wenn wir zulassen, daß wir von seiner Weisheit und seinem technologischen Können geleitet werden, kann jeder von uns den Weg zum Mittelpunkt seines eigenen inneren Reiches finden. Jeder Mann hat das Recht und die Verantwortung, das zu tun.

Die dynamische Struktur der heiligen Realität

Die drei Stadien, die der Konstellation des Archetyps des Magiers folgen, wurden von allen Gelehrten, die sich mit Initiation beschäftigt haben, beschrieben. Eliade spricht von einem Verschleiß der profanen Zeit, dem Eintritt in die heilige Zeit und der darauffolgenden Wiederholung des archetypischen kosmogonischen Prozesses.[44] Parallel dazu spricht Campbell von der Berufung, dem Bauch des Walfischs und der Wiederkehr.[45] Turner, der eine mehr technische Sprache gebraucht, beschreibt die Struktur, die Liminalität und die Wiederherstellung der Struktur (oder Verbesserung des Status).[46] Die Tabellen 1–4 illustrieren, wie deutlich sich diese verschiedenen Terminologien für das Szenario der Initiation in eine gemeinsame Karte einfügen. Es sind drei verschiedenen Arten, ein und dasselbe zu sagen.

Andere Traditionen bieten dieselbe Erkenntnis. Es gibt drei Einweihungsphasen in den Zen-Buddhismus. Zen-Meister lehren, daß vor der Erleuchtung ein Berg nur ein Berg sei. Während der Erleuchtung ist der Berg kein Berg mehr. Nach der Erleuchtung ist der Berg wieder nur ein Berg. Die Initiation endet mit der Rückkehr zum Alltäglichen. Auch wenn jede liebgewonnene Ansicht für eine gewisse Zeit völlig umgestoßen werden kann, so machen sich doch die grundlegenden Tatsachen der Welt erneut geltend, sobald sich ein gestärktes, weiseres Ich gebildet hat.

Erstes Stadium: Die Berufung

Die Berufung zur Initiation kann zu jeder Zeit kommen. Man muß sich nur den Anfang von Mythen und Märchen ansehen – sie beginnen fast immer mit einer Berufung. Jack pflanzt eine Zauberbohne, und der Stengel wächst hoch hinauf bis in den Himmel. Jack weiß, wenn er an dem Stengel hinaufklettert, wird er das Land der Riesen erreichen. Er kann nun dem Ruf folgen und den Bohnenstengel hinaufklettern – oder er kann ihn ignorieren und mit seinem Leben weitermachen, als ob nichts geschehen wäre. Jungianer glauben, daß das archetypische Selbst sich immer um unsere Aufmerksamkeit bemüht.[47] Es macht alle möglichen Versuche, um uns zur Initiation zu berufen. Die Dringlichkeit dieser Rufe nimmt in bestimmten Lebensphasen zu, und zwar dann, wenn unsere Ich-Struktur besonders ungeeignet ist, sich mit unseren in Veränderung befindlichen Lebensumständen auseinanderzusetzen. Die Methode des Selbst, uns zu berufen, besteht darin, uns in eine Krise zu manövrieren, so daß wir gezwungen sind, auf die Botschaft zu hören. Natürlich kann uns die Tatsache, daß wir durch diesen Prozeß geleitet werden, völlig unbewußt sein (und meistens ist es auch so). *Aber für das archetypische Selbst stellt das Leben ganz einfach einen fortlaufenden Initiationsprozeß dar, eine andauernde Abfolge von Tod und Wiedergeburt.*

Es gibt zwei grundlegende Arten der Berufung zum Initiationsprozeß. Die erste ist direkt mit unserem Lebenszyklus verbunden (siehe Tab. 4). In der Pubertät erreicht der Ruf Knaben und Mädchen zum Teil aufgrund der verstärkten Freisetzung von Sexualhormonen. Da besteht der Ruf darin, die Gefühle, Interessen und Verantwortlichkeit eines Erwachsenen zu akzeptieren. In den Gesellschaftsordnungen vor unserer Zeit wurde dieser Ruf durch Pubertätsriten – van Genneps ursprüngliche *Übergangsriten* – gefeiert und angenommen. Die Knaben wurden von ihren Müttern getrennt und in speziellen Bereichen untergebracht, die eigens zu diesem Zweck geschaffen worden waren. Von den Ritualmeistern des Stammes wurden sie dort in die Männlichkeit eingeweiht.

Der Gebrauch von Terror und physischer Verstümmelung – entweder durch das Erzeugen von Narben oder durch Beschneidung – war ein wichtiger Teil der Initiation eines Knaben. Ein anderer Teil bestand darin, durch das Lehren der heiligen Stammesmythen Staunen und Verwunderung in die Seelen der Knaben einzuprägen. Oder man trieb sie in die Wildnis, auf die Suche nach einer Vision. Sie mußten sich physischen Gefahren, ja sogar der Möglichkeit des Todes

Tabelle 1: Der Archetyp der Initiation

Pilgerreise →

Phase I	Anrufung	Beichte	Phase II	Segnung	Schlußhymne	Phase III
Gewöhnliches Bewußtsein/ Krankhaftigkeit von Leben und Welt		Unterwerfung, Resignation, Aufgabe der Autonomie, Verneinung der Wirksamkeit Herabsetzungsmechanismen	Gewöhnliches Bewußtsein/ Zerstörung von Leben und Welt; Begegnung mit transzendenten Kräften und ihren Wirkweisen		(relative) Erhöhung - Verbesserung des Zustandes, Wiederaneignung einer erweiterten Autonomie, Bestätigung der Wirksamkeit, Dramatisierung des Zustandes	Wiederherstellung des gewöhnlichen Bewußtseins; Leben und Welt in erneuerter, reintegrierter Form
van Gennep: Trennung			Übergang			Eingliederung
Turner: Struktur I - Präliminaler Zustand I			Antistruktur - Liminaler Übergang - Communitas (verschiedene Grade von communitas, seien sie liminal oder liminoid)			Struktur II - Post-liminaler Zustand II
Campbell: gewohntes Leben - der Ruf - der «Tyrann Haltefest»			Der Abstieg in den Bereich der vergrößerten Macht			Die Wiederkehr mit der Gabe, die die Welt erneuert
Eliade: Profane Zeit/profaner Raum I Verschlechterung der Welt (der Terror der Geschichte)			Heilige Zeit/heiliger Raum Reise zum Mittelpunkt			Profane Zeit/profaner Raum II
Freud: Fixierung, nicht phasengerechte Entwicklung			Wiederkehr des Verdrängten			Erreichen eines reiferen psychosexuellen Stadiums
Zeitgenössische Okkultisten: Hunger nach Bedeutung Bösartige Entmutigung			Die Suche Prüfungen usw.; Gefahr der Pseudoinitiation und der chronischen Liminalität			Meisterschaft - Ermächtigung zur Kreativität und zu bedeutendem Dienst
Krise (z.B. Verlust des Ehepartners durch Tod oder Scheidung)			Trauerprozeß			Reintegration und neue Anpassung
Erkenntnis der Notwendigkeit einer Analyse (vor der Therapiesitzung)			Analytische Umgebung als Gefäß oder Ort des Enthaltenseins (Therapiesitzung)			Nach der Analyse Anpassung (nach der Therapiesitzung)
Berufung zur Verehrung (Gottes)			Heiliger Raum/heilige Zeit			Wiedereintritt in das tägliche Leben

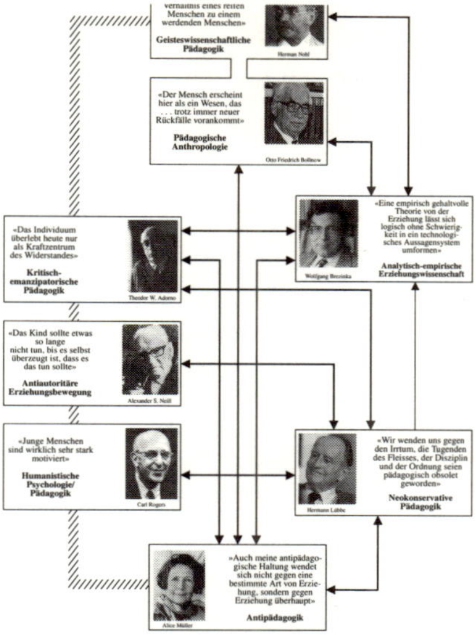

Tabelle 3

TURNERS KATEGORIEN BEZOGEN AUF DIE KULTISCHE ERFAHRUNG*

PSYCHOSOZIALER ZUSTAND VOR DEM ÜBERGANGSSTADIUM	ÜBERGANGSSTADIUM	PSYCHOSOZIALER ZUSTAND NACH DEM ÜBERGANGSSTADIUM
ENTWICKLUNGSBEWEGUNG DURCH NORMALE ÜBERGANGSSTADIEN		
Parteilichkeit	Totalität	Parteilichkeit
Heterogenität	Homogenität	Heterogenität
Struktur	Communitas	Struktur
Ungleichheit	Gleichheit	Ungleichheit
Nomenklatursysteme	Anonymität	Nomenklatursysteme
Eigentum	Kein Eigentum	Eigentum
Status	Kein Status	Status
Unterscheidung durch Kleidung	Nacktheit oder einheitliche Kleidung	Unterscheidung durch Kleidung
Sexualität in der Ehe und im Familienkontext	Sexuelle Enthaltsamkeit oder Gemeinschaft	Sexualität in der Ehe und im Familienkontext
Maximierung der Geschlechtsunterschiede	Minimierung der Geschlechtsunterschiede	Maximierung der Geschlechtsunterschiede
Rangunterschiede	Keine Rangunterschiede	Rangunterschiede

TURNERS KATEGORIEN BEZOGEN AUF DIE KULTISCHE ERFAHRUNG*

PSYCHOSOZIALER ZUSTAND VOR DEM ÜBERGANGSSTADIUM	ÜBERGANGSSTADIUM	PSYCHOSOZIALER ZUSTAND NACH DEM ÜBERGANGSSTADIUM
ENTWICKLUNGSBEWEGUNG DURCH NORMALE ÜBERGANGSSTADIEN		
Gerechtfertigter Stolz auf seine Position	Demut	Gerechtfertigter Stolz auf seine Position
Sorgfalt auf äußere Erscheinung	Gleichgültigkeit gegenüber der äußeren Erscheinung	Sorgfalt auf äußere Erscheinung
Vermögensunterschiede	Keine Vermögensunterschiede	Vermögensunterschiede
Egoismus	Selbstlosigkeit	Egoismus
Gehorsam nur gegenüber dem Vorgesetzten	Totaler Gehorsam	Gehorsam nur gegenüber dem Vorgesetzten
Weltlichkeit	Heiligkeit	Weltlichkeit
Technisches Wissen	Heilige Instruktionen	Technisches Wissen
Sprache	Schweigen	Sprache
Verwandtschaftliche Rechte und Verpflichtungen	Aufhebung der verwandtschaftlichen Rechte und Verpflichtungen	Verwandtschaftliche Rechte und Verpflichtungen
Gelegentlicher Hinweis auf mystische Kräfte	Ständiger Hinweis auf mystische Kräfte	Gelegentlicher Hinweis auf mystische Kräfte
Klugheit	Torheit	Klugheit
Komplexität	Einfachheit	Komplexität
Vermeidung von Schmerz und Leiden	Annehmen von Schmerz und Leiden	Vermeidung von Schmerz und Leiden
Verschiedene Grade an Autonomie	Abhängigkeit	Verschiedene Grade an Autonomie
BEISPIELE FÜR DIE ANWENDUNG IN MODERNEN INDUSTRIEGESELLSCHAFTEN		
Periode vor einem bedeutenden persönlichen Verlust	Periode des Trauerns – Trauerprozeß	Reintegration in die Gesellschaft nach dem Ende des Trauerns
Geordnete Periode der frühen Erwachsenenjahre	Midlife-crisis	Eintritt in die mittleren Erwachsenenjahre
Periode vor den Schwierigkeiten beim Übergang zu den frühen Erwachsenenjahren	Eintritt in einen Kult (normale Liminalität)	Rückkehr zum gewöhnlichen Leben außerhalb der Gruppe
	oder: bleibt chronisch liminal und ist nicht imstande, sich wieder in die Struktur einzugliedern	oder: die Statushierachie der Gruppe beginnt für das Individuum als Struktur zu funktionieren

* Adaptiert nach Victor Turner, *Das Ritual. Struktur und Antistruktur,* Campus: Frankfurt a.M. 1989

Tabelle 4

ENTWICKLUNGSPERIODEN DER MÄNNLICHEN PILGERREISE*

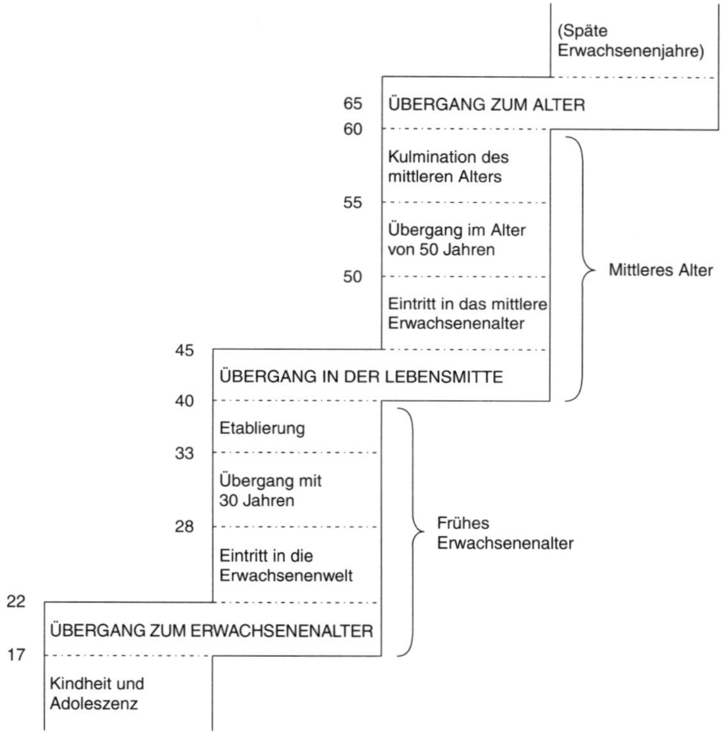

* Aus Daniel Levinson, et al. *The Seasons of a Man's Life* (New York: Alfred A. Knopf 1978), S. 57

stellen. Die Initiation eines Mädchens fand auf andere Art statt. Zum Zeitpunkt ihrer ersten Menstruation wurde sie oft von den anderen abgetrennt und von weisen alten Frauen in die Geheimnisse des Frauseins eingeführt. Der Übergang eines Mädchens ist leichter festzustellen, denn er fällt mit einem fest umrissenen physischen Ereignis zusammen. Möglicherweise waren die Zeremonien, die den Übergang eines Knaben zur Reife markierten, deshalb ausführlicher, weil man das Ereignis auf diese Art erschaffen mußte. Die Naturvölker, die diese Initiationszeremonien abhalten, verstehen, daß das alte Selbst des Menschen sterben muß, bevor er erneut geboren werden kann.

Hochzeit, die Geburt eines Kindes, die Pensionierung und der Tod sind andere Ereignisse im Lebenszyklus, die den Eintritt in die heilige Realität und das Verlassen derselben markieren. Die Hindus planten diese großen Veränderungen im Leben, und jeder reife Mann freute sich auf die Zeit, da er sich auf die Lebensführung eines Yogi zurückziehen konnte, um sich auf den Tod und seine nächste Inkarnation vorzubereiten.

Jeder von uns kann bezeugen, wie verwirrend und zermürbend die Auswirkungen von wichtigen Lebensveränderungen für uns sind. Auch wenn die Veränderungen positiver Natur sind, wie der Durchgang durch die Pubertät, das erste sexuelle Erlebnis, der Schulabschluß, der erste Job oder die Geburt eines Kindes – so lassen uns doch alle diese Ereignisse in einer seltsamen neuen Gefühlslandschaft zurück. Ein Mann, der Zeuge der Geburt seines Kindes war, sieht die Welt mit anderen Augen als zum Zeitpunkt der Zeugung des Kindes. Diejenigen, die sich aus dem Arbeitsprozeß zurückgezogen haben, sehen sich selbst und andere auf eine ganz andere Art als damals, als sie noch mittendrin standen.

Die Veränderungen im Lebenszyklus können einen fast um den Verstand bringen. Aber wenn der Ruf zur Initiation durch ein *Trauma* erfolgt (die zweite Form der Berufung), kann es emotional und verstandesmäßig noch schwieriger sein, damit umzugehen. Oft leitet das Selbst eine Lebenskrise ein, ohne daß sich das Ich dieser Tatsache auch nur bewußt ist. Ein Mann lebt sein Leben, die Dinge schauen gar nicht so schlecht aus – er hat eine liebevolle Frau, einen bürgerlichen Lebensstil, die Kinder lernen gut in der Schule, und eine Beförderung steht am Horizont. Und eines Tages kommt er nach Hause und findet einen Zettel auf dem Kühlschrank, auf dem steht, daß seine Frau ihn verlassen und die Kinder sowie die Schecks plus Scheckkarte mitgenommen hat.

Nachdem er auf einen Riß im nahtlosen Gewebe seines Bewußtseins gestoßen ist, kommt der Mann zu der Erkenntnis, daß alles, was so sicher erschien, gar nicht sicher ist. Er beginnt seine Ansichten in Frage zu stellen. Und während eine nach der anderen wegfällt, stolpert er kopfüber in eine verrückte Zeit hinein.

Wir alle leben mit der Fantasie, unser Leben kontrollieren zu können. Wenn wir nur genug Willenskraft haben, denken wir, können wir die Zeit in unseren glücklichsten Augenblicken stillstehen lassen – und dann bricht völlig unvorhergesehen die Katastrophe über uns herein. In einigen lebenswichtigen Augenblicken verändert sich die Welt von einem sicheren und tragenden Ort in etwas Fremdartiges und Surreales.

Die Trauer über einen Verlust wirft ein völlig neues Licht auf alles. Wir entdecken Tiefen in uns, die zuvor verborgen und unterdrückt waren. Eine bedrohliche neue Welt zerstört die Illusion unserer Allmacht. Wir werden gezwungen, uns der radikalen Erkenntnis unserer Hilflosigkeit und Endlichkeit zu unterwerfen. Plötzlich sind unsere Pläne und Träume genauso unwiderruflich zerstört wie Häuser durch ein Erdbeben oder von der Asche eines Vulkans verschüttete Felder.

Jedesmal wenn wir eine tiefergehende Krise erleben, überschreiten wir die erste Schwelle. Dieses Stadium entspricht dem, was Gelehrte, die sich mit Ritualen beschäftigen, «entblößen» oder «rituelle Demütigung» nennen. Das ist der Punkt, an dem wir durch die erste Zerreißprobe gehen und an dem das Ich feststellt, daß die Kräfte, gegen die es antritt, viel größer sind als angenommen. Die Ängste, die griechische Initianden, die in die Demetermysterien eingeweiht wurden, durchleben mußten, verfolgten den Zweck, diese Erkenntnis hervorzurufen.

Wenn wir diese Schwelle überschreiten, kommen unsere Panik und unsere Urangst ins Spiel. Man kann sich damit trösten, daß Entsetzen den grundlegenden Teil der meisten Berufungen darstellt. Der Schrecken, der in den Augen der sumerischen Statuetten ausgedrückt ist, liegt wie ein schlafender Drache am Grund aller menschlichen Seelen. Im Sturm dieses Entsetzens werden die alten Ich-Strukturen in Stücke gesprengt. Das «Ich», von dem wir geglaubt haben, es sei stark, stabil und sicher, ist in einem Augenblick verwüstet.

Es gibt Leute, die von den großen Krisen in ihrem Leben in keiner Weise zermürbt werden. Sie schaffen das mit kaum einem Seufzer und haben niemals diesen seltsamen Blick, der den Beginn einer verrückten Zeit signalisiert. Es kann sein, daß ein Mann seine Angelegenheiten gut managt, wenn die Krise richtig akut ist, und dann später, ganz im verborgenen, auseinanderfällt. Es kann auch sein, daß er niemals auseinanderfällt. Sein Leben bekommt eine gewisse Rigidität. Seine Sprache wird kurz und abgerissen, als ob sie erstickt wäre. Seine Augen verlieren ihren Glanz.

Ein solcher Mann hat es abgelehnt, dem Ruf zu folgen. Er wurde zu dem, was Joseph Campbell den «Tyrannen Haltefest» nennt, der sich starr an ein überholtes Ich-Bewußtsein klammert und daran psychisch stirbt. Wir können das am Rentner beobachten, der seine ganze Zeit in der Kneipe um die Ecke verbringt und immer wieder die gleichen alten Witze und Geschichten erzählt, weil er nicht in der Lage ist, seinem unvermeidlichen Schicksal ins Auge zu blicken. Er ist nicht imstande, in die reiche Periode der Selbstreflexion hinüberzuwechseln, von der Jung uns berichtet, daß sie dem Alter Vitalität verleiht.

Wenn wir erleben, daß der Nachbar mit einem Verlust

umgeht, als ob nichts geschehen wäre, dann kann das genau deshalb sein, weil wirklich nichts passiert ist. Er kann so sehr von seiner emotionalen Seele ausgesperrt sein, daß er imstande war, wirklich nichts zu fühlen. Eine Krise, die man «gut geschafft» hat, ist eigentlich gar nicht bewältigt worden. Eine Krise verlangt Veränderung und Leiden, eine starre Antwort hilft nicht weiter.

Wenn ein Mann in seinem Leben eine Initiationsphase erreicht, zum Beispiel eine Midlife-crisis, und er erkennt sie nicht als eine potentiell initiatorische Phase, dann kann er unmenschlicher daraus hervorgehen, als er zuvor war. Die Krise kann ihn zum Krüppel machen. Wenn er aber die richtige Führung durch seine Krise erhält, dann kann er viel umfassender werden als vorher. Aber um das zu erreichen, muß er für gewisse Aspekte seiner selbst sterben. Wenn er nicht willens ist, sich von diesen Aspekten zu trennen, schwächt er sich selber, indem er die alten Mythen seines Lebens verfestigt und nicht die neuen akzeptiert, die ihm sein Unbewußtes anbietet.

Ein Mann, der sich in den außergewöhnlichen Raum und die außergewöhnliche Zeit begibt, beginnt oft seine sexuellen Impulse auszuleben. Die alten Griechen und Römer haben in Anerkennung dieser Tatsache Tempelprostituierte gehabt. Ein Mann kann sich bei seiner Frau wohlfühlen und zufrieden mit seinem Leben sein, bis er plötzlich eine andere Frau kennenlernt. Er verfolgt dieses neue Verhältnis um jeden Preis und setzt seinen Job, seine Stellung und seine Ehe aufs Spiel. Seine alten Strukturen lösen sich unerwartet auf, und er kommt dabei ziemlich ins Schwimmen. Meistens versucht er nichts anderes, als an seiner Jugend festzuhalten und die Realität seines herannahenden Todes zu leugnen. Und so findet er sich plötzlich in der Situation, alle gesellschaftlichen Erwartungen, die mit seiner alten Persona verbunden waren, über Bord zu werfen.

Man muß eine wichtige Wahrheit über das Ausleben

sexueller Impulse erkennen: Im Grunde ist eine außereheliche Beziehung immer eine spirituelle Suche. Möglicherweise eine fehlgeleitete Suche, aber trotzdem eine Suche. Ein Mann, der herumzuschlafen beginnt, sucht nach einer spirituellen Erneuerung. Er sucht am falschen Ort, aber er tut das wahrscheinlich deshalb, weil es in seinem Leben keine Ritualmeister gibt, die ihn leiten könnten.

Das gleiche gilt für jede andere Art des Ausagierens. Die Atmosphäre in einer Bar oder in einer Spelunke ist beinahe heilig – diese spezielle gesellschaftliche Situation ist gekennzeichnet von einem offenen, vielleicht sogar zwanghaften Bemühen, gemeinsam lustig zu sein. Jeder wird als gleichgestellt behandelt, und alle suchen nach irgendeiner heiligen Verbindung zu den Quellen des Lebens. Diese einfache Wahrheit sollte unsere Gefühle der moralischen Mißbilligung mildern, denn obwohl ein Alkoholiker einem tragischen Irrtum unterliegt, was die Mittel seiner Suche betrifft, so ist er doch ein Suchender. Wenn ein Jesus oder ein Buddha imstande ist, jeden Menschen zu lieben, ungeachtet seiner Sünden, so deshalb, weil sie verstehen, was der Sünder eigentlich erreichen will.

Gesellschaftliche Normen und Erwartungen lösen sich im heiligen Raum und in der heiligen Zeit auf. Diese Auflösung ist gefolgt von einem raschen Ansteigen der Angst. Die Steigerung der Angst zeigt an, daß bisher ungelebtes Material aus dem tiefen Unbewußten gegen die Verdrängungsschranke drückt und zu explodieren droht. Wenn ein Mann den immer stärkeren Druck eines Rufes aus dem Unbewußten fühlt, benötigt er eine sichere und abgeschlossene Möglichkeit, in der außerordentlichen Wirklichkeit zu sein. Er braucht Grenzen und jemanden, der ihm hilft, diese Grenzen zu beachten, um damit sein Ich gegen die mächtigen Instinkte, Notwendigkeiten und Erinnerungen zu isolieren, die ihn zu überwältigen drohen. Er muß in die Lage versetzt werden – und es ist der Magier, der ihm dabei helfen wird –, seine Verdrängungsschranke aufzulösen. Dann kann er das Material, das aus der Tiefe empordrängt, integrieren.

Er muß sich einem Prozeß unterwerfen, der ohnehin schon begonnen hat. Die Griechen, die sich auf Mysterienriten einließen, wußten, daß es nicht ohne Furcht abgehen würde, und sie unterwarfen sich dieser Tatsache. Mönche und Nonnen verschiedener spiritueller Traditionen, die ins Kloster eintreten, lassen es geschehen, daß ihr Kopf geschoren wird, eine Demütigung, die Bereitschaft symbolisiert, sich psychospirituellen Härten in gleicher Weise zu unterwerfen.

Der angehende Analysand unterwirft sich festgelegten Zeiten, einem fixen Ort und fixen Gebühren, bevor die Arbeit beginnt. In den östlichen Religionen sind die Menschen mehr an eine Meister-Schüler-Beziehung gewöhnt. Unsere Kultur betrachtet die Dynamik einer solchen Beziehung mit Argwohn, und zu Recht. Aber wenn wir eine Zeitlang geführt werden wollen, müssen wir einen Führer akzeptieren.

Wenn ein Mann sich nicht in einen «Tyrannen Haltefest» verwandeln soll, muß er wahre Demut erwerben. Demut hilft ihm, sein Ich der verflüssigenden und auflösenden Wirkung seines eigenen entfesselten Unbewußten zu unterwerfen. In den alten Gesellschaftsordnungen kam es dem älteren Mann zu, einen Knaben zu demütigen und ihm gelegentlich mit brutaler psychischer oder physischer Gewalt zu zeigen, daß sein Ich nicht das Zentrum des Universums darstellt.

Wenn auch eine Demütigung nicht immer zum Zustand der wahren Demut führt, so ist es doch manchmal bedauerlicherweise notwendig, ein arrogantes Ich zu demütigen. Diese rituelle Demütigung ist daher oft Bestandteil einer Initiation. Eine grundlegende psychologische Regel lautet, daß ein Ich, das nicht aus freien Stücken Demut erlernt,

Mittel und Wege finden wird, um sich selbst zu demütigen. Und der Grad der nicht umgewandelten infantilen Grandiosität gibt das Ausmaß an, in dem das grandiose Ich gedemütigt werden muß.

Die Menschen spüren oft, wie sehr sie eine Demütigung brauchen, und machen sich unbewußt auf, demütigende Erlebnisse zu suchen. In einem primitiven Versuch der Selbsterniedrigung können sie sich dem Alkohol oder den Drogen zuwenden. Da Rituale fehlen, welche die alten Völker gebrauchten, um sich dem größten Regulator von Grandiosität, nämlich dem Tod, zu stellen, flirtet der moderne Mann oft nur mit seiner eigenen Sterblichkeit.

Männer, die ihren Körper mit Tätowierungen bedecken oder sich selbst mit Messern verletzen oder mit Zigaretten brennen, sind in dieselbe Suche nach Unterwerfung verwickelt. Männer, die andere quälen, verstümmeln unbewußt ihr eigenes grandioses Selbst, das sie auf ihre Opfer projiziert haben.

Selbstmord hat mit Praktiken der Selbstverwundung und Tätowierung zu tun. Das Ich des Selbstmörders hat den Ruf des Selbst, daß es für seine alten Gewohnheiten des Seins, Fühlens und Denkens sterben soll, mißverstanden. Weil ein spiritueller Sinn fehlt, der dem Ich sagen würde, wie man diesen Ruf erfährt, nimmt das Ich die Botschaft wörtlich. Ist es nicht imstande, sich dem verheerenden unbewußten Druck, der seine augenblickliche Orientierung zu beenden trachtet, zu widersetzen – die es als die einzig mögliche Lebensform betrachten mag –, kann es so weit kommen, daß ein Mensch sein Leben beendet.

Von dieser Perspektive aus betrachtet, ist es nicht verwunderlich, daß die Selbstmordraten bei den Teenagern und bei den älteren Menschen am höchsten sind. Diese beiden Lebensphasen sind, vielleicht mehr als alle anderen, Zeiten des Umbruchs und des Übergangs. Der Selbstmörder fand in seiner verrückten Zeit keine Schranken, und in der

Folge konnte er die Furcht vor und das Erstaunen über seine eigene Außerordentlichkeit nicht ertragen.

Der Magier ist mit dem Tod vertraut. Er weiß, daß dieser stets einer Wiedergeburt vorangeht, und die Wiedergeburt ist sein Ziel. Die hohe Selbstmordrate in unserer modernen Kultur zeigt klar den Mangel an Magiern und Ritualmeistern unter uns. Aber es gibt noch einige wenige weise Männer, die die geheimnisvolle Verbindung zwischen Leben und Tod verstehen und die vitale Bedeutung der Unterwerfung für die Rettung der Seele.

Zweites Stadium: Im Bauch des Walfisches

Der Bauch des Walfisches entspricht dem, was der Heilige Johannes vom Kreuz «die dunkle Nacht der Seele» nannte und was Turner als *Liminalität* bezeichnete. Wenn wir in den Zustand der Liminalität gelangen, sind wir gezwungen, dem Ruf zu folgen, ob wir es wollen oder nicht. Der «Tyrann Haltefest» ist vom Wachstumspotential des Selbst ausmanövriert worden, und das Ich ist ins Unbewußte eingetaucht.

Wir fühlen, daß wir dem weitgehend unangenehmen Material, das jetzt unsere Aufmerksamkeit in Anspruch nimmt, nicht entkommen können. Unsere Unzulänglichkeiten, unsere unterdrückten Wünsche und unsere Schattenseiten werden aufgedeckt. In dieser schicksalhaften Zeit kann es dazu kommen, daß wir unsere Projektionen von anderen Menschen zurücknehmen und uns zu unseren Eigenschaften bekennen, die in keiner Weise vollkommen sind. In diesem liminalen Raum erleben wir das, was Psychologen «die Wiederkehr des Verdrängten» nennen. Schmerzhafte Erinnerungen, ungelöste Entwicklungsfragen aus der Kindheit, unerledigte Probleme mit unserer verborgenen Grandiosität, sie alle steigen in schmerzhafter Folge an die Oberfläche.

Das ist der Zeitpunkt, an dem manche Menschen einen psychotischen Zusammenbruch erleiden. Die gutmütige, immer um andere besorgte Tante Susi «schnappt plötzlich über», und irgendwer trifft sie Monate später in einer anderen Stadt, wo sie mit einem jungen Mann zusammenlebt. Oder ein älterer Presbyterianer kommt von der Arbeit nach Hause, lädt seine Flinte und erschießt sich und seine Familie. Keiner der Nachbarn kann im darauffolgenden Zeitungsinterview erklären, warum ein derart stiller Mann sich so verhalten konnte.

In den Begriffen der gewöhnlichen Realität ist seine Handlungsweise natürlich nicht zu erklären. Wir gewöhnen uns daran, daß die vertraute Persona eines Menschen stets an ihrem Platz ist. Aber wenn ein Mensch dem wiederkehrenden Verdrängten in der außergewöhnlichen Realität begegnet, kann einfach alles passieren. Wenn ein Mörder zu seiner Verteidigung vorbringt, daß der Teufel ihm seine Handlungen eingegeben habe, dann sind wir geneigt zu spotten – und dennoch ist der Teufel eines der Gesichter, die den unbewußten Kräften gegeben werden, die im heiligen Raum und in der heiligen Zeit aufbrechen. Die Teile von uns selbst, die wir unterdrückt haben und die daher des Lebens beraubt sind, können sehr zornig werden.

Nicht gelöste Wut aus der Kindheit kann mit einer nahezu kosmischen Intensität hervorbrechen. Die Leidenschaft für das Leben, die wir uns selbst verbieten, kann in einem mörderischen Taumel durchbrechen. Die Talente, Haßgefühle, Begeisterungen und Möglichkeiten, die wir nie ausgelebt, sondern auf andere projiziert haben, kommen jetzt und klopfen an die Türen unserer Schranken, hinter denen das Verdrängte haust. Schwelende Neurosen werden zu Psychosen. Ein alles durchdringendes Mißtrauen wird zur floriden Paranoia. Naive Empfindsamkeit verwandelt sich in bemitleidenswerte Abhängigkeit und weinerliche Sentimentalität.

Wenn es uns gelingt, ein beobachtendes Ich im Bauch des Walfisches zu bewahren, können wir das seltsam angenehme Gefühl des «Verschmelzens» mit anderen erleben. Ein solches Verschmelzen kommt immer dann zustande, wenn wir die Grenzen unserer zerbrechlichen Ich-Strukturen etwas durchlässiger machen. Es ist aber immer zeitlich begrenzt und niemals so unkompliziert, wie es zuerst den Anschein hat. Im Jargon der sechziger Jahre «lassen wir alles raus».

Die selige Verschmelzung mit anderen, die ebenfalls in die Liminalität eingetaucht sind, nennt Turner *communitas*. In den sechziger Jahren wurde in den Vereinigten Staaten und in Westeuropa oft eine solche *communitas* angestrebt. Junge Leute gründeten Kommunen, ermutigten jedermann: «Make love, not war», und gaben sich innerhalb der eigenen Reihen der freien Liebe hin. In dem Bemühen, einen Weg zu finden, um die *communitas* zu strukturieren und hervorzubringen, gründete man Selbsterfahrungsgruppen, und viele neue Religionen etablierten sich in dieser Zeit.

Der Kommunismus basierte auf dem Versuch, *communitas* ganzen Völkern aufzuzwingen. Das kommunistische Experiment war zum Untergang verurteilt, selbst wenn es den mörderischen politischen Krieg, von dem die Bewegung besessen war, nicht gegeben hätte. Die kommunistischen Führer versuchten, eine gewöhnliche Gesellschaft umzustrukturieren, und benützten dabei ein antistrukturelles Phänomen, das es nur in der außerordentlichen Realität gibt. In der Liminalität erfahren gesellschaftliche Normen und persönliche Ich-Strukturen eine zeitlich begrenzte Auflösung, doch verlangt eine Rückkehr zur gewöhnlichen Realität eine Rückkehr zu den Ich-Strukturen, so künstlich sie auch sein mögen. Der heilige Raum und die heilige Zeit müssen zurückgelassen werden, damit Individuen und ihre Gesellschaften überhaupt eine Existenzmöglichkeit haben.

Ein Mann Ende Vierzig begann eine Analyse und klagte über die künstlichen Einschränkungen, die ihm sowohl in seiner Arbeit als auch in seinem Privatleben auferlegt wurden. Er war Professor an einem College, Vater von drei Kindern, und er fühlte sich von seinen Kollegen und seiner Frau in eine «Zwangsjackenroutine» eingesperrt. In seinem Leben gab es zu viele Leute, die sich zurückhielten und nicht spontan waren. Er sehnte sich nach seiner Studentenzeit.

Er erzählte von einer Erfahrung in *communitas*, die für ihn der Höhepunkt seines Lebens gewesen war. Während der Weihnachtsferien im letzten Studienjahr gab er dem Drängen einiger Hippie-Freunde nach und ging auf eine lange Pilgerreise zu einem «heiligen Berg» in Arizona. Er hatte das aus Jux gemacht. Normalerweise war er reserviert und strukturiert, doch dieses eine Mal hatte er sich entschieden, etwas Spontanes zu tun.

Die «weit außen angesiedelte» religiöse Gruppe, mit der er unterwegs war, hatte einen Bus, der mit Friedenszeichen und Blumen bemalt war. Die Mitglieder teilten einander die intimsten Einzelheiten ihres Lebens mit und durchlebten miteinander wichtige Augenblicke aus ihrer Kindheit wie auch ihre geheimen Liebes- und Haßgefühle, ihre Ängste und ihre Hoffnungen. Die Pilger schliefen miteinander, wobei die Partner gewechselt wurden, ohne Eifersucht und Besitzansprüche.

Obwohl der Analysand ein Fremder in der Gruppe war, nahm er uneingeschränkt an allem teil. Er wurde von allen herzlich aufgenommen. Es gab keine Barrieren und keine Standesunterschiede. Er war in die sprichwörtliche große, glückliche Familie hineingestolpert. «Wir waren alle eins», sagte er traurig, aber auch nach so vielen Jahren immer noch mit einer Spur des alten Feuers. «Warum kann die Welt nicht so sein?»

Er verglich das zurückliegende Erlebnis in dem Autobus mit einer Fakultätsparty von heute. «Das erste, was einen jeder auf so einer Party fragt, ist: Was machen Sie? Und abhängig davon, was man zur Antwort gibt, stufen sie einen dann ein. Sie nageln einen fest. Sie kennen das ja auch... Ah, er ist Assistenzprofessor oder egal was. Er muß also so und soviel tausend Dollar im Jahr verdienen. Die Leute denken, sie haben einen durchschaut, wenn man ihnen sagt, welchem Beruf man nachgeht. Aber was ist mit dem, was man wirklich ist? Warum beschäftigt sich jeder so sehr mit dem Platz, den man in der Hackordnung einnimmt?»

Die Antwort auf seine Frage war und ist: weil wir in einer Gemeinschaft leben und nicht in *communitas*. Wir leben in einer strukturierten Gesellschaft. Wir verbringen den Großteil unserer Zeit in der gewöhnlichen Realität, in der das, womit wir unseren Lebensunterhalt verdienen, die Frage, wo wir wohnen und mit wem, unsere vorrangigsten Anliegen sind.

Struktur ist etwas, was Menschen brauchen, denn sie stärkt das Ich, vom geordneten Funktionieren einer Gesellschaft gar nicht zu sprechen. Der heilige Raum und die heilige Zeit scheinen dem strukturierten Ich sehr verrückt. Für einen außenstehenden Beobachter ist jemand, der sich gerade im Prozeß der Auflösung und Regeneration befindet, eine Kanone, die jederzeit losgehen kann, gefährlich und am besten zu vermeiden. Wir haben es alle schon erlebt, daß sich jemand, der eine schmerzhafte Krise durchmacht, eine Scheidung zum Beispiel, an seine Freunde wendet und dabei auf ein subtil ablehnendes Verhalten stößt. Die Freunde, die ihm die kalte Schulter zeigen, möchten nicht an die Schwächen in ihrer eigenen Ehe erinnert werden. Die Angst besteht darin, daß allein die Nähe zu jemandem, der sich im Bauch des Walfisches befindet, einen als denjenigen kennzeichnet, der als nächster verschlungen werden könnte. Außerordentlichen Zuständen haftet eine psychische Ansteckung an, und deshalb gebrauchten alte Völker Grenzen und Tabus, um sie einzuschließen. Die außerordentliche Realität droht uns zu vernichten.

Wenn wir uns im heiligen Raum und in der heiligen Zeit befinden, brauchen wir einen zentralen Punkt, an dem wir uns festhalten können, eine feste und unveränderliche Realität, um die wir unsere geplagten psychischen Strukturen sammeln können. Im psychotherapeutischen Prozeß ist es zum Beispiel notwendig, daß wir uns an unserem Therapeuten «festhalten». Er oder sie können eine Zeitlang für uns zur Weltachse werden. Wenn die Umstände gut sind, fängt der Therapeut die Projektionen unseres verborgenen Selbst auf und trägt sie auch.

Der Therapeut, die regelmäßigen Sitzungszeiten, sein oder ihr Sprechzimmer, das alles wird zu einem stabilisierenden Element, das die Grenze und ein Gefäß bildet, die wir brauchen, um die Enthüllungen unseres Unbewußten zu verarbeiten, während wir mit unserem täglichen Leben fortfahren. Wir erschaffen eine Art von *communitas* mit dem Therapeuten. Wir machen aus ihm einen freundlichen und liebevollen Elternteil, dem wir alles erzählen können, ohne Angst vor Zurückweisung. Und im abgesicherten Raum des psychotherapeutischen Prozesses müssen wir in der Lage sein, bis zum äußersten zu leiden, uns in vollem Maße zu freuen und unsere Impulse so zu wandeln, daß sie dem Leben dienen.

Dieses «Umfangensein» (containment) ist ein wichtiger Teil einer optimalen Erfahrung im Bauch des Walfisches. Der psychotherapeutische Prozeß ist natürlich nicht der einzige Ort, an dem es stattfinden kann. Die Analyse wird immer nur für eine kleine Minderheit einer sozialen Schicht, die ebenfalls eine Minderheit darstellt, verfügbar sein. Auch diejenigen, für die die Kosten keine Rolle spielen, weichen einer Analyse manchmal wegen des sozialen Vorurteils aus. An vielen Orten gilt eine solche immer noch als die letzte Zuflucht für jemanden, der verrückt ist, und nicht als eine Möglichkeit für persönliches Wachstum.

Welche anderen Möglichkeiten gibt es, einen Führer zu finden, der einen «umfängt»? Ein Ehepartner kann dieses »Umfangensein« vermitteln, aber das ist meistens nicht erfolgreich. Eine Beziehung, die derart intim ist, muß nicht notwendigerweise stark genug sein, um die Ausbrüche von Wut und anderem archetypischen Material auszuhalten, die in einer verrückten Zeit vorkommen können. Und manchmal ist die Wut sogar spezifisch gegen den Ehepartner gerichtet – was eine Verwirrung im Übertragungsgeschehen bewirkt, mit deren Handhabung sogar ein sehr geschickter Analytiker seine Schwierigkeiten hätte.

Es wird auch immer seltener, daß irgendein moderner Beruf dieses «Umfangensein» vermittelt. Früher waren Berufe eben Berufungen. Heutzutage sind die meisten Berufe auf Karrieren zusammengeschrumpft. Erfolg wird nur in der Zunahme des Einkommens oder am wachsenden Status gemessen. Es ist interessant, daß viele junge Ärzte und Anwälte bereit wären, ihren Beruf aufzugeben. Sie sind angeekelt vom Fehlen jeglicher Berufung, und anstelle von Ritualmeistern begegnen sie älteren, aber trotzdem unreifen Karrieristen, für die sie auch noch arbeiten müssen. Die Jungen tun ihr Bestes, um irgendeine Art von Führung zu finden, aber die Antwort auf ihr Problem bleibt unzulänglich.

Religiöse Gemeinschaften können ein rituelles Umfangensein anbieten, aber weil die meisten etablierten Religionen durch und durch modernisiert wurden, ist sogar diese Möglichkeit heute unwahrscheinlich geworden. Entweder anerkennt eine modernisierte Religion nicht, daß es einen außergewöhnlichen Raum und eine außergewöhnliche Zeit gibt, oder sie betrachtet diese nicht als wesentlich für den Prozeß des menschlichen psychischen Wachstums. Viele moderne Priester blicken voll Mißtrauen auf ein Gemeindemitglied, das mitten in einer Übergangsphase des Lebens steckt. Nur wenige verstehen sich selbst als Ritualleiter; sie haben den Ruf vertan, wahre initiatorische geistige Führer zu sein.

Aber wenn unser Wunsch nach Führung stark genug ist, werden wir sie finden. Sie mag weder aus der erwarteten noch aus der idealen Richtung kommen. Aber es scheint eine Tatsache zu sein, daß das Selbst immer einen Weg findet, um seine Aufgaben zu erfüllen. Nichtsdestoweniger müssen wir in dieser Gesellschaft jeden Versuch unternehmen, um irgendeine Form der Initiation anbieten zu können, zusammen mit dem dazugehörenden Umfangensein.

Auch wenn die außergewöhnliche Realität angsterregend sein kann, so ist sie doch belebend und umwandelnd. Wenn wir in dieser Periode von einer Magierpersönlichkeit geleitet werden können, die mit dem heiligen Raum und der heiligen Zeit vertraut ist, dann bilden wir allmählich ein neues Set an Ich-Strukturen aus. Es kann sein, daß wir von der Magier-Energie selbst geleitet werden – vom «inneren Führer» des Hypnosetherapeuten oder von den «Krafttieren» des Schamanen –, oder wir finden einen Therapeuten, einen Priester oder jemand anderen, der uns leitet. Wir erreichen den Punkt, an dem wir eine lebenswichtige Ich-Selbst-Achse entwickeln. Indem wir die *axis mundi*, die Weltachse, in uns konstellieren, verbinden wir uns mit einem Selbst von unvorstellbarem Reichtum und einer unvorstellbaren Komplexität. Es kann sein, daß wir uns emporschwingen, wie es die Schamanen tun, wenn sich die unaussprechliche Schönheit des Selbst vor unserem staunenden Blick öffnet.

Wenn die dunkle Nacht der Seele ein Ende findet und die schwere Last an Sorgen und Angst sich aufzulösen beginnt, können wir eine Art Ekstase erleben. Manche Analysanden berichten von einem Gefühl «des Einsseins mit allen Dingen», wie die Mystiker aller Zeiten. Obwohl es sich dabei um ein wunderbares Gefühl handelt, besteht allerdings die Gefahr, sich darin zu «räkeln», denn das in einer Neuordnung begriffene Ich, das noch immer von infantilen Impulsen angesteckt ist, neigt dazu, dieses Gefühl in grandioser Art und Weise zu interpretieren – «*Ich* bin das alles! *Ich* kenne die Wahrheit! *Ich* bin gerettet!» Für manche Menschen führt diese Ekstase zu einer religiösen Bekehrung. Wenn die Inflation sich auf diese Art zeigt, dann ist es leider nur mehr ein kleiner Schritt von «*Ich* habe das Licht gesehen» bis zu «*und du* hast es nicht gesehen» und der hysterischen Intoleranz, die davon ihren Ausgang nimmt.

Die Vision, die sich in dieser verrückten Zeit dem Ich innerhalb der Psyche darbietet, sollte nicht wörtlich genommen werden. Das Ich kann sich für einen Helden halten, wenn es der Brennpunkt von soviel archetypischer Energie ist. Es kann zu einem Zustand der Besessenheit kommen, genau wie der, den wir zuvor als Besessenheit von Dämonen identifiziert haben. Aber das Dämonische ist nicht die einzige Kraft, die von uns Besitz ergreifen kann. Wir können auch vom Licht besessen werden, das dann *selbst* zur Dunkelheit wird.

Doch der Magier ist der Meister der Geister, und er hat den Schlüssel zu den Toren der Einweihung an der Schwelle zum heiligen Raum und zur heiligen Zeit. Er kann uns helfen, daß wir nicht den Verstand verlieren. Er hilft mit, uns von den Kräften der anderen Archetypen zu isolieren, gebraucht aber ihre Energiequellen, um uns auf eine lebensfördernde Art zu unterstützen. Erstaunlicherweise behält der Schamane immer sein Ich-Bewußtsein, auch mitten in einer Begegnung mit dem Unbewußten, bei dem die Strukturen aufgelöst werden. Er ist ein gutes Vorbild, dem wir nacheifern können, wenn wir uns auf die Reise in das heilige Reich begeben.

Joseph Campbell erinnert uns daran, daß wir enormen Schwierigkeiten begegnen, wenn wir aus der heiligen Realität zurückkommen wollen. Es gibt so etwas wie *chronische Liminalität* – wenn ein Individuum gewissermaßen auf immer in der Schwebe bleibt und nicht in der Lage ist, sich zusammenzureißen und wieder ein Leben in der Welt zu beginnen. Charismatische religiöse Führer und großartige Politiker sind manchmal nicht fähig, sich von dem Selbst zu unterscheiden, das sie erblickt haben. Wenn daher ein Mann sich aufgrund einer fast unvorstellbaren unbewußten Inflation zum «Führer» oder «obersten Anführer» stilisiert, dann hat er er ein gesundes Stück seines Ichs in der außerordentlichen Dimension zurückgelassen.

Ein solcher Mann kehrt zwar in die Alltagswelt mit einem etwas erweiterten Bewußtsein und einem inneren «Alpha-Mann»-Status zurück, aber er hat keine wie immer gearteten Vorstellungen von seinen eigenen Grenzen. Er bewegt sich unter uns und spricht mit uns, aber vom Ausdruck in seinen Augen können wir ablesen, daß er in jener anderen Welt gefangen ist. Sein Blick ist glasig, und die Augen haben ein unnatürliches Licht. Sie können sogar eine gottähnliche Aura haben, aber sie sind niemals demütig. Es sind die Augen eines Menschen, dessen Ich sich übernommen hat.

Früher oder später wird ein solcher Mann zu Fall kommen. Er hat zu lange unter dem Druck des heiligen Raumes gelebt. Wie Schah Reza Pahlevi, Noriega, Ceauşescu, Hitler wird auch er nicht imstande sein, die heilige Realität längere Zeit hindurch zu ertragen. Er ist der Pfarrer, der nach einem Jahr des Leute-Bekehrens ausgebrannt ist. Eine Zeitlang hatte er die Fantasie, daß er der Erlöser sei, fähig zu allem. Er ist der «Flamme» zu nahe, und die Archetypen und ihre Energie erschöpfen ihn bald. Er ist der Teilnehmer am Selbstbewußtseinstraining, der vom Hoch, das er in seinem Wochenend-Workshop erlebt hat, nicht heruntersteigen kann. Nachdem er sich jedermann im Büro zum Feind gemacht hat, endet er mit einem Kollaps beim Waschbekken. Und er besucht einen Workshop nach dem anderen in der festen Überzeugung, daß das für ihn die einzige Möglichkeit ist, sich wirklich lebendig zu fühlen.

Es gibt noch eine andere, gegenteilige Gefahr, sie bedroht den Mann, der die heilige Dimension zu früh verläßt. Wenn er zu früh geht, ist er möglicherweise noch nicht «fertiggekocht». Das ist der Mann, der nach einer Krise einen Therapeuten aufsucht, einige brauchbare Einsichten hat und dann die Therapie abbricht, in der Überzeugung, seinen Weg jetzt wieder gefunden zu haben. Im Gegensatz zum süchtigen Analysanden, der seine Therapie lebenslang mit zwei bis drei Sitzungen pro Woche fortsetzt, ist der «halbrohe» Mann in einer unbewußten Fantasie der Allmacht gefangen. Früher oder später wird er wieder in einem Sprechzimmer landen, nach einer anderen Krise, die auf demselben Problem basiert.

Die beste Art, eine gelungenen Rückkehr in die Welt zustande zu bringen, ist dann gegeben, wenn man Hilfe beim Ausbilden neuer Strukturen und Verhaltensweisen erhält, solange man noch im Bauch des Walfisches ist. Indem der Abenteurer sie in seiner Vorstellung ausprobiert, ist er in der Lage, die Großartigkeit seiner Visionen zu regulieren. Er wird dann Mittel und Wege finden, um seine heiligen Offenbarungen in sein gewöhnliches Leben einzufügen. Die Bibel sagt uns zu Recht, daß «die Menschen ohne Visionen zugrunde gehen». Genauso wahr ist, daß die Menschen dahinsiechen, wenn sie nichts als Visionen und unrealistische Pläne als Handwerkszeug haben.

Für alle erfolgreichen Initiationen sind beide lebenswichtig: der Archetyp des Magiers und der irdische Mann, der seine Aufgaben erfüllt. Diesen Männern wollen wir uns jetzt zuwenden.

5. Die Aufgaben des Magiers

Kraftorte

Es gibt bestimmte «Kraftorte» in der Welt, die der Magier erkennt. Auch sterbliche Menschen, die seine archetypischen Energien verkörpern, erkennen solche Orte. Der genaue Standort für das Allerheiligste in Jerusalem wurde einem Magier geoffenbart, und ein Magier bestimmte die Anordnung der Megalithen in Stonehenge. Magier der Vergangenheit wurden oft von einem ihrer Krafttiere genau zu dem Ort geleitet, an dem durch einen Bruch in der Erdoberfläche heilige Energie in die Welt strömt, entweder aus der Unterwelt oder vom Himmel.

In diesem Sinne war der biblische Jakob ein Magier, denn wie die Legende berichtet, schlief er zufällig auf einem Felsen ein, der am Fuß einer göttlichen «Leiter» lag. Ein «Engel» stieg herab zu ihm, mit dem er bis zur Morgendämmerung rang. Er zwang den Geist, ihn zu segnen – ein schamanisches Kunststück – und weihte den Platz als Kraftort für alle kommenden Zeiten.

Carlos Castañedas Bücher beschäftigen sich ausführlich mit Kraftorten. Castañeda läßt sich von Don Juan, dem Yaqui-Schamanen, in der schwierigen Kunst unterweisen, seinen eigenen Kraftort zu finden. Don Juan sagt ihm, er müsse viele Orte ausprobieren. Er müsse versuchen, mit verschränkten Beinen einmal hier und einmal dort zu sitzen, bis er am Schluß das Gefühl habe, seinen Mittelpunkt gefunden zu haben. Dann werde er an seinem Ort sein. Und Don Juan erklärt ihm, daß nichts ihn zerstören könne, wenn er einmal da angelangt sei. Castañeda berichtet davon, daß er einen Unterschied zwischen verschiedenen Orten fühlen kann. An einigen fühlt er sich verwundbar und aus dem Gleichgewicht, an anderen spürt er eine tiefe Verbindung mit den Kräften in seinem eigenen Inneren.

Einen Kraftort zu finden hat nichts damit zu tun, einfach eine Stelle zu finden, wo man sich wohl fühlt, vielleicht weil sie einem vertraut ist. Es geht vielmehr um eine zutiefst intuitive Sensibilität den Orten und Zeiten gegenüber, wo die materielle Welt für den Geist «durchsichtig» wird, um einen Ausdruck des Theologen Paul Tillich zu entlehnen.

In seinem Buch (und im Film) *Die letzte Versuchung Christi* läßt Nikos Kazantzakis seinen Jesus nach der Taufe in die Wildnis gehen. Dort muß er seine Identität und seine Berufung finden. Wie jeder Magier und jeder medial veranlagte Mensch – wie jeder, der für unsichtbare Energiemuster empfänglich ist – findet er seinen Ort. Dann zieht er einen Kreis um sich selbst in den Sand. Die dämonischen Versuchungsvisionen, die er hat, können den Kreis nicht durchbrechen. Der Ort, den er gefunden hat, beschützt ihn.

Magier erschaffen diese Kraftorte nicht, sie erfinden sie auch nicht. Sie entdecken sie nur. Wenn ein Magier einen solchen Ort einmal erkannt hat, dann wird er oft einen Altar, eine Säule oder einen Pfahl über dem Platz errichten oder eine Statue des Gottes zurücklassen, der ihm an diesem Ort erschienen ist, oder eine Grenze darum herum ziehen. Diese Grenze kann so einfach sein wie Jesu Kreis im Sand oder so eindrucksvoll wie Imhoteps massive, geschmückte Saqqara-Mauer.

Ein Altar, der an einem Kraftort errichtet ist, kennzeichnet eine Weltachse.[48] Die chaotischen Energien der profanen Welt können an diesem zentralen Punkt in den außerordentlichen Raum schießen, während die Grenze dazu beiträgt, die Energien der heiligen und der profanen Welt zu trennen – einerseits, um die profane Welt davor zu bewahren, mit heiliger Energie überladen zu werden, und andererseits, um die Menschen vor unbeabsichtigten Reisen in eine möglicherweise verrückte Realität zu schützen. Wenn der heilige Raum frei in die profane Welt einströmte, würde er davon verunreinigt werden und seine Energie verlieren.

Es ist schwierig, einen heiligen Ort als solchen zu bewahren, und Magier haben das schon immer gewußt. Auch wenn er voll der Kraft ist, so ist der heilige Raum doch schwer faßbar und entzieht sich einem leicht. Man kann nicht mit Willenskraft erzwingen, daß er intakt bleibt, wie man ihn auch nicht zwingen kann zu erscheinen. Ein heiliger Ort ist immer eine Hierophanie, das heißt ein plötzliches, unvorhergesehenes Erscheinen Gottes. Obwohl die großen Schamanen den heiligen Raum nach Belieben betreten und verlassen konnten, vermochten auch sie die Zeit der außerordentlichen Realität nicht zur Gänze zu kontrollieren. Die Aufgabe eines Schamanen bestand nicht darin, die Orte, wo Heiliges und Profanes aufeinandertreffen, zu beherrschen, sondern sie zu bewahren. Er war dazu da, die Grenzen in Ordnung und das Zentrum frisch und stark zu halten. Den Rest überließ man den göttlichen Kräften.

Der Magier kommt seinen Aufgaben nach, indem er peinlich genau den rituellen Anweisungen folgt, oft solchen, die von Generation zu Generation weitergegeben worden sind. Er bemüht sich, auf seine spirituellen Führer und ihre Anweisungen eingestimmt zu bleiben. Er ist ein wahrhafter Verwalter der außerordentlichen Realität. Seine eigentliche Berufung besteht darin, seine Mitmenschen in Kraftorte hineinzuführen, sie hindurchzugeleiten und wieder herauszuführen. Er ist ein Seelenführer.

Er verlangt, daß diejenigen, die berufen wurden, den außerordentlichen Raum zu betreten, entsprechende Grenzrituale beachten. Man erinnere sich daran, daß Moses, als er Jahwe beim brennenden Dornbusch gegenüberstand, aufgefordert wurde, die Schuhe auszuziehen, «denn der Ort, auf dem du stehst, ist heiliger Boden». Die Annäherung an jeden Tempel in der Antike war von ähnlichen äußeren und inneren Reinigungsritualen begleitet. Der jüdische Hohepriester konnte das Allerheiligste nur betreten, nachdem er rituell gereinigt worden war, und auch dann nur einmal im Jahr, wenn die Weltachse «aktiv» war.

Wir haben die verrückte Seite des außerordentlichen Raums und der außerordentlichen Zeit betont. Aber es ist wichtig, daran zu denken, daß der wahrhaft liminale Raum immer auch potentiell umwandelnd ist. Ein Mann wird oftmals erkennen, daß er sich in einem ihn verändernden Raum aufhält, auch ohne die Hilfestellung durch einen begrifflichen Rahmen, mit dem er dies verstehen kann.

Ein Mann in mittlerem Alter, der jahrelang seine Sensibilität für mystische Erfahrungen entwickelt hatte, begab sich auf seine erste Reise nach Mexiko. Noch bevor er wegfuhr, hatte er das Gefühl, daß seine Reise eine spirituelle Erfahrung beinhalten würde. Welcher Art diese Erfahrung sein könnte, wußte er nicht. Er verbrachte einige Tage in Mexiko City und unterhielt sich gut, aber er fühlte nichts von der Spiritualität, die er erwartet hatte. Dann fuhr er aus der Stadt hinaus zu den antiken Ruinen von Teotihuacán.

Teotihuacán ist ein riesiger zerstörter Tempelkomplex, der von einer unbekannten Zivilisation von amerikanischen Ureinwohnern lange vor Christi Geburt errichtet worden war. Es war das erste voll entwickelte, große, urbane Zentrum auf dem amerikanischen Kontinent. Der Mann ging die Allee der Toten hinunter und verlor sich in dem fast greifbaren Schweigen des Ortes. Da bemerkte er den zarten Ton indianischer Flöten, die in der Ferne klagten. Obwohl sich die Touristen in den Ruinen drängten, hatte er das Gefühl, sich mehr und mehr von der Szene, die vor ihm lag, zu entfernen – er verlor sich in eine magische Welt, die gleich hinter den äußeren Formen der profanen Welt um ihn herum tanzte und vibrierte.

Er kletterte auf die riesige Sonnenpyramide und hatte von dort einen Blick auf die Hochebene, viele Kilometer im Umkreis. Das war ein starkes Erlebnis für ihn, aber nicht das, was er sich vorgestellt hatte. Es wurde ihm bewußt, daß er nach einem Ort suchte, wo er sich im Mittelpunkt der Gefühle befand, die in ihm aufstiegen. Diese waren von großer Schönheit, Stille und Sehnsucht; er empfand in sich ein beruhigendes Wirken von Kräften und ein geistiges Prinzip.

Er erklomm die Stufen der Mondpyramide. Auf halbem Weg hielt er plötzlich inne und setzte sich nieder. Er hatte seinen Platz gefunden. Er fühlte sich aufgehoben und von aufsteigenden Energieströmen sanft durchflutet. Seine Seele schien sich ihm zu erschließen, zusammen mit der Seele des Ortes, an dem er sich befand. Einige Stunden lang saß er dort und bewegte sich kaum. Das Erlebnis veränderte sein Leben. Als er die Ruinenstadt verließ, schwor er sich selbst, daß er von nun an sein Leben in dem Geist leben würde, dem er dort begegnet war – in stiller Intensität und Aufrichtigkeit, mit Geist und einer zuvor nicht vermuteten ästhetischen Sensibilität. Sein innerer Magier hatte ihn in den ihn umwandelnden Raum und die ihn umwandelnde Zeit hineingeführt, hatte ihn hindurchgeleitet und wieder herausgeführt.

Der Dichter Rainer Maria Rilke hatte in einem Garten eine ähnliche außergewöhnliche Erfahrung. Rückblickend schrieb er den Anstoß zu den Duineser Elegien den Einsichten zu, die er durch diese Erfahrung gewonnen hatte.

Die Auflösung der physischen Grenze ist Merkmal einer außerordentlichen Erfahrung. Das ist einer der Gründe, warum Reisen in den heiligen Raum für die nicht vorbereitete Psyche so verwirrend sein können und weshalb Führer in solchen Krisenzeiten so hilfreich sind. Rilkes Augenblikke in dem Garten veränderten ihn; er entwickelte ein zutiefst spirituelles und schöpferisches Verständnis des Universums, das nur durch seine Unfähigkeit, eine konkrete Beziehung zu einer Frau aufrechtzuerhalten, geschwächt wurde.

Liminoider Raum und liminoide Zeit

Oft suchen die Leute unbewußt den heiligen Raum auf. Sie empfinden eine zunehmende Ruhelosigkeit, weil sie das Gefühl haben, daß etwas Wunderbares geschehen wird. Oder sie haben die Vorahnung von etwas Schlimmem und empfinden Angst. Sie beginnen sich nach einer Initiation umzusehen. Sie machen sich auf die Suche nach dem Paradies – in Las Vegas, in der Karibik oder in Europa, welchem Ort ihre Fantasie den Vorzug gibt. Einige betätigen sich in Entwicklungsländern oder arbeiten in einer Kirchengemeinde. Manche verwickeln sich in außereheliche Beziehungen, beginnen Drogen zu konsumieren oder nehmen Kontakt zu einem Außenseiterkult auf. Manche Leute verbinden sich mit richtiggehend verrückten, ja sogar psychotischen Menschen. Sie sehen sich außen nach einem Elixier um, das sie wandeln könnte.

Was in Wirklichkeit mit ihnen passiert, ist, daß sie den Ruf vernehmen, den liminalen Raum zu betreten. Wie es die biblischen Autoren beschreiben, besteht der Ruf darin, «Buße zu tun» und gewandelt zu werden. Aber viel öfter als erwartet, landen die Menschen dann im liminoiden Raum, statt den liminalen Raum zu finden. *Der liminoide Raum kann zwar belebend sein, doch bewirkt er keine Wandlung*. Er kann Vergnügen bringen, ohne aber eine Neuorientierung der gesamten Persönlichkeit herbeizuführen, oder er bringt Leid, das aber zu keiner Einsicht führt. Er enttäuscht immer bis zu einem gewissen Grad, denn da er zu keiner dauerhaften Veränderung führt, hat man das Gefühl, von jemandem hängengelassen worden zu sein, wenn man den liminoiden Raum verläßt.

Rock-Konzerte bieten manchen Menschen liminoiden Raum und liminoide Zeit. Die Lichter, die Menschenmenge, die Musiker und ihre Musik, vielleicht der Alkohol und die Drogen, lassen für eine gewisse Zeit ein schwindelerregendes Paradies auf Erden entstehen. Es kann dazu kommen, daß wir einen zeitlich begrenzten ekstatischen Bewußtseinszustand mit den Menschen um uns herum teilen, sogar mit gänzlich fremden. Das Tanzen in den Gängen und das Herumreichen von Haschisch führt zu einem flüchtigen Zustand von *communitas*. Aber wenn das Konzert vorbei ist, dann vergeht das Erlebnis schnell. Am nächsten verkaterten Morgen entschwinden die magischen Musiker aus dem Gedächtnis, und ihre lebenden Gestalten werden bald wieder von den vertrauteren Bildern auf ihren Plattenhüllen ersetzt. Und es kann schwierig werden, sich zu entsinnen, was eigentlich so aufregend war.

Solche Erlebnisse sind potentiell liminal. Sie sind sicherlich heilig – denn sie finden im außerordentlichen Raum und in der außerordentlichen Zeit statt –, aber sie verändern uns nicht. Im Augenblick wirken sie als Energiespender und sind belebend. Aber mit dem Anbruch des nächsten Tages gehen sie in der Routine unter.

Was ist der Unterschied zwischen einer liminalen und einer liminoiden Erfahrung? – *Der Magier*.

Robert Plant, Willie Nelson, Perry Como – so vollkommen diese Schauspieler auch als Bühnenmagier sein mögen, sie sind keine echten geistigen Führer. Sie feiern und beschwören das Liminoide, aber sie versuchen nicht, uns weiter in die Tiefe zu führen (noch wären sie dazu imstande). Ihre Aufgabe ist es, die Leute zu unterhalten, nicht, sie zu wandeln.

Leider haben die meisten Menschen in Berufen, die helfen sollten, die Menschen zu erneuern, auch nicht mehr Interesse daran, eine Wandlung herbeizuführen, als ein Entertainer. Die meisten modernen Pfarrer haben im Grunde genommen keine Ahnung von der Kraft der Rituale und Symbole. Ihrem bilderstürmerischen protestantischen Erbe getreu lehnen sie solche Dinge als «Gegenstände des Aberglaubens» ab. Aber das Ritual bereitet die Psyche vor und hilft ihr, sich zu orientieren, wenn sie dazu aufgerufen wurde, den verrückten Raum zu betreten. Ohne das Ritual und ohne ein Hilfsmittel, um die vorkommenden Symbole und die Bilder zu verstehen, kann die Psyche nicht anders, als sich verirren.

Nur wenn der innere Magier nicht richtig funktioniert, erlebt man die Symbole nicht. Es sind dann nur Zeichen. Und diese sind mit einer wörtlichen Bedeutung verbunden. Ein Symbol dagegen bezieht sich auf eine Bedeutung, die über das Symbol selbst hinausgeht; es öffnet sich zu einer größeren Dimension und enthält einen Bedeutungsüberschuß. Wenn die Bilder, die das Unbewußte schickt, vom Ich nur als Zeichen interpretiert werden, dann verlieren sie ihre gesamte Bedeutung und können nicht mehr als nützlicher Führer zu den persönlichen psychischen Problemen dienen. Wird ein Symbol bloß als Zeichen interpretiert, weist das auf ein Versagen der Vorstellungskraft und ein schlechtes Funktionieren des Magier-Archetyps hin.

Zusammenfassend läßt sich sagen, daß viele religiöse Führer ihre Rolle als Ritualmeister und als geistige Führer heute weder verstehen noch annehmen. Sie glauben, ein bißchen Training in der Technologie der pastoralen Beratung mache sie auch schon zu Heilern. Sie haben wenig Verständnis für die Tiefe und die Kraft der menschlichen Seele. Und sie sind so sehr damit beschäftigt, vor ihren Gemeinden als normal zu erscheinen, daß sie dabei die Atmosphäre des Mystischen verwirken, die den Ritualmeister umgeben muß, bevor es zu einer wirklichen Wandlung kommen kann. Man hat den Eindruck, daß moderne Religionen keine Mühe scheuen, um ihre Lehren ungenießbar zu machen – von der banalen «modernisierten» Messe der Katholiken bis zum rationalisierten «historischen» Jesus der Protestanten und anderen säkularisierten modernen Lehren.

In okkulten Gemeinschaften sind die Eingeweihten gewöhnlich ebenso ungenügend «gekocht» wie ihre Gegenstücke in den etablierten Religionen. Obwohl sie vorgeben, besser fähig zu sein, den heiligen Raum und die heilige Zeit wie auch deren Grenzen und die mystische Bedeutung des Ritualführers zu würdigen, ist es doch eine verhängnisvolle Tatsache, daß viele okkulte Führer in einer «Magier-Inflation» gefangen sind. Sie glauben naiverweise, daß sie die Geister beherrschen würden. Ihre Inflation disqualifiziert sie für die ernsthafte und risikoreiche Aufgabe, anderen durch die heilige Realität hindurchzuhelfen.

Die Opfer der kleinen religiösen Gruppen, der charismatischen christlichen Bewegungen, ja sogar der Workshops für Selbstbehauptungstraining gehen in die Tausende. Viele Menschen sind verletzt worden, statt daß sie Hilfe gefunden haben, denn in unserer Gesellschaft herrscht ein erschrekkender Mangel an Ritualkundigen. Menschen, die liminale Erlebnisse suchen, die das Selbst verändern, begegnen nur liminoiden Erfahrungen. Und wenn ein Möchtegern-Adept Suchende durch einen Prozeß geleitet, den er nicht kontrollieren kann, den er nicht versteht und mit dem er daher auch nicht umgehen kann, sind die Suchenden am Ende oft entweder halb roh oder zu lange gekocht. Diese «spirituellen Führer» bringen die Menschen, die sich in den verschiedenen Formen der Psychopathologie verfangen haben, nicht nur um ihre Heilung, sondern oft auch um ihre irdischen Güter.

Der Analytiker als Magier

Auch viele moderne klinische Psychologen, Psychotherapeuten und Psychiater tappen im dunkeln, was die Fragen des heiligen Raumes und der heiligen Zeit betrifft. Und auch wenn die theoretische Ausbildung eines Jungschen Analytikers ihn für solche Fragen offen machen sollte, gibt es keine Garantie, daß das auch wirklich der Fall ist. Solange ein Therapeut die lebenswichtige Bedeutung der Rolle des Magiers nicht versteht – ein Verständnis, das auf einem ausreichenden Zugang zum inneren Magier beruht –, wird er oder sie nicht in der Lage sein, sehr viel mehr für die Menschen zu tun, als sie zu trösten. Eine Wandlung verlangt nach einer außerordentlichen Umgebung.

Manche Psychotherapeuten sprechen vage von «Rahmenfragen» und sind der Meinung, etwas von Grenzen zu verstehen. Aber wir müssen uns Jung zuwenden, um ein klares Konzept des versiegelten alchemistischen Gefäßes zu finden, das für psychotherapeutische Prozesse nötig ist, die eine dauerhafte Veränderung bewirken sollen. Jung war der Meinung, daß der Analytiker ein «Psychopompos», ein Seelenführer sei. Er wußte, daß therapeutische Sitzungen selbst eine Gelegenheit für die Manifestation des heiligen Raums und der heiligen Zeit sein können. Der gesamte Ablauf einer Analyse kann als Prozeß verstanden werden, der während mehrerer Jahre in einer außerordentlichen Realität stattfindet.

Die außerordentliche Realität befindet sich natürlich innerhalb des «Organisationszentrums» des Analysanden, welches Jung das Selbst genannt hat. In uns allen gibt es natürliche psychische Grenzen, die das Selbst vor der profanen Wirkung der übrigen Psyche und der äußeren Welt abschirmen. Im Gegenzug sind die Psyche und die geschaffene Welt normalerweise vor der numinosen Kraft des Selbst geschützt. Dieses wirkt sehr ähnlich wie der Gott der traditionellen Religionen, stellte Jung fest, wenn man ihm zu nahe kommt, wird es die nicht abgegrenzten Ich-Strukturen komplett überwältigen.

Die Arbeit des Analytikers als Magier beginnt damit, daß er das Ich des Analysanden gegen die mächtigen unbewußten Inhalte isoliert, die während der außerordentlichen Zeit der analytischen Sitzungen hervorbrechen. Er unterstützt die Abgrenzung des Ichs gegen die archetypischen Inhalte und umfängt diese, indem er darauf achtet, daß die analytische Arbeit in einem strukturierten Rahmen stattfindet, sowohl was den Raum als auch was die Zeit anbelangt. Zusätzlich muß er das projizierte Selbst des Analysanden tragen, mit dem dieser noch nicht vertraut ist. Für eine gewisse Zeitspanne wird der Analytiker zur Weltachse der psychischen Welt des Analysanden. Schließlich hilft er seinem Schützling zu verstehen, daß das wahre Zentrum im Inneren, im Unbewußten auf ihn wartet.

Der analytische Prozeß kann als eine Art von «*Reparenting*» betrachtet werden, wie manche Therapeuten das nennen. Die Menschen unterziehen sich hauptsächlich deshalb einem psychotherapeutischen Prozeß, weil die Eltern nicht in der Lage waren, ihren Kindern eine angemessene rituelle Führung angedeihen zu lassen. Die ersten Magier, denen wir in unserem Leben begegnen, sind unsere Eltern. Wir wenden uns an sie, damit sie uns halten und bewahren, uns sehen und hören und uns während unserer emotionalen Stürme Sicherheit bieten. Wir brauchen sie, damit sie unseren Zorn zügeln und unsere Gefühle ohne Beurteilung und Zurückweisung wahrnehmen.

Das Problem liegt darin, daß durch die ganze Geschichte hindurch Eltern nicht imstande waren, diesen Aufgaben in angemessener Weise nachzukommen. Nur wenige Eltern wenden sich je an den Archetyp des Magiers, wenn es um ihre eigenen Bedürfnisse geht, und deshalb sind sie meist nicht in der Lage, als Magier für ein Kind zu wirken. Außerdem verlangt der Reifeprozeß die Befreiung von den numinosen Projektionen auf die Eltern. Daher ist es die Aufgabe des Psychotherapeuten, umsichtig und bewußt die Elternübertragungen und die archetypischen Projektionen seines Klienten anzunehmen, um diesem zu ermöglichen, sich in jene psychischen Kammern vorzuwagen, wo der innere Magier seine Wohnstatt hat. Dann kann die wesentliche Aufgabe, das Zurücknehmen der Übertragungen (Projektionen) von König und Königin auf die Eltern, vollendet werden. In dem Maß, in dem sich das Individuum dem mythischen Reich des «Königs und der Königin der anderen Welt» öffnet, befreit es sich, und den allzu menschlichen Eltern können ihre Millionen Fehler verziehen werden.

Der innere Magier

Letztlich ist es der im Dienst des Selbst stehende innere Magier, der alle unsere initiatorischen Erlebnisse (psychotherapeutische und andere) steuert. Der Magier-Archetyp hat den Schlüssel zu den Toren, die an den Grenzen zum außerordentlichen Raum und zur außerordentlichen Zeit stehen.

Um das Verstehen zu erleichtern, haben wir die außerordentliche Realität als eine einheitliche Dimension dargestellt, die gemeinsam mit der profanen Realität die Gesamtheit des Universums bildet. Aber eigentlich ist die außerordentliche Realität vielmehr eine Sammlung unterschiedlicher, komplexer und im höchsten Maß nuancierter Zustände. Sie schließt die ganze Geographie des Unbewußten, des persönlichen wie des kollektiven, ein und auch dynamische Strukturen, die mehr dem Gefühlsbereich zuzuordnen sind. Ein menschliches Bewußtsein kann sich in jede beliebige dieser Strukturen verirren und dort in eine Falle geraten.

Die Jungianer sprechen tatsächlich von den vielen «Räumen» des Unbewußten. Die Strukturen, die sie beschreiben, umfassen den Schatten, die Anima und den Animus, die verschiedenen Komplexe und eine Unmenge an Archetypen – manche vorwiegend männlich und manche weiblich. Die Hypnosetherapeuten sprechen von einer fast unendlichen Zahl von Einheiten, die in der Psyche zum Vorschein kommen und von der Persönlichkeit «Besitz ergreifen» können, was als «Besessenheit» bezeichnet wird.[49] Andere psychologische Schulen sprechen von Introjekten, inneren Objekten und Imagines. Heinz Kohut untersuchte *falsche und wahre Selbst-Konfigurationen*. Erikson stellte die verschiedenen inneren Konflikte dar, die in den *instinktiven Modalitäten* vorhanden sind. Neuere Trends in der psychoanalytischen Theorie unterstützen Jungs bahnbrechende Vision von den Tiefenstrukturen der Psyche.

Die Tiefenpsychologen beschäftigen sich in zunehmendem Maß mit den Gestalten aus Träumen, Visionen, Märchen und Science-fiction, aus der Mythologie und der Folklore; es ist zum allgemeinen Wissensgut geworden, daß diese Gestalten Bewohner des Unbewußten sind. Der große Märchenerzähler Tolkien ist überzeugt, daß Feen real sind und daß sie in einer anderen Dimension und in den Träumen der Menschen leben. Von Tibet bis Yukatán glaubten die alten Religionen daran, daß es verschiedene Ebenen und Dimensionen gibt, denen man sowohl in der Unterwelt als auch im Himmel begegnen kann.

Was bedeutet das alles im Zusammenhang mit dem inneren Magier? Es bedeutet, daß er – und seine reife Ausdrucksform, der Schamane – Zugang zum gesamten Terrain des menschlichen Unbewußten hat. Er weiß das Kennwort, welches das Ich in diese magischen Reiche hinein- und wieder herausführen kann. Er vermag in sich selbst herumzureisen, ohne sich zu verirren oder der Verzauberung irgendeines Ortes oder einer Struktur in der heiligen Geographie zu verfallen. Es ist der Magier, der das Tibetanische und das Ägyptische Totenbuch geschrieben hat und der dem abgeschiedenen Ich Ratschläge für das Passieren der furchterregenden inneren Landschaft des Jenseits gibt. Er ringt mit Dämonen und Krafttieren und ist mit den Komplexen bestens bekannt. Er gebraucht sein Wissen von diesen Strukturen, um sich selbst von ihnen freizuhalten. Mit seiner merkurialischen Behendigkeit kann er jede unbewußte Grenze überschreiten, und so ist er es, der die unsterbliche Seele des Menschen in Freiheit erhält und anderen Mitgliedern der menschlichen Gesellschaft sowohl bei der persönlichen als auch bei der gesellschaftlichen Befreiung und Wandlung behilflich ist.

Vergessen Sie aber nicht, daß jeder vollständig zum Ausdruck gekommene Archetyp reifer Männlichkeit von den anderen drei Archetypen nicht nur ausgeglichen werden muß, sondern sich auch mit deren Einflüssen zu verbinden hat. Der Magier muß von den dynamischen Strukturen des Königs, des Kriegers und des Liebhabers im Gleichgewicht gehalten werden. Zusammen bilden die Viereck-Strukturen des männlichen Selbst ein komplexes Ganzes. Das fest verbundene männliche Selbst besteht aus diesen vier Archetypen, aber es geht über sie hinaus. Die vier Archetypen müssen sich daher gegenseitig in bereichernder und regulierender Weise beeinflussen. Im Zusammenwirken mit den anderen drei Archetypen wird der Magier zu einer wesentlichen Komponente des schöpferischen Mannes in seiner wirkungsmächtigen Ganzheit.

TEIL ZWEI

DER BIPOLARE SCHATTEN DES MAGIERS

Die Nazis: Göring in Mautendorf. (Aus Robert Moore und Douglas Gillette: The Magician Within. William Morrow, New York 1993.)

1. Der Unschuldige – Ein Meister der Verleugnung

Das übliche Jungsche Konzept des Schattens ist das eines «alter ego», einer Unterpersönlichkeit, die im persönlichen Unbewußten ihren Sitz hat und im Gegensatz zum bewußten Verhalten und zu bewußten Werten steht. Das Verhalten des Schattens ist übertrieben, und zwar direkt proportional zu den Übertreibungen im Verhalten des Ichs. Diese Idee ist dem physikalischen Gesetz sehr ähnlich, das besagt: «Für jede Aktion gibt es eine gleich starke Gegenreaktion.» Jung war der Auffassung, daß es die wichtigste Aufgabe eines Menschen sei, die Gegensätze von Ich und Schatten zu integrieren. Wenn man das angepackt hat, macht die gesamte Persönlichkeit einen schöpferischen Schritt in Richtung psychische Ganzheit, Individuation und Reife.

Allgemein nimmt man an, daß sich der Schatten rund um unerwünschte Charaktereigenschaften und Impulse aufbaut. In Wirklichkeit organisiert sich der Schatten aber um alle abgespaltenen Charakterzüge, einschließlich der wünschenswerten. Auch der dunkelste Schatten enthält verborgene Gaben, Fähigkeiten und Weisheit, die er für das Ich bereithält. Das Problem besteht jedoch oft darin, daß das Ich so sehr von Rechtschaffenheit erfüllt ist, daß es die Angebote des Schattens gar nicht zuläßt. Es gibt sogar einen Schatten, der von Licht erfüllt ist, denn ein vorwiegend negatives und destruktives Ich wird einen kompensatorischen Schatten haben, der positiv und schöpferisch ist. Das scheint bei Adolf Hitler der Fall gewesen zu sein, dessen Schatten ihm eine rührselige Sentimentalität gegenüber Kindern und Tieren verlieh.

Die Jungianer anerkennen auch einen Teil des Schattens, der über die Dynamik der individuellen Psyche hinausgeht und als kollektiver Schatten bezeichnet wird. Unter anderem enthält der kollektive Schatten Werte und Einstellungen, die sich von denen im kollektiven Bewußtsein eines Volkes grundlegend unterscheiden. Der Haß zwischen Rassen, Nationen und Religionen entsteht, wenn eine Gruppe ihren kollektiven Schatten auf eine andere projiziert.

Darüber hinaus gibt es möglicherweise auch einen kollektiven menschlichen Schatten, der seinen Standpunkt im Gegensatz zu jeder sozialen oder ideellen Norm hat. Das ist der Schatten, der im Gegensatz zu den grundlegenden menschlichen Werten steht – den Werten, die durch unsere gesamte Geschichte hindurch einheitlich und universell gültig geblieben sind. Dieser tiefe Schatten, der sich gesellschaftlichen Verboten gegen Mord, Diebstahl und andere notorische Verbrechen widersetzt, wurde in religiösen Schriften als Satan oder Teufel personifiziert. In der psychologischen Terminologie heißt er das «antilibidinöse Ich». Wir sind der Auffassung, daß das antilibidinöse, lebensverneinende Ich mit der unbewußten und unregulierten infantilen Grandiosität zu tun hat – diese ist das Fenster, durch welches der «Teufel» in ein menschliches Leben eindringt, um davon Besitz zu ergreifen.

Unser eigener Beitrag zum Jungschen Verständnis des Schattens liegt in unserer Entdeckung und Erklärung der bipolaren Spaltung des Schattens. Jeder Pol dieser Spaltung fungiert als Schatten für die andere Seite, und das bipolare System als Ganzes fungiert als Schatten des vollständigen Archetyps. Daher bedeutet «Schatten» in unserem Schema nicht nur ein persönliches unbewußtes Element, das in einer einfachen Gegensatzbeziehung entweder zum Ich oder zu einem bestimmten Archetyp steht. Der Schatten besitzt eine viel komplexere Struktur, und die Beziehungen zwischen seinen beiden Polen und zwischen diesen und dem Archetyp sind daher komplizierter als zuvor angenommen.

Damit das Ich Zutritt zum Archetyp gewinnen kann, muß dessen bipolarer Schatten zuerst soweit wie möglich integriert werden. Erst dann können das bipolare System transzendiert und die Gaben der beiden Pole verfügbar werden. Jeder Pol muß sich des anderen «bewußt» werden, was durch aktive Imagination geschieht.[50] Jeder Pol muß den anderen, entsprechend den Anleitungen des Ichs, integrieren. Das Ich selbst reagiert auf Eingebungen, die direkt vom Selbst kommen oder von einem bestimmten Archetyp als Abgesandtem des Selbst. Wenn der bipolare Schatten einen reifen Ausdruck des Archetyps nicht mehr blockiert, dann funktioniert das archetypische System optimal, und seine Energie steht dem Ich zur Verfügung. (Eine ausführlichere Darstellung des Schattens und seiner bipolaren Struktur sowie der dreieckigen Struktur der Archetypen findet sich im vierten Teil, Seite 218 ff.).

Wir unterscheiden einen aktiven und einen passiven Pol des bipolaren Schattens. Den passiven Pol des Magier-Schattens nennen wir den «Unschuldigen». Eine kindische Naivität ist für die passiven Pole aller Archetypen charakteristisch. Die Unschuld des Schattenmagiers ist immer vorgetäuscht – genauso wie der «Aufgebende», der passive Pol des Königs, unehrlich ist, wenn es um seine tyrannischen Impulse geht, und der «Masochist» des Kriegers seine sadistischen, aggressiven Impulse verschleiert. Eine erschreckende Schlauheit und technisch verfeinerte, manipulative Talente des Unschuldigen liegen nur wenig unter seiner Verdrängungsschwelle verborgen.

Der Unschuldige erweckt nur den Anschein von Unwissenheit. Er macht den Eindruck, naiv und bar jedes Machttriebes zu sein, aber er verbirgt nur seine wahren Farben. Von einem Therapeuten in einer psychotherapeutischen Situation unter Druck gesetzt, wird der Unschuldige oft mit

Verdrießlichkeit, ausweichendem Verhalten oder verhüllter Gereiztheit reagieren. Befragt man ihn weiter, wird er mechanisch antworten: «Ich weiß es nicht, ich weiß es nicht.» Eine derartige Verweigerung, seine aggressiven und manipulativen Impulse zuzugeben, kann für den Therapeuten äußerst nervenaufreibend sein. Manchmal nimmt dieser verleugnende Widerstand viele Stunden in Anspruch, die mit therapeutischer Arbeit verbracht werden könnten, die zu Einsichten führt – besonders wenn der Therapeut mit dieser subtilen Störung des Magier-Archetyps nicht vertraut ist.

Wir finden das gleiche Verhalten bei einem Mann, der heimlich gegen seinen Chef arbeitet, indem er sich ununterbrochen über etwas beschwert und Tratsch am Arbeitsplatz verbreitet. Wenn er von seinem Vorgesetzten aufgefordert wird, sich für sein Verhalten zu verantworten, dann wird der Unschuldige in dem Mann die Antwort geben: «Wer, ich?» Seine Überraschung und sein Ungehaltensein sind nur zum Teil vorgetäuscht. Der Unschuldige ist der manipulative Mann, der es schafft, immer an den Abenden spät nach Haus zu kommen, an denen der Müll abgeholt wird, obwohl er weiß, wie wichtig es für seine Frau wäre, daß er da ist, um ihn hinauszutragen. Wenn man ihn damit konfrontiert, kann es sein, daß er in selbstgerechten Zorn ausbricht: «Du weißt doch, daß ich manchmal länger arbeiten muß! Ich mach' mich für dich und die Kinder kaputt, und wer von uns verdient denn eigentlich das Geld?» Oder er starrt seine Frau mit unheilvollem Blick an und ist von ihren Anschuldigungen zutiefst verletzt. Und zum Teil *ist* er unschuldig, zumindest insoweit er sich dessen unbewußt ist, daß er seine Feindseligkeit ausagiert. Aber gleich unter seiner Verdrängungsschwelle kennt sein Schatten die Wahrheit sehr genau.

Ein Mann, der vom Unschuldigen besessen ist, behauptet, sich selbst, die Dynamik seiner Beziehungen oder die

Folgen seines Verhaltens nicht zu verstehen. Er ist der Meinung, es gebe keine Magier-Energie in ihm, und projiziert seinen manipulativen Schatten auf andere. Er meint, sein Chef fordere zuviel von ihm, sei unvernünftig und versuche, ihn zu manipulieren. Auch von seiner Frau glaubt er, daß sie auf ihn eindringe und ihn verfolge. Andere Leute verdächtigt er, etwas zurückzuhalten und auf einem «Machttrip» zu sein. Aus seiner Sicht haben sie es nur darauf angelegt, ihn «zu kriegen».

Ein Mann in einer kirchlichen Studiengruppe für Erwachsene hielt das Gebet am Anfang der Stunde auf, weil er mit seinem Sitznachbarn in eine intensive private Diskussion verwickelt war. Als man ihn ersuchte, sein Gespräch zu beenden, damit die Stunde pünktlich beginnen könne, zog er sich in ein gereiztes Schweigen zurück und weigerte sich, an den einleitenden Beratungen der Gruppe teilzunehmen. Später, als sich die Diskussion darum drehte, wie man mit Gefühlen des Zorns umgeht, behauptete er, nicht zu wissen, wovon die Gruppe spreche. Er verkündete stolz: «Ich habe nie auch nur einen zornigen Gedanken gegen irgend jemanden.»

Zwei klassische Persönlichkeitsstörungen bieten Beispiele für die Behauptung des Unschuldigen, nicht manipulativ, beziehungsweise sich seines Zornes nicht bewußt zu sein.[51] Die dependente und die passiv-aggressive Persönlichkeitsstörung sind beides Manifestationen des Unschuldigen.

Bei der dependenten Persönlichkeitsstörung erlebt der Unschuldige andere als Mittelpunkt der Dinge. Die anderen haben die Macht, die Technologie und das Wissen. Der Betroffene glaubt, er lebe, um den anderen Freude zu machen. Er vermeidet es, sich zu behaupten, denn auf der bewußten Ebene fürchtet er, dann werde man ihn fallenlassen. Die unbewußte Wut hinter dieser Störung ist so tief, daß eine dependente Persönlichkeit wahrscheinlich, wenn sie sich einmal behaupten würde, sehr viel Wut und auch eine große Frustration über ihre Passivität und Abhängigkeit zum Ausdruck brächte. Der unbewußte Zorn eines solchen Mannes könnte sehr wohl andere ihm entfremden. Eine unvorsichtige, unbewußte Selbstbehauptung könnte daher ganz real verursachen, daß andere ihn fallenfassen.

Ein solcher Mann verunglimpft oft sich selbst und seine Leistungen. Er ist zurückhaltend und kann kein Kompliment annehmen. In einer einschmeichelnden Art versieht er die verschleierten Forderungen, die er an die «mächtigen» anderen richtet, mit einem Zuckerguß, damit sie ihm ihren guten Willen nicht entziehen. Er läßt in seinem Bemühen, sich selbst als völlig harmlos darzustellen, kein Mittel unversucht und wird von den meisten von uns als nicht vertrauenswürdig erkannt. Wir wissen, daß er uns früher oder später aus Neid ein Messer in den Rücken rennen wird, wegen der vermeintlichen Macht, die wir über ihn haben.

Alle Strategien des dependenten Mannes sind Versuche, andere dahingehend zu manipulieren, für ihn zu sorgen und sich um seine Bedürfnisse zu kümmern. Seine scheinbare Hilflosigkeit und sein Jammern rufen zumindest anfänglich bei anderen hegende und pflegende Gefühle hervor. Mit der Zeit werden jedoch seine abhängigen Bewältigungsstrategien ermüdend. Wenn sie dann die treffen, die sich um ihn bemühten, stoßen seine Beteuerungen von Unschuld und Unwissen auf die Skepsis und die Ungläubigkeit der anderen.

Dependente Männer fühlen sich von ihren unterdrückten Gefühlen der Feindseligkeit und ihren manipulativen Motiven sehr bedroht. Beginnt die Verdrängungsschranke unter dem Druck dieser ungewollten, verborgenen Feindseligkeit zusammenzubrechen, erlebt der Dependente einen schnellen Anstieg seiner Angst. Immer wenn der Schatten eines Menschen bewußt zu werden droht, erlebt dieser Mensch eine ganz fundamentale Angst.

Viele dependente Persönlichkeiten erleben Trennungsängste. Wenn sich die Menschen, an die er sich um Unterstützung gewendet hat, von ihm zurückziehen, erleidet der dependente Mann seine schlimmsten Alpträume. Weil er am passiven Pol des Magier-Schattens gefangen ist, fühlt er auch eine chronische Abscheu vor Verantwortung, besonders vor neuer Verantwortung. Wenn er zu Hause oder auch am Arbeitsplatz gebeten wird, eine neue Aufgabe oder eine andere Rolle zu übernehmen, kommt es oft zu einem Kurzschluß, denn wegen der damit zusammenhängenden Verpflichtungen ist dies das letzte, was er will. Er will sich genausowenig wie der Trickster (der aktive Pol des Magier-Schattens) in das Reich der Erwachsenen begeben, wo man Welten erschafft. Er zieht es vor, unter den Zuschauern zu sitzen und die Bemühungen anderer zu kritisieren und herunterzumachen und sich in einer billigen Hoffnungslosigkeit zu ergehen.

Dependente Männer haben eine starke Tendenz, schwere Depressionen zu entwickeln, die in extremen Fällen bis zur Katatonie führen können. Das ist das logische Extrem des Dranges, sich von der Welt zurückzuziehen.

Die andere wichtige Verhaltensstörung, zu der der passive Pol des Schattenmagiers neigt, ist die passiv-aggressive Störung, die auch manchmal als negativistisches Muster bezeichnet wird. Diese Störung zeigt sich auch bei Personen, die in der passiven Rolle des Schattenkriegers gefangen sind. Das passiv-aggressive Muster kommt zustande, wenn die Verdrängungsschranke versagt und die Bewältigungsstrategien, den Unschuldigen zu spielen, ebenfalls versagen.

Versagt die Verdrängungsschranke, beginnt die darunterliegende Wut des Ichs über die starken Gefühle von Abhängigkeit und Passivität an die Oberfläche zu steigen. Der Schatten verkehrt plötzlich seine gewohnte «Polung» ins Gegenteil und bewegt sich auf den aktiven Pol hin. Aber im

Gegensatz zu den sadistischen, oft gewalttätigen Ausbrüchen des Kriegers ist die passive Aggression des Schattenmagiers selten so offenkundig. Die Aggression ist greifbar, aber irgendwie verborgen hinter dem Talent des Magiers für ein verschwiegenes und schwer faßbares Verhalten. Passivaggressive Schritte werden oft auf einer verbalen oder intellektuellen Ebene unternommen, nicht auf einer physischen.

Beide erwähnten Störungen, die so oft gemeinsam auftreten, daß es schwierig sein kann, sie zu unterscheiden, sind verbunden mit einer hysterischen Verleugnung von solch manipulativen Motiven. In extremen Fällen wird der Unschuldige sogar das Vorhandensein von manipulativen Motiven bei anderen leugnen. Er ist der Auffassung, daß «jeder grundsätzlich gut sei», und er kann sich gar nicht vorstellen, daß irgend jemand auch nur irgendwelche böse Absichten ihm selbst gegenüber oder gegen andere hegt. Er kann die Tragweite der dunklen Nachrichten ganz einfach nicht annehmen. Wenn seine Illusionen einmal wirklich zusammenbrechen, dann bricht auch sein Selbst in Stücke!

Ein solcher Mann erweist sich oft als naiv, sowohl in bezug auf seine eigenen sexuellen Motive als auch die der Frauen. Er gehört zu denen, die in Fälle von sexueller Belästigung verwickelt sind. Gewöhnlich reagiert er erschreckt, erstaunt und moralisch entrüstet über solche Vorwürfe, denn er ist unfähig zu einer Einsicht in seine eigenen unbewußten Wünsche. Was er als «Freundlichkeit» betrachtet, wird von Frauen als sexuelle Annäherung «mißverstanden», wobei allerdings die Frauen seine unbewußten Motive besser verstehen als er.

Der Unschuldige hat mit dem außerordentlichen Raum und der außerordentlichen Zeit ernsthafte Schwierigkeiten. Entweder kann er den umwandelnden Raum und die umwandelnde Zeit nicht finden oder mißversteht sie als etwas, was in anderen zu finden sei. Der Unschuldige glaubt oft, seine Weltachse befinde sich in einer anderen Person. Da er nicht willens ist, sich mit seinem inneren Magier in Verbindung zu setzen, projiziert er den Archetyp auf irgendeinen «magischen» anderen. Durch seine Passivität gestattet er diesem, die Strukturen seines Lebens zu finden, zu definieren und zu lenken. Wenn jemand bereit ist dazu, kommt der Unschuldige einigermaßen weiter – aber auf sich selbst gestellt, ist er völlig verloren.

Da läßt sich das Beispiel eines jungen Mannes anführen, der häufig einem verborgenen Unbehagen zum Opfer fiel. Wenn er von der Arbeit nach Hause kam, wurde er von einem undefinierbaren Panikgefühl überfallen. Da er nicht wußte, was er mit sich selbst anfangen sollte, warf er sich gewöhnlich auf die Couch, drehte den Fernseher an und tat absolut nichts. Seine Wohnung war ein einziges Durcheinander. Staubwischen oder Putzen waren unbekannte Tätigkeiten. Seine Möbel waren alt und hätten entweder repariert oder erneuert werden müssen. Die Wände waren schmucklos, seine wenigen Pflanzen am Eingehen. Gewöhnlich aß er tiefgefrorene Mahlzeiten, und wenn er sich die Mühe nahm, etwas zu kochen, stand das ungewaschene Geschirr nachher wochenlang im Ausguß herum.

Dann begann er eine Beziehung mit einer intelligenten, lebhaften Frau, die im gleichen Haus wohnte. Von da an ging er nach der Arbeit fast nie mehr in seine Wohnung, sondern direkt in die seiner Freundin. Sie stellte ihm einen Mittelpunkt zur Verfügung, einen strukturierten «Raum», in dem er sich aufhalten konnte. Sie legte den Ablauf der Dinge fest. Nun hatte er etwas zu tun, wenn er nach Hause kam.

Verbrachte er – sehr selten – einige Zeit in seiner Wohnung, empfand er sofort seine gewohnte, angstvolle Lethargie. Er fühlte sich auch zutiefst verunsichert darüber, daß er so sehr von seiner Freundin abhing, damit sie ihm eine Richtung weise oder, wie er es nannte, «eine Orientierung, einen Punkt auf dem Kompaß». Er berichtete, daß er jeden Samstagmorgen fürchtete, an dem er nicht bei seiner Freundin übernachtet und sie nicht den Tag mit ihm geplant hatte. Er wachte auf, stieg aus dem Bett, nahm eine Dusche und fühlte sich dann völlig niedergeschlagen. Im Grunde fürchtete er sich vor all der freien Zeit, die vor ihm lag.

Die freie Zeit war für ihn völlig gesichtslos. Sie war wie der Raum in seiner Wohnung, leer, richtungslos und furchterregend. Ohne den Raum und die Zeit, die sein äußerer Magier für ihn organisierte, war er dem Schrecken einer gleichförmigen, sinnlosen, unlebendigen Leere ausgesetzt. Diese Leere ist das gleiche mythologische Chaos, das herrschte, bevor Gott ein Zentrum schuf und die Welt darum herum organisierte. Raum und Zeit ohne eine mögliche heilige Dimension ist ganz einfach gleichbedeutend mit Nichtsein.

Was dieser dependente Mann brauchte, war der Zugang zum inneren Magier in seiner ganzen Fülle. Er mußte der Führung seiner eigenen männlichen Tiefen folgen, um den außerordentlichen Raum und die außerordentliche Zeit im Bereich des Selbst zu finden, zu weihen und zu verwalten. Wenn er das getan hätte, hätte er sich kennengelernt und bei sich selbst wohl gefühlt und wäre mit seinen vitalen und lebensspendenden Tiefen vertraut geworden. Ebenso hätte er seine eigenen psychischen Grenzen erkannt und hätte, als Verwalter seiner psychischen Energien, gelernt, mit ihnen umzugehen. Er hätte sich stark, sicher und gut aufgehoben gefühlt und hätte nicht die wohlmeinenden «Eingriffe» eines anderen Menschen in seinen eigenen Raum und seine Zeit erdulden müssen.

Der Trickster ist der andere Pol des Schattenmagiers. Ihm wenden wir nun unsere Aufmerksamkeit zu.

2. Der Trickster – Ein distanzierter Manipulator

In einem gewissen Sinn ist die gesamte Zivilisation ein Werk des Magiers, entstanden unter der Oberaufsicht des Königs und geschützt und gefördert durch den Krieger. Es ist sicher richtig, daß unser modernes Zeitalter mit all seinen spezialisierten Berufen, den sich schnell entwickelnden Technologien, der verstärkten Suche nach der Seelentiefe und der Zunahme an Selbstreflexion das Zeitalter des Magiers ist.

Aber es ist auch eine Zeit, in der die «Machtschatten»-Form des Magiers Amok läuft. Der Schattenmagier hat die Schaffung und Installierung eines nuklearen Waffenarsenals überwacht, das groß genug ist, um jedes menschliche Wesen auf unserem Planeten und alle anderen Lebensformen mehrmals zu vernichten, nur die primitivsten und widerstandsfähigsten ausgenommen. Seine Bemühungen haben dazu geführt, daß giftige Materialien aller Art sorglos in der Ökosphäre verteilt wurden, die inzwischen Anzeichen einer umfassenden Verschlechterung erkennen läßt. Er hat durch seine kunstreiche Kombination von psychologischer Einsicht und raffinierter Medientechnologie mitgeholfen, die Fähigkeit bestimmter Individuen, auf internationalem Niveau zu lügen, zu schwindeln und zu stehlen, zu perfektionieren. Das zügellose Rennen um den Besitz von materiellen Gütern und persönlichem Reichtum auf Kosten von Millionen machtloser Menschen kann direkt dem Trickster zugeschrieben werden, dem aktiven, asozialen Pol des Schattenmagiers.

Wir leben in einer Welt, in der «solide» und «stabile»

Geschäftsleute und Verwaltungsbeamte Künstler und andere sensible Menschen als «verrückt» abstempeln, sich dann umdrehen und kühl lächelnd die Vergiftung der Umwelt und das Verhungern von Millionen organisieren. Nur wenige dieser Männer erkennen, daß Furcht, Haß und Neid die Ursachen ihrer Reaktion auf sensiblere Männer sind, die über eine gesündere erotische Bindung an die Welt und an ihre Mitmenschen verfügen. Die feinen Einkaufsstraßen überall auf der Welt bemühen sich, uns davon zu überzeugen, daß sich unsere Liebe zu anderen daran messen läßt, wieviel Geld wir für sie ausgeben. Und diejenigen, die in den «lukrativen» helfenden Berufen tätig sind, wie Ärzte, Psychologen und Anwälte, erhöhen die Kosten für ihre Dienste, so daß die Menschen, die ihrer am meisten bedürfen, praktisch davon ausgeschlossen sind. Auch das sind Zeichen eines richtiggehenden Wütens des Schattenmagiers in seiner Tricksterform.

Es gibt auch immer noch Lehrer, die ärmere Schüler aufgrund ihres ethnischen oder kulturellen Hintergrundes klassifizieren, obwohl immer mehr Beweise dagegen sprechen, Kinder auf diese Art einzuschränken. Der moralische Ton dieser Lehrer ist ein Hinweis auf den subtilen emotionalen Sadismus, der für den aktiven Pol des Schattenmagiers charakteristisch ist. Es gibt Lehrer, die sogar ihre offensichtlich begabten Schüler aus einem kaum verborgenen Haß und Neid heraus verfolgen. Im Bereich des höheren Bildungswesens finden sich viele Professoren, die sich ein Vergnügen daraus machen, Studenten einzuschüchtern, die es «wagen», sie zu genau über ihre gefühlsmäßige Distanz, die Sinnentleerung, die sie betreiben, und ihr asoziales Verhalten zu befragen.

Manche Therapeuten, Psychiater und Analytiker enthalten ihren Klienten genau die Einsichten vor, die für den Heilungsprozeß wesentlich wären. Und es gibt Ärzte, die sich nicht mit ihren Patienten über deren unheilbaren Zustand auseinandersetzen und diese so der Zeit und der notwendigen Fähigkeiten berauben, eine persönliche Entscheidung darüber zu treffen, wie sie die noch verbleibende Zeit bis zum Lebensende am besten verbringen und wie sie für die überlebenden Familienmitglieder vorsorgen wollen.

Dann gibt es noch die «Schatten-Fachleute» des menschlichen Leids, die ihren Lebensunterhalt damit verdienen, den letzten Kreuzer aus den trauernden Hinterbliebenen herauszupressen. Mit ihnen verwandt sind die Spezialisten, die ihre jeweiligen Märkte – im Bereich von Reklame, Mode, Bankgeschäften, Grundbesitz und Vertragswesen – auf eine Art manipulierten, die zur Verarmung der Nation geführt hat.

Viele Technologen dienen auf so bösartige Weise nur ihrem eigenen Nutzen, daß sie ihr Leben damit zubringen, unbekümmert die wachsende Kluft zwischen denen, die «etwas haben», und denen, die «nichts haben», zu vergrößern. Diese Männer sind verantwortlich für den sauren Regen, für die mutwillige Vernichtung unserer unersetzlichen Regenwälder, für die ozonzerstörende Produktion der Fluorkohlenwasserstoffe und für die Bohrtürme und das Öl, die die Ozeane unseres Planeten verschmutzen. Und natürlich sind wir alle in dem Maß für die Folgen ihrer Ausbeutung verantwortlich, in dem wir von ihren Machenschaften profitieren und uns nicht aktiv dagegenstellen.

Die Drogenbosse, Opfer ihres eigenen Infantilismus und ihrer Machtgier, gehören zu denen, die am meisten vom aktiven Trickster-Pol des Schattenmagiers besessen sind. Ihr Reichtum übersteigt bei weitem die legitimen Bedürfnisse irgendeines menschlichen Wesens. Ihre Technologie dreht sich um die Produktion, die Weiterentwicklung und den Versand der lebensbedrohenden Substanzen, die das Leben unserer Kinder vergiften.

In der gleichen psychischen Zwangslage wie diese unglücklichen Männer befinden sich die finanziellen «Genies», die das Wirtschaftssystem zu ihrem eigenen Zweck gebrauchen und nichts als Gegengabe bieten. Die Männer, die an den Völkermordprogrammen der Welt teilnehmen, sind genauso in der kalten Verzauberung des Schattenmagiers gefangen. Die Mitglieder der Nazi-Partei in Deutschland, die Stalinisten in Rußland, die Kommunisten in China, die Roten Khmer in Kambodscha und ähnliche Bewegungen, die es heute im Iran, im Irak und in Lateinamerika gibt (dort leben immer noch Leute, die Jahrhunderte nach der spanischen Eroberung daran arbeiten, die indianische Urbevölkerung auszulöschen), haben alle ihre Bereitschaft ausgewiesen, ihre Technologie dafür zu verwenden, andere Völker auszurotten.

Diese Schattenmagier machen nicht davor halt, Menschen zu manipulieren, damit diese ihren Zwecken dienen. In vielen Fällen ist es die Mutter Erde selbst, die sie als Leibeigene zu halten wünschen – und den Vater Himmel. Der Trickster arbeitet daran, sie auszubeuten, und er gebraucht seine Macht, um alles zu zerstören, was eine schöpferische Ordnung errichten könnte oder den Versuch unternimmt, den grundlegenden und lebensfördernden Ritualen der Initiation in ein reicheres und erfüllteres Leben zu folgen.

Männer, die vom Trickster besessen sind, haben sich distanziert von der gemeinschaftlichen Sorge um das Wohlergehen anderer. Diese manipulative Distanz ist, wie wir sehen werden, ein Kennzeichen des «Machtschattens» des Magiers. Vom Trickster besessene Männer sind nicht geistig-sinnlich mit der Welt verbunden und erleben nicht die Welt der Menschen aus Fleisch und Blut und des menschlichen Gefühls. Sie behalten ihr Wissen für sich und hüllen sich in Geheimnisse – und erweisen sich damit als grausam und sadistisch. Ausbeuterisch und skrupellos zerstören sie die Welt, die andere sich aufzubauen bemühen.

Der Trickster unterscheidet sich vom Unschuldigen darin, daß er im allgemeinen seine manipulativen Eigenschaf-

ten kennt und in ihnen schwelgt. Seine Werke können sich in jeder psychopathologischen Form äußern. Es gibt aber Persönlichkeitsstörungen, in denen seine Anwesenheit besonders eklatant zum Ausdruck kommt.[52] Dazu gehören die narzißtische, die schizoide und die antisoziale Persönlichkeit.

Die narzißtische Persönlichkeit gehört zum «unabhängigen» Persönlichkeitstyp. Ein Mann, der von dieser Störung betroffen ist, scheint das genaue Gegenteil des dependenten Mannes zu sein. Aber wie stets bei der bipolaren Anordnung von dysfunktionalen Bewältigungsformen sind beide eng miteinander verwandt. Die Unabhängigkeit des Narzißten ist eine übertriebene Kompensation für seine gefürchtete, gehaßte und unterdrückte Abhängigkeit. Oft sind Männer so gierig nach Macht und reißen sie an sich, weil sie eine verzweifelte Angst vor der eigenen Schwäche haben. – Dasselbe Phänomen kann übrigens auch ein Aspekt des Schattenkriegers sein.

Theodore Millon stellte fest, daß «für den narzißtischen Typus die Selbstachtung auf einer blinden und naiven Annahme seines persönlichen Wertes und seiner Überlegenheit beruht». Man beachte Millons Verwendung des Wortes *naiv* in Zusammenhang mit dem Narzißten. Es weist auf eine enge Verbindung hin zwischen dem aktiven und dem passiven Pol des Magierschattens.

Oft verführt der narzißtische Mann andere dazu, seinen Lügen über seine Wirksamkeit und Macht Glauben zu schenken. Aber oft stellt er sich auch selbst ein Bein: Seine Gewohnheit zu lügen hält ihn sogar dann davon ab, die Wahrheit zu sagen, wenn sie ihm nützen würde.

Das naive, aufgeblasene Selbstbild charakterisiert den narzißtischen Manipulator, der laut Millon «eine anmaßende Selbstsicherheit zeigt und seine Leistungen und Talente übertreibt». Nach Millon wird er von anderen als egoistisch, hochmütig und arrogant angesehen. Außerdem erweise er sich als «zwischenmenschlicher Ausnutzer». Er nehme andere als gegeben hin und gebrauche sie, um sich selbst zu fördern und sich seine Wünsche zu erfüllen. Er erwarte besondere Vergünstigungen und einen besonderen Status, ohne die entsprechende Verantwortung auf sich nehmen zu wollen. Die ausgedehnte Vorstellungskraft des Narzißten führe zu unreifen und undisziplinierten Fantasien. Er lüge oft, um seine Illusionen über sich selbst zu bewahren, und zeige auch einen herablassenden Gleichmut, außer wenn sein narzißtisches Selbstvertrauen erschüttert sei. Sonst erscheine er nonchalant, kühl und unbeeindruckbar. Das soziale Gewissen fehle ihm, wenn er die Konventionen des Zusammenlebens der Gesellschaft mit Spott bedecke und eine Mißachtung der persönlichen Integrität und der Rechte anderer Menschen erkennen lasse.

Es ist traurig, aber wahr, daß diese klinische Beschreibung des Narzißten nur zu oft unserer wirklichen Lebenserfahrung mit Chefs, Mitarbeitern und Ehepartnern entspricht. Es gibt viele religiöse und politische Führer auf der Welt, die diesem Porträt einer gestörten Psyche entsprechen. Wir alle haben unsere Liste von «Kandidaten», die sprechende Beispiele abgeben würden.

Näher liegt uns der narzißtische Therapeut. Das ist der Mann, der spitze Bemerkungen über die Träume seiner Klienten macht. Er ist stolz auf seine Fähigkeit, schnelle Diagnosen erstellen zu können. Der narzißtische Therapeut sitzt in einem eindrucksvollen Ledersessel und stellt klar, daß er Herr der Lage ist. Auch wenn er manchmal zum Ausdruck bringt, daß die individuelle Psyche den Therapeuten nur als Verbündeten und geistigen Führer braucht, so glaubt er in Wirklichkeit, den Schlüssel zur Heilung des Individuums in der Hand zu halten. Nach nur einer Sitzung gibt er vor, die genaue Diagnose zu kennen (und mit seiner inflationären Selbsteinschätzung glaubt er dies vielleicht sogar wirklich) und den notwendigen Behandlungsverlauf. Seine Magier-Inflation ist leicht zu erkennen.

Das ist der «Führer», der die Sitzungen, für die wir bezahlen, dazu benützt, seine neueste Lieblingstheorie auszuprobieren. Er verbraucht unsere Zeit und unser Geld mit Erzählungen über vergangene Großtaten und Klienten, die er «geheilt» hat aufgrund seiner erstaunlichen Fachkenntnis. Er kann sogar unsere Sitzungszeit dazu benutzen, um über seine eigenen Eheprobleme zu reden oder über die persönlichen Schwierigkeiten, die er mit seinen Kollegen an der Klinik hat. Während er das tut, läßt er uns seinen Witz und seinen Charme erkennen oder das, was er dafür hält, sowie die Brillanz seiner Interpretationen – alles auf unsere Kosten. Oftmals wird er versuchen, seine Klienten sexuell auszunützen, und er wird die Erstellung und Durchsetzung eines Kodexes für ethisches Verhalten in der Therapie bekämpfen.

Wenn wir ihn bei einem Irrtum in der Interpretation oder bei einer Ungenauigkeit ertappen, dann wird er seinen Irrtum als unser Mißverständnis ausgeben, statt seinen Fehler zuzugeben, sich zurückzuziehen und die Frage noch einmal zu überdenken. Er vermeidet es, sich in lebensnahe Überlegungen über das Problem der Gegenübertragung einzulassen. Wenn wir ihn aber unter Druck setzen und uns weigern, seine Arroganz zu unterstützen, kann es schon geschehen, daß wir sein narzißtisches Selbstvertrauen erschüttern und dadurch seine wütenden Angriffe auf unsere «Abwehr» riskieren.

In offener Mißachtung der Beweise, die wir ihm vorlegen, und in einem Akt großer emotionaler Brutalität wird er unser heranwachsendes Integritätsgefühl angreifen, statt sich mit ihm zu verbünden. Weil er auf seinen eigenen Interpretationen besteht, wird er unser Recht auf ein Gefühl der Freude und einer sich bildenden Ganzheit opfern. Der narzißtische Therapeut ist wie alle anderen Narzißten an seinem eigenen Überlegenheitsgefühl, aber nicht wirklich an unserer Heilung interessiert, und er wird es nicht dulden, daß wir den Prozeß in die eigene Hand nehmen. Es wird damit enden, daß er jede lebensfördernde und weltaufbauende Struktur, die in uns Form annimmt, angreift. Und er wird das unter dem Deckmantel dessen tun, daß er mehr weiß als wir. Er möchte uns glauben machen, daß er Einblicke in die menschliche Natur hat, die wir nicht haben und die er nicht mit uns teilen kann, weil wir die nötige Intelligenz oder die nötigen Zeugnisse vermissen lassen. Er ist leider in allen Schulen der Psychotherapie und der Psychoanalyse reichlich vertreten.

Die schizoide Persönlichkeitsstörung ist ein anderes Gesicht des Tricksters. Nach Millon zeigt der Schizoide «emotionale und kognitive Defizite, die die Entwicklung enger oder warmer Beziehungen verhindern». Menschen, die in dem verrückten Raum, wie wir es nennen, gefangen seien, würden es vorziehen, «ihre Energien auf Hobbys zu konzentrieren wie Briefmarken oder Steine sammeln, auf mechanische Spielereien, elektronische Apparate oder akademische Ziele wie zum Beispiel Mathematik oder Technik».

Wenn sich schizoide Männer in Behandlung begeben, berichten sie oft davon, daß sie sich von ihrem Leben abgeschnitten fühlen, als ob sie hinter einer «Glaswand» leben würden. Millon schreibt, daß ihre Beziehungen «durch einen massiven Rückzug des wirklichen libidinösen Selbst wie entleert zu sein scheinen». Der schizoide Manipulator ist von der geistig-sinnlichen, libidinösen Verbindung mit der Außenwelt abgeschnitten. Während er sich bemüht, andere um ihre Freude und ihren Enthusiasmus zu bringen, zerstört er seine eigene Fähigkeit zu einem reichen Leben. Jede Facette des Lebens wird auf das Niveau einer «mechanischen Spielerei» reduziert, und der schizoide Manipulator bringt seine freie Zeit damit zu, daran herumzubasteln.

Hier manifestiert sich der Trickster, der Intimität und Ge-

genseitigkeit vermeidet, die für die menschliche Gemeinschaft notwendig sind. Die instinktiven Energien werden nicht auf den Aufbau einer Gemeinschaft oder des Kosmos (der Welt) ausgerichtet. Sie werden in einer Art ausgedrückt, die isolierend und befremdend wirkt – und die letztlich sowohl ihn als auch diejenigen, mit denen er verkehrt, entmenschlicht.

Die antisoziale Persönlichkeit schließlich drückt die anti-kosmische und anti-strukturelle Einstellung einer vom aktiven Pol des Schattenmagiers besessenen Persönlichkeit am aggressivsten aus, lehnt sie doch die männlichen Pflichten des Königtums vehement und nahezu vollständig ab. Das göttliche Gesetz, das sich im König verkörpert und in seiner Gerechtigkeit ausdrückt, ist für ihn zum Anspruch geworden, sein eigenes Gesetz zu sein. Die Bereitschaft des Königs, sich für das Wohl aller zu opfern, ist von der asozialen Bereitschaft des Tricksters ersetzt, alle anderen *aufgrund eines extremen Vorurteils* auszunützen und auszuschlachten. Daß unsere Kultur solche Persönlichkeiten epidemieartig hervorbringt, ist das unmittelbare Ergebnis unseres Versagens, dafür zu sorgen, daß für die menschliche Initiation – die weibliche und die männliche – eine rituelle Führung zur Verfügung steht.

Es ist nicht überraschend, daß sich die Menschen in einer Welt wie der unseren, die so sehr unter der Herrschaft des Schattenmagiers steht, von den Quellen der Natur abgeschnitten fühlen, denn in unserer sterilen, mechanischen Technosphäre erleben wir uns als von anderen lebenden Dingen abgetrennt.

Die alten Schamanen führten die Jäger ihrer Stämme bei der Verfolgung des Wildes an, stets im Bewußtsein der Heiligkeit des menschlichen und tierischen Lebens. Sie fühlten sich dem Geist der Tiere, die sie getötet hatten, nahe und beteten zu ihnen um Vergebung. Heute haben wir keine annähernd ähnliche Auffassung von Tieren – für uns sind sie keine lebendigen, atmenden Wesen mit Gefühlen und Geist. Wir denken nur daran, daß eine Anzahl Tiere in der Welt ausgebeutet werden kann und der Trick darin besteht, der Beste zu sein, wenn es darum geht, sie gewinnbringend auszunutzen. Unser einziger «direkter» Kontakt mit Tieren besteht im Umgang mit dem zellophanverpackten Fleisch, das wir in den verchromten Glasvitrinen finden, blutigrot gefärbt und leuchtend unter künstlichem Licht.

Ist es ein Wunder, wenn wir uns einen entfremdeten Himmel mit Fluorkohlenwasserstoffen aus unseren mechanischen Spraydosen weiter entfremden? Einst war der Himmel von Göttern und Göttinnen belebt. Der Regen war einst der lebensspendende Samen eines gütigen Verbündeten. Nun ist er zu den bitteren Tränen einer verfaulten Zivilisation geworden.

Bringen uns unsere Maschinen um? Lassen wir es zu, daß leblose Silikonchips aus unserem Leben eine logische Übung machen? Der schizoide Wissenschaftler wendet sich an seinen Computer, um eine Metapher für die Psyche zu erhalten, und wir übrigen sind so eingeschüchtert, daß wir ihm zustimmen. *Er muß es besser wissen als wir, denken wir; er ist der Fachmann, der Techniker.* Mary Shelleys *Frankenstein, oder der moderne Prometheus* gilt als eine vorausblickende Fabel für unser Zeitalter. Dr. Frankenstein verfertigt durch schwarze Magie aus verschiedenartigen Stücken einen Mann. Infolge seiner kompletten Gefühllosigkeit gegenüber den Empfindungen des unglücklichen Wesens, das er erschaffen hat, mißlingt sein Experiment. Das Endergebnis der Geschichte ist eine schreckliche Mahnung über die Effekte einer Technologie, die vorzeitig entfesselt und von moralisch Unreifen auf die Welt losgelassen wird.

Es ist nicht unsere Absicht, die Berufe herabzusetzen, die sich stark auf die schizoiden Tendenzen der linken Gehirnhälfte abstützen. Es gibt genug Männer, die unermüdlich und hilfreich in diesen Berufen tätig sind. *Aber es lohnt sich, davor zu warnen, daß eine Welt, die im Machtschatten des Magiers gefangen ist, nicht nur eine gefährdete Welt ist, sondern eine Welt, deren zukünftige Existenz in Frage steht.*

Jung war sehr besorgt über die Entwicklung in Richtung Leblosigkeit und Massengesellschaft, die er als Folge eines unreflektierten Ansturms auf die technologische Kultur betrachtete. Er wies warnend darauf hin, daß das kollektive Ich seit der Aufklärung im achtzehnten Jahrhundert arrogant geworden sei und die Position eines «allmächtigen Gottes» eingenommen habe, und sagte voraus, daß das kollektive Unbewußte, abgeschnitten von der Natur und der Instinktwelt, diese Anmaßung von Göttlichkeit nicht lange tolerieren werde. Er warnte, daß das kollektive Unbewußte unweigerlich an der narzißtischen und schizoiden Beziehung des Ichs zur Natur massive Vergeltung üben werde. Nach seiner Überzeugung müssen wir unsere «prometheische Schuld» an die Welt des Instinkts in Form einer riesigen Katastrophe zahlen.

Warum gibt es überhaupt einen Trickster in unserer biologischen Ausstattung? – Er erfüllt einen Zweck: er verkleinert unsere hohle Aufgeblasenheit und beschämt uns damit. Dient er dem Leben, ist er eine Art innerer Prophet, der uns für unsere Arroganz zur Rechenschaft zieht.

Der Film *Batman* stellte sich als eigentliche Trickster-Parabel heraus. Batmans Trickster ist in seinem Erzfeind, dem Joker, verkörpert. In einer Szene vergnügt sich dieser, in einer boshaften Parade die Hauptstraße hinunterzuziehen, als Batman in einem protzigen, teuren Jet über seinem Kopf vorüberfliegt. Obwohl Batman aus allen seinen Kanonen feuert, kann er den Joker, der für alle sichtbar in der Mitte der Straße steht, nicht treffen. Dieser hebt nur eine Pistole und schießt den Millionen-Dollar-Jet vom Himmel. Das ist ein deutliches Bild der Funktion des Tricksters, uns auf die Erde zurückzubringen.

Oftmals treten wir unsere Macht an andere Leute ab, von denen wir glauben, daß sie die Dinge besser unter Kontrolle haben oder besser sind als wir, gescheiter, lebhafter. Die Aufgabe des Tricksters besteht darin herauszufinden, wem wir unsere Macht abgeben, und dann die idealisierende Übertragung zu unterbrechen. Er bringt uns in alle möglichen unangenehmen Situationen, bis wir begreifen, daß wir keine andere Wahl haben, als unsere ungelebten Aspekte zurückzufordern.

Der Mann, der vom Trickster besessen ist, mag – im Gegensatz zum Mann, der vom Unschuldigen dominiert ist – in der Lage sein, den außerordentlichen Raum und die außerordentliche Zeit in sich selbst zu finden. Aber es wird ein liminoider Raum und eine liminoide Zeit sein. Seine narzißtische und schizoide Einstellung wird ihn davon abhalten, wirklich gewandelt zu werden. Weil er selbst den liminalen Raum nicht gefunden hat, wird er auch nicht imstande sein, andere hinein-, hindurch- und wieder herauszuführen. Was immer er an Wissen über verborgene Geheimnisse besitzt, wird er, wie wir gesehen haben, denen vorenthalten, die auf der Suche nach Initiation zu ihm kommen.

Es kann allerdings sein, daß er die Grenze zum wirklich liminalen Raum und zur liminalen Zeit gefunden hat. Dann stellt er sich womöglich als falscher Hüter der Schwelle genau dort auf, um den unvorsichtigen Pilger voll Sadismus in die grenzenlose Dunkelheit zu schleudern und seine angeblichen Initianden in das Zentrum des «feurigen Ofens» zu katapultieren. Entweder ist er nicht imstande oder nicht willens, ihnen dabei zu helfen, ihre desorientierten Ich-Strukturen abzugrenzen. Und so wird er nicht zur Verfügung stehen, um ihnen zu helfen, die Rückkehr der unterdrückten Impulse zu zügeln oder eine Gefahr zu vermeiden, und er wird sie nicht unterstützen, wenn sie eine helfende Hand brauchen, um aus der verrückten Zeit und dem verrückten Raum wieder zurückzufinden, oder wenn es darum geht, die eigene Weltachse zu entdecken. Entweder wird er sie zu früh herausreißen, so daß sie «nicht gar gekocht sind» – oder er wird sie zu einer Kruste verbrennen. Er kann diesen Pilgern mit seiner narzißtischen Naivität und seiner aufgeblasenen Vorstellung von seinen Fähigkeiten nicht wiedergutzumachenden Schaden zufügen, statt ihnen zu helfen. Wir beobachten diese Art von «Tricksertum» oft bei New-Age-Schamanen, die behaupten, eine schamanische Initiation empfangen zu haben, die aber in Wirklichkeit nur vom Schattenmagier und seiner Inflation besessen sind.

Hier finden wir den Gruppenleiter, der zuläßt, daß der Gruppenprozeß außer Kontrolle gerät. Vielleicht passiert das, weil er wirklich unwissend ist, aber vielleicht bereitet es ihm auch ein geheimes sadistisches Vergnügen. In dem Augenblick, in dem ein Gruppenmitglied mehr von sich selbst preisgibt, als die Gruppe handhaben kann, kann diese mit moralischen Urteilen reagieren oder mit Hysterie und Angst. Das sich offenbarende Gruppenmitglied entdeckt sofort, daß es nicht sicher ist. Es fühlt Scham und Zorn, und es ist sein Recht, sich so zu fühlen – denn es ist betrogen worden.

Auch der Führer einer geistigen Gemeinschaft, der aufgrund seiner eigenen Ambitionen die ihm vertrauenden Neulinge in unzureichend geweihte «magische Kreise» führt und «Geister» und «Dämonen» beschwört, die sich dann seiner Kontrolle entziehen, ist hier zu finden. Solche Leute machen sich oftmals einen Spaß aus den Hoffnungen und Sehnsüchten ihrer Novizen und setzen manchmal auch deren geistige Gesundheit aufs Spiel. Hier fühlen wir uns an Merlin erinnert, der Artus auf seinen Weg als den Gestalter einer neuen Welt sandte, aber «vergaß», ihm von der Prophezeiung über Lanzelot und Guinevere zu erzählen!

Wir sind der Meinung, daß weder die menschliche Psyche

noch unsere Gesellschaft überleben wird, wenn sie in ihrem Zustand der Besessenheit durch den Schattenmagier weitermacht. Der Schattenmagier trachtet danach, das Leben und die Liebe so zu manipulieren, daß sie sich aus dem Reich des Gefühls in eine sterile Karikatur der heiligen Realität nach seinen Entwürfen zurückziehen und die Aufgabe des Aufbaus der Welt vernachlässigen. Früher oder später muß dieser Schattenmagier, wie der Zauberer von Oz, aus dem trügerischen Schein seiner Existenz befreit werden. Der Entwicklungsweg des Magiers muß in einer reifen Form verwirklicht werden, wenn die vier Kräfte der männlichen Psyche ihre Ganzheit finden sollen und einen ausgeglichenen Ausdruck in einem reifen männlichen Selbst. Wir wollen uns nun der Herausforderung der männlichen Initiation zum Magier zuwenden.

TEIL DREI

DIE ENTWICKLUNG DES SCHAMANEN IN DER MÄNNLICHEN PSYCHE

Petrus mit den Schlüsseln zum Königreich. Bas-Relief aus einer Kirche. Im Eigenbesitz der Autoren. (Aus Robert Moore und Douglas Gillette: The Magician Within. William Morrow, New York 1993.)

1. Initiation in die Magier-Energie

Ein moderner Magier: Der Mythologe Joseph Campbell

Die Magier-Energie wird in allen Bereichen des Lebens benötigt, in der beruflichen und in der privaten Sphäre. Der Magier-Archetyp ist unverzichtbar als Energiequelle, die uns hilft, unsere Psyche zu organisieren. Seine Energie ermöglicht es uns, unser Leben als reife Männer zu leben, bewußt, zielgerichtet und mit aufrichtiger Selbstreflexion.

Wir haben untersucht, wie groß der Mangel an Männern ist, die bereit sind, den Magier zu verkörpern, um anderen durch ihre Krisen zu helfen. Aber es gibt auch Männer da draußen, die es tun, und sie machen es sehr gut. Es ist so wie die sprichwörtliche Geschichte von dem Hund, der auf seinen Vorderbeinen gehen konnte. Der Umstand, daß er nicht besonders gut gehen kann, ist bei weitem nicht so wichtig wie die Tatsache, daß er es überhaupt tut.

Viele Menschen, die einen helfenden Beruf ergreifen, sind auf den Magier eingestimmt, denn sie haben in ihrem eigenen Leben jahrelang versucht, an seine Energien heranzukommen. Priester, Therapeuten und Psychologiestudenten erkennen oft erst gegen Ende ihrer Ausbildung, daß sie in Wahrheit selbst Hilfe gesucht haben, und, da keine erhältlich war, als Ersatz selbst zu Helfern wurden.

Helfer, die das nicht begreifen, müssen erst die zweite Schwelle überschreiten, nämlich jene, die aus dem Bauch des Walfischs herausführt. Sie beginnen ihre Laufbahn oft mit dem Eifer eines Propheten, denn ihre Verbindung zu den Archetypen ist noch ganz direkt, und keine starken Ich-Strukturen stehen vermittelnd dazwischen. Das Phänomen des ausgebrannten Helfers ist die baldige Folge. Die Fantasie, mehr zu sein als ein Mensch, bricht zusammen, und dasselbe geschieht kurz darauf mit dem Menschen.

Es kann sehr hilfreich sein, sich an einige Lektionen aus den großen spirituellen Traditionen der Welt zu erinnern. Eine wichtige besteht darin, daß ein erleuchteter Mann ganz gewöhnlich ist. Er hat die Schwelle zur dritten Stufe der Initiation überschritten und ist in den gewöhnlichen Raum zurückgekehrt. *Die Tatsache, daß ein Mann außergewöhnlich charismatisch ist, heißt nicht, daß er auch erleuchtet ist. Er ist von Licht umgeben wie Moses, als er vom Berg Sinai zurückkam, und er weiß nichts davon. Und wie bei Moses kann die Nähe zum Numinosen seine Urteilsfähigkeit, welche Richtung er einschlagen soll, vernebeln. Das heißt: Wenn man einen Führer wählt, muß man das sorgfältig tun.*

Eines der großartigen Ergebnisse der Fernsehserie *The Power of Myth* (Die Macht der Mythen) – einer Serie von Interviews von Bill Moyers mit dem Mythologen Joseph Campbell – war, daß so viele Männer mühelos an die Magier-Energie herangeführt wurden. Auch wenn Campbell kein Ersatz war für einen Ritualmeister aus Fleisch und Blut, gelang es ihm doch, seine Liebe zur Mythologie einem großen Publikum nahezubringen. Es gibt viele Männer, die im Laufe ihres Lebens von irgend jemandem als dumm bezeichnet wurden und daher keine Lust mehr haben, ein Buch in die Hand zu nehmen. Dank der Fernsehserie, die in zahlreichen dieser Männer den Appetit auf Mythologie geweckt hat, haben viele wieder angefangen zu lesen – und entdecken dabei ihr unentwickeltes Magier-Potential.

Campbell ist ein interessantes Beispiel für einen modernen Magier. Der Liebhaber- und der Magier-Archetyp waren ganz eindeutig die stärksten Energien in seinem Leben.

Wenn er mit Moyers von Kriegern und Königen sprach, dann klang seine Stimme ärgerlich. Er mochte die Religionen der Könige oder Krieger nicht. Er liebte diejenigen, die den Verstand des Magiers betonten und die mitfühlende und erotische Tradition des Liebhabers.

Der Liebhaber-Archetyp schätzt alles und will nicht wählen. Er ist von Natur aus auf nichts festgelegt. Und so bietet uns Campbell seine fröhliche mythische Mannigfaltigkeit an. Er liebt alle Mythen der Welt und möchte, daß alle anderen sie auch gern haben. Bill Moyers war der perfekte Partner für ihn, denn er hat einen besseren Zugang zu den Energien des Krieger- und König-Archetyps. In beiden Männern zusammen waren alle vier Archetypen der reifen Männlichkeit vereinigt, und das trug – zusätzlich zum Thema selbst – dazu bei, daß die Serie bei Männern so populär wurde.

Campbell war von der Vollkommenheit genausoweit entfernt wie wir alle, und eine Menge seines Schattenmaterials wurde in der Presse nach seinem Tod bloßgestellt. Es gibt keine vollkommenen Männer auf der Welt. Wir müssen lernen, die Geschenke anzunehmen, die ein Mann uns bringen kann, und mit seinen Fehlern voll Mitgefühl umgehen. Seine Verfehlungen sollten keinesfalls als unwesentlich abgetan werden, aber sie sollten nicht Anlaß sein, ihn aufzugeben.

Campbell war ein Magier, dessen im Aussterben begriffenes Talent in Inspiration bestand. Er hat in einer ganzen Menge von Leuten ein Interesse an Mythen und an der menschlichen Psyche geweckt. Viele fangen an zu begreifen, daß die Welt der Mythen wirklich ist und daß wir nur in dem Ausmaß wirklich sind, in dem wir an den Mythen teilhaben. Die Leute nehmen sich Campbells Botschaft zu Herzen – daß die Zeit gekommen ist, um aus allen Geschichten einen neuen, brauchbaren Mythos für unseren Planeten zu machen, einen, der die Stammesvielfalt akzeptiert, aber deren Begrenzungen bei der Suche nach einer Weltengemeinschaft überschreitet.

Campbell ist ein Beispiel für einen fehlerhaften, aber lebendigen modernen Magier. Es wird der Mühe wert sein, sich zu überlegen, wie ein wirklich reifer moderner Magier aussehen könnte. Wir wollen damit beginnen, die Eigenschaften des Schamanen zu betrachten, also desjenigen Individuums, das nach unserer Überzeugung am umfassendsten den Archetyp des Magiers verkörpert.

Der Schamane als ein Wissender

Der Schamane ist ein Wissender besonderer Art: Er kennt verborgene Wahrheiten. Er erwirbt sein Wissen auf Reisen in den heiligen Raum und die heilige Zeit; er ist ein Abenteurer im Reich des Geistes; er unternimmt seine Reisen jenseits der Grenzen der gewöhnlichen Realität zunächst im Bemühen, sich selbst zu heilen und ganz zu machen. Er mag sich dieses Motives nicht bewußt sein – es kann sogar sein, daß er diese Interpretation zurückweist. Aber die Anthropologen haben oftmals bemerkt, daß der angehende Schamane entweder durch eine physische Krankheit und/oder ein psychisches Leiden in das Reich des Geistes berufen wird. Und die heiligen Räume, die die Schamanen beschreiben, sind ganz deutlich die heilenden Strukturen der Psyche.

Ist der Schamane im Reich der archetypischen Bilder angelangt, erlernt er dessen Geographie. Er entwickelt eine enge Beziehung zu den seltsamen Bewohnern und vermag sie zu sehen und mit ihnen zu sprechen, während «normale» Menschen sie bestenfalls intuitiv erkennen können. Wenn er mit diesen inneren Räumen vertraut geworden ist, kann er diese Welten betreten, durchqueren und verlassen, wann immer er will. Durch ekstatische Höhenflüge des

Geistes besteigt er seinen «zentralen Berg» oder seinen «Weltenbaum» und reist entlang der Weltachse in den Himmel hinauf oder steigt an ihr in die Unterwelt hinab.

Er lernt es, aus dem undifferenzierten Reich Kraft für sein eigenes psychisches System zu beziehen. Er ist ein Vertrauter des Todes und kann in den Abgrund der Finsternis blikken, ohne sich in Verleugnung flüchten zu müssen. Wie ein Seilkünstler lernt er es, die inneren Kräfte im Gleichgewicht zu halten, und wird so ein Meister im Akzeptieren und Überschreiten der Gegensätze der profanen Welt – von Leben und Tod, Dunkelheit und Licht, Aktivität und Aufnahmebereitschaft. Er vermag die Weltachse in seiner Psyche zu finden und dient so als ein offenkundiges Zentrum für andere. Seine animalische, instinkthafte Natur und seine spirituellen Bemühungen befinden sich in einem Zustand empfindlicher Harmonie, wobei keine der beiden Stimmen der anderen untergeordnet ist.

Wer immer die Kräfte des göttlichen Reiches überlebt, hat eine ausreichende «Ich-Selbst-Achse» entwickelt. Der Schamane hat seine Ich-Strukturen von der «Hochspannung» der dynamischen Strukturen im kollektiven Unbewußten isoliert und wird ein Experte im Zusammenhalten psychischer Inhalte – seines eigenen Ichs, seiner inneren Engel und Dämonen und der inneren Reise als Ganzes. Dank seiner psychischen Möglichkeiten ist er die erfolgreiche Verkörperung des «beobachtenden Ichs». Die Fähigkeit des Schamanen, die heilige Realität zu betreten und wieder zu verlassen, prädestiniert ihn besonders dazu, Probleme kreativ zu lösen. Und wenn er außerdem noch die Energie des Liebhaber-Archetyps anzapft, wird er der schöpferische Dichter, Sänger, Künstler und Mythenmacher.

Die Werkzeuge des Schamanen, um veränderte Bewußtseinszustände hervorzurufen, wurden in den letzten Jahren von Anthropologen und Psychologen objektiv untersucht. Von vorrangiger Bedeutung sind verstärkende Visualisierungstechniken – ähnlich den Übungen bei Jungs aktiver Imagination –, die dazu verwendet werden, unbewußte Inhalte in lebhaften Details bildlich darzustellen. Zusätzlich kann sich ein Schamane extremen Temperaturen aussetzen oder Techniken anwenden, die die sinnliche Wahrnehmung einschränken, um über die körperlichen Ablenkungen hinauszukommen. Er kann auch halluzinogene Drogen verwenden, obwohl diese Praxis relativ selten vorkommt. Weltweit benutzen Schamanen zudem die Stimulation durch das Gehör, und zwar üblicherweise in der Form von rhythmischem Trommeln. Gewisse Wissenschaftler sind der Meinung, daß das Trommeln die natürlichen Körperrhythmen wie Herzschlag und bestimmte Frequenzen der Hirnwellen verstärkt – die gleichen Frequenzen, die mit veränderten Bewußtseinszuständen in Verbindung gebracht werden.

Natürlich ist ein traditioneller Schamane für die meisten modernen Menschen ein Anachronismus. Wir müssen einen Weg finden, um neue, passende Ausdrucksweisen für das schamanische Potential in einer postmodernen Gesellschaft zu finden. Es gibt auch in unserer Zeit Männer, die Zugang zu den Magier-Energien finden, wie wir weiter oben gesehen haben. Sehen wir uns daher noch einmal einige Möglichkeiten an, wie Männer von heute diese Potentiale verkörpern.

Der moderne Mann, der Zugriff auf diese Energien hat, betritt die geheiligten Räume der Energiefelder – von den elektrischen bis zu den libidinösen –, um aus erster Hand zu erfahren, wie sie funktionieren. Jede Welt, die der materiellen Welt zugrunde liegt oder sie entstehen läßt, wie auch das Reich des menschlichen Verhaltens sind Gebiete für seine Studien. Er untersucht das Uhrwerk des Universums innen und außen. Er erlangt die Fähigkeit, Kräftemuster zu erkennen, die andere nicht sehen. Er lernt, geheimnisvolle Informationen zu entschlüsseln, ob es sich nun um einen Wetterforscher handelt, der die Interaktionen der Wetterfronten erforscht, oder einen Berater, der auf Anzeichen von unterdrückten Elementen in der Persönlichkeit seines Klienten hört.

Obwohl der moderne Schamane auf seinem Gebiet ein technischer Spezialist ist, so ist er doch auch allgemein gebildet und imstande, eine umfassendere Weltethik zu formulieren. Er vermeidet einen zu engen Blickwinkel in seiner Arbeit und akzeptiert die Verantwortung für das, was draußen in der Welt geschieht. Nur diejenigen, die in den Schattenenergien des Magiers gefangen sind, sind kurzsichtig und eingeschränkt durch ihre Faszination von ihrem eigenen Fachwissen.

Leider ermutigt man die meisten Männer, die auf einem technischen Gebiet ausgebildet werden, dazu, kurzsichtig zu sein. Man braucht nur an den Studenten zu denken, der Ingenieur werden will und höchstens ein oder zwei Wahlfächer im Laufe seines vier- bis fünfjährigen Universitätsstudiums zur Verfügung hat. Da unsere Gesellschaft heutzutage vollständig vom Wissen der Spezialisten abhängig ist und das Erlernen eines Spezialgebietes so viel Zeit erfordert, fällt alles andere Wissen weg. In der Folge gibt es Legionen von Doktoren, Installateuren, Gelehrten und Rechtsanwälten, um nur einige zu nennen, die außerhalb ihres Fachgebietes kulturelle Barbaren sind. Sie wissen wenig vom Universum als Ganzem, von der Kulturgeschichte des Menschen oder von Psychospiritualität und haben daher keine Möglichkeit, ein zusammenhängendes und differenziertes Weltbild zu erlangen. Diese unentwickelten Individuen bestrafen nicht nur sich selbst, ihre Unwissenheit hindert sie auch daran, ihre besten Leistungen unserer versagenden Gesellschaft zur Verfügung zu stellen. Wir haben die Leiter zu den Sternen, die unsere Ahnen kannten, durch die Rangleiter am Arbeitsplatz ersetzt, und unsere Monolithen sind die plumpen Türme an der Wall Street.

In den traditionellen Gesellschaften hatte der Schamane immer eine umfassendere Weltsicht. So wird auch der moderne Mensch, der sich in richtiger Weise Zugang zum schamanischen Potential verschafft, weitreichende Interessen haben. Er wird zutiefst um die Gesellschaft als Ganzes und um seinen Planeten besorgt sein. Er wird nach Wegen suchen, um die moralische Anwendung seiner Einsichten auf verschiedenen Gebieten durchzusetzen – auf rechtlichen, politischen, philosophischen oder naturwissenschaftlichen. Er gehört zu denen, die sich einer umfassenden Gemeinschaft verpflichtet fühlen und anderen Bürgern in ihrem Kampf gegen die Erwärmung der Erdatmosphäre, den Hunger in der Welt, die Umweltverschmutzung, die Zerstörung der Ozonschicht und bei anderen Problemen unseres Planeten beistehen und sie auch in ihren Bemühungen leiten.

Auf welchem Gebiet er auch tätig ist, sein Ziel besteht darin, durch den richtigen Gebrauch seines Wissens zur Heilung beizutragen. Deshalb ist der moderne Schamane immer auf dem neuesten Stand des Wissens sowohl in seinem Spezialgebiet als auch in bezug auf das allgemeine menschliche Wissen. Er glaubt nicht, daß seine Ausbildung mit seinem letzten Schuljahr zu Ende ist, sondern er fährt fort, sich auf seinem Interessengebiet ein Leben lang weiterzubilden.

Geht er zum Beispiel einem akademischen Beruf nach, wird er seine Auseinandersetzung mit den Feinheiten seines Faches ständig weiterführen. Er kann ein Gelehrter auf dem Gebiet des neuen Testamentes sein, der sich mit fünfzig erneut linguistischen Studien zuwendet, um für die Analyse eines bestimmten zentralen biblischen Textes besser gerüstet zu sein, oder ein Philosoph, der wiederholt seine Gedankengänge überprüft und den Zeitpunkt anstrebt, in dem er sich über die Grenzen seiner Argumentation oder seiner Denkschule hinausbewegt. Er kann als Mathematiker seine Gleichungen so lange bemühen, bis sie ihre numerischen Geheimnisse freigeben – und uns neue begriffliche Welten öffnen.

Akademiker werden aufgrund ihrer nach innen gerichteten Energien oft als «zerstreute Professoren» abgestempelt. Obwohl sie den Anschein erwecken, von der Welt losgelöst zu sein, und das oft auch tatsächlich stimmt, haben diese Männer doch eine geistig-sinnliche Verbindung mit Wirklichkeiten, von denen wir kaum etwas ahnen. Sie betrachten sich mit einer gewissen Berechtigung als geistige Pioniere, als Abenteurer, die sich in die außergewöhnlichen Räume des Geistes vorwagen. Schließlich bezeichnen wir ihre besten Bemühungen ja auch als «Durchbruch», als ob sie ein Loch in die Grenzen unseres Wissens gebohrt und für alle anderen Mitglieder der Spezies einen neuen Fundus an verfügbarer Weisheit zurückgelassen hätten. Das ist eine wichtige Verkörperung von schamanischem Potential im modernen Leben. Der moderne Schamane überprüft auch sein berufliches und privates Leben sorgfältig auf jedes Zeichen von belanglosem oder destruktivem Verhalten.

Der Magier ist auch der Archetyp der Introversion und Reflexion. Ein Mann, der sich unter dem Einfluß des Magiers befindet, kann in eine Falle geraten und darüber nachdenken, ob er nicht zuviel Zeit damit verbringt nachzudenken. Ein Mann, der sein schamanisches Potential erfolgreich verkörpert und seine Energien akzeptiert, ohne ihnen zu gestatten, ihn zu vereinnahmen, ist wachsam, aufmerksam und hat einen scharfen Verstand. Er dringt schnell zum Kern eines Problems vor, das andere nicht zu ergründen vermögen. Er sieht über die Bäume hinweg den ganzen Wald. Und oft wird er Leute besser verstehen als diese sich selbst.

Er nimmt sich Zeit, um mit sich allein zu sein, mit seinen Gedanken und Gefühlen, dadurch hält er die Kommunikation mit seinem eigenen Unbewußten aufrecht. Andere fühlen sich wegen seiner inneren Ordnung und Ruhe zu ihm hingezogen. Er sieht den Schatten in sich selbst und in den anderen, und er sieht der Realität des Todes ins Auge. Gleichzeitig lebt er aus einer tiefen inneren Freude in dem Wissen, daß letztlich das Leben über den Tod triumphiert.

Sein Verständnis verbindet ihn mit dem Zentrum und verleiht seinen Worten und Taten Authentizität. Es kann sein, daß ihn eine Aura großer Tiefe umgibt. Andere wiederum mögen das Gefühl haben, daß ihn eine unsichtbare Präsenz begleitet, eine außerordentliche Bewußtheit. Ungewöhnliche Einsicht leuchtet in seinen Augen. Einige mögen das beunruhigende Gefühl haben, daß er sie «durchschaut».

Weil er sein Zentrum in sich hat, wird er nicht leicht in Familienstreitigkeiten verwickelt oder in Probleme mit Charakterunverträglichkeiten am Arbeitsplatz. Er beobachtet die Dinge sorgfältig, wenn sie auseinanderzufallen beginnen, und denkt strategisch, bevor er spricht oder handelt.

Rigidität ist ein Kennzeichen psychopathologischer Zustände. Ein Mann, der Zugang zu seinem schamanischen Potential hat, kann in sich die Samen aller bedeutenderen Persönlichkeitsstörungen erkennen. Dank der Stärke seiner Ich-Struktur und der kognitiven und emotionalen Beweglichkeit, die sich daraus ergibt, vermögen diese aber kaum von ihm Besitz zu ergreifen. Auf Schwierigkeiten reagiert er strukturiert, aber schöpferisch, mögliches Unglück erlebt er als Gelegenheit, einen neuen Umgang damit zu erlernen. Und da er daran gearbeitet hat, seine Kindheitsverletzungen zu verstehen, hat er auch gelernt, für etwas Verantwortung zu übernehmen, wofür er nicht verantwortlich ist.

Obwohl er ein zutiefst nachdenklicher Mensch ist, verstrickt er sich nicht in Probleme, sondern wertet alle ihm zur Verfügung stehenden Informationen aus, um dadurch zu einer Entscheidung zu kommen. Er hört auf seine Ratgeber und auf jede Stimme in seiner Psyche – wie ein guter Vorstandsvorsitzender – und handelt dann mit aller ihm zur Verfügung stehenden Weisheit.

Ein fünfundfünzigjähriger Mann begann eine Analyse, als er sich im zweiten Jahr seiner Theologieausbildung befand. Er hatte keine Erfahrung mit Tiefenpsychologie und erkannte daher nicht, wie sehr er von den Energien des Magiers Gebrauch machte. Seine Therapie begann er mit dem Gefühl, er sei einer, der alles könne, aber nichts richtig. Er hatte verschiedene Jobs ausgeübt, auch solche, die zu einer Karriere hätten führen können, und jede dieser Arbeiten hätte ein anständiges Lebenswerk ergeben. Er hatte gemalt und modelliert; er hatte in einem Lagerhaus gearbeitet, in einem Bilderrahmengeschäft und bei einem Autohändler; er hatte an einem College Theater unterrichtet, war Studienberater gewesen und hatte sein eigenes Geschäft gehabt. Und jetzt bereitete er sich auf das Priesteramt vor. Er besaß drei Magistergrade, hatte aber nie ein Doktorat machen wollen, denn diese Art der Bindung an ein eingeschränktes Thema war ihm als allzu einengend erschienen.

Nun war er mit fünfundfünfzig wieder ein armer Student und begann sich als Versager zu fühlen. Aber als er dieses Gefühl in der Analyse untersuchte, kam spontan ein tiefer Stolz zum Vorschein, zusammen mit der Überzeugung, wirklich etwas geleistet zu haben. Die Magierenergie vermittelte ihm – als Abgesandte des Selbst – die triumphale Selbstsicherheit, daß sein berufliches Leben alles andere gewesen war als ein Versagen. In Wirklichkeit war die Vielfalt seiner Erfahrungen zutiefst bereichernd.

Als er ausführlicher von seinen Lebenserfahrungen sprach, wurde deutlich, daß er keinesfalls ein «Hansdampf in allen Gassen» war. Tatsächlich war er auf einigen Gebieten ein wahrer Meister. In einer dramatischen Sitzung wurde ihm klar, daß ihn eine innere Weisheit auf Wege geführt hatte, die ihm halfen, eine enge Spezialisierung zu vermeiden. Dadurch verfügte er über ein enormes Repertoire an Wissen – technischem Wissen auf seinen verschiedenen Studiengebieten. Und noch wichtiger, er verfügte über ein reiches Wissen über sich selbst und andere Leute. Er gebrauchte unbewußt einen Lieblingsausdruck der mittelalterlichen Alchemisten, als er sagte, offenbar habe er fünfundfünzig Jahre hart an seinem «opus» gearbeitet. Und jetzt hatte er den Eindruck, daß seine vielfältige Erfahrung ihm einen ungewöhnlich reichen Hintergrund bot, um ein wirklicher spiritueller Führer zu werden.

Der Magier war der herrschende Archetyp dieses Mannes. Wie die alten Schamanen hatte er verschiedene psychische Räume betreten und wieder verlassen. Während seines langen und oft beschwerlichen Lebens voll innerer und äußerer Abenteuer hatte er das Wissen über die psychospirituellen Kräfte erworben und deren Technologie erlernt. Mit dieser Erkenntnis begannen die Dinge für den Analysanden klare Konturen anzunehmen. Sein Leben zeigte nun eine Zielgerichtetheit, die zuvor ganz knapp unter der Bewußtseinsschwelle verborgen gewesen war. Er war nun besser in der Lage, sein Leben bewußt und zweckbestimmt zu leben. Und als er einen bewußten Zugriff auf seine schamanischen Energien erlangt hatte, nahmen seine Fähigkeiten zu und auch das Vergnügen, das er an ihnen fand. Heute ist er ein hochgeachteter Pfarrer in der Umgebung von Chicago.

Ein Spezialist für innere Kräfte

Wir haben oben gesehen, daß die traditionellen Schamanen Spezialisten für innere Kräfte waren und diese Kräfte zur Heilung von einzelnen und der ganzen Gesellschaft gebrauchten. Wenn der Schamane erst einmal sich selbst geheilt hatte, konnte er damit beginnen, andere zu heilen.

Nach dem anfänglichen und entscheidenden ganzmachenden Erlebnis war ein traditioneller Schamane niemals mehr persönlich beteiligt. Als Techniker der inneren Kräfte zielten seine verschiedenen Bemühungen stets darauf hin, anderen zu helfen.

Seine Rolle als oberster Priester bei den periodischen Festen betonte seine psychospirituelle Führungsposition. Seine Kenntnis der heiligen Realität war seine hauptsächliche Waffe gegen die Krankheiten seines Volkes. Er vermittelte auch zwischen den heiligen und göttlichen Welten, wann immer eine Vermittlung notwendig war. In seinem priesterlichen Beruf führte er die Menschen symbolisch in den Tod und auch in der Wirklichkeit begleitete er sie auf diesem Weg und half seinem Volk damit durch die gefürchtete Pforte in ein erneuertes und in das ewige Leben.

Er heilte die Krankheiten seines Volkes durch ein Szenario, das dem der Initiation entsprach. Natürlich initiierte er auch die Knaben formell in das Mannsein, indem er die vorgeschriebenen zeremoniellen Rituale befolgte. Aber er initiierte zudem die Kranken in ein tieferes, reicheres Verständnis ihrer selbst, damit sie einen Einblick in die psychospirituellen Ursachen erhielten, die ihrer Krankheit zugrunde lagen. Eine seiner Aufgaben als Heiler war oft das Interpretieren der Träume seiner Patienten. Nur in Ausnahmefällen half er ihnen dabei, direkt mit den sie quälenden Geistern zu kommunizieren.

Wenn es die Situation erforderte, pflegte er direkt bei den Geistern Fürsprache einzulegen. So war er der Vermittler zwischen seinem Volk und den anderen Formen der Realität. Oft war seine Mittlerrolle mit ganz realen Gefahren für ihn selbst verbunden. Er nahm physisches «Gift» und psychisch übelwollende «Geister» in sich auf und kämpfte mit ihnen. Es ist dieses Sich-selbst-Aufopfern, das zur schamanischen Heiltechnik gehört, das in der christlichen

Theologie zum zentralen Aspekt der erlösenden Wirkung von Jesus, dem Magier, wurde.

Weil ausschließlich er mit all diesen Fähigkeiten betraut war, wandten sich die Menschen an den Schamanen, damit er die Mythen, nach denen die Gemeinschaft lebte, forme und bewahre. Er unterrichtete die Menschen in ihrem eigenen Erbe und bestätigte damit ihre natürlichen und sozialen Vorstellungen von Ordnung und Stabilität. Im Glauben seines Volkes hatten seine Rezitationen der Mythen über den Ursprung der Dinge an sich schon eine heilende und regenerierende Wirkung. Als oberstem Verwalter der Mythen war es ihm auch gestattet, sie in einem gewissen Maße abzuändern, um sie den sich verändernden Zeiten anzupassen.

Wir möchten an diesem Punkt betonen, daß man in jeder einzelnen Funktion des Schamanen erkennen kann, daß sie archetypische Energien hervorruft, enthält und benützt. Er meistert diese Aufgaben zuerst für sich selbst, aber letztlich zum Wohle seines Volkes, und schließlich hilft er anderen, das gleiche zu tun.

Auf welche Art wird ein moderner Mann ein Spezialist der inneren Kräfte wie der Schamane? Jeder Mann, der sich mit materieller Technologie beschäftigt, greift zumindest oberflächlich auf den Magier zurück. Doch was uns mehr interessiert, sind die psychischen Auswirkungen, die sich ergeben, wenn jemand als Techniker der inneren Kräfte den Magier-Archetyp in Anspruch nimmt. Viele können direkt mit der Praxis der Psychotherapie in Verbindung gebracht werden, aber auch mit jedem Mann – unabhängig von Diplomen, Zeugnissen oder Titeln –, der sich um ein zielgerichtetes und psychisch gesünderes Leben für sich selbst und für andere bemüht.

Aufgrund seiner eigenen Erfahrung mit dem außerordentlichen Raum achtet ein solcher Mann die psychischen «Räume» anderer Menschen. Indem er ihre innere

Welt – der Gedanken, der Fantasie, des Gefühls und der Symbole – wertschätzt, hilft er ihnen, diese Dimensionen ihres eigenen Wesens mehr zu schätzen. Er respektiert ihre unterschiedliche Art, ihre Freuden, Leiden, Hoffnungen und Ängste auszudrücken, und trägt dadurch dazu bei, sie in diese inneren Räume zu führen. Allein schon das Anblicken hat eine heilende Wirkung auf einen Menschen, denn dadurch wird er gespiegelt und umfaßt, und der moderne Schamane leistet eine ausgezeichnete Arbeit, wenn er andere einfach anblickt. Damit macht er das für sie, was ihre Eltern oft nicht taten oder nicht tun konnten, als sie Kinder waren.

Tragischerweise wurde unsere innere Welt von den Eltern meist abgewertet, kritisiert oder überhaupt ignoriert. Dadurch haben wir gelernt, nicht vollständig gegenwärtig zu sein in unserem Geist und unseren Gefühlen. Wir mißachteten ganze Schichten unserer Persönlichkeit, um unseren Eltern zu gefallen. So bleiben weite Gebiete unserer Psyche unentwickelt und manchmal sogar feindlich eingestellt gegenüber unserer bewußten Identität. Dies führt zu einem inneren «Sich-nicht-wohl-Fühlen», das der Grund ist für viele psychische und physische Krankheiten und Beziehungsprobleme im späteren Leben.

Indem er uns zuhört und mit unserer Situation mitfühlt, hilft uns der moderne Schamane dabei, uns wertvoll zu fühlen und einen Selbstwert zu erlangen. Es kann sein, daß er mit unserer Interpretation der Ereignisse nicht übereinstimmt, denn er mag einen weiteren Blickwinkel haben als wir. Aber er respektiert unsere Gefühle, wie übertrieben oder unangebracht sie auch immer sein mögen. Er wird sie uns nicht ausreden, vielmehr etwas sagen, das uns spiegelt, wie zum Beispiel: «Es muß wirklich schmerzlich für Sie sein, dieses Gefühl zu haben.» Oder wenn das zurückgespiegelte Gefühl positiv ist: «Das ist herrlich! Ich bin so glücklich für Sie!» Kurz gesagt, er bietet anderen empathisches Mitschwingen.

Ein solcher Mann wird sich hingebungsvoll darum bemühen, sich selbst und anderen dabei zu helfen, die Wahrheit in jeder Situation zu erkennen. Er muß jedesmal sorgfältig entscheiden, wieviel von der Wahrheit er offenlegen soll und wie er sie am besten vermittelt. Es geht ihm nicht darum, etwas Verletzendes zu sagen, er möchte helfen. Es wird Zeiten geben, da er streng sein muß. Eltern, Psychologen und Lehrer müssen oft einen Balanceakt vollführen, um die Bemühungen des anderen, die Wahrheit herauszufinden, zu unterstützen, dabei aber jedem Abwehrmechanismus, der sich ihnen in den Weg stellt, sanft zu begegnen. Viele Belohnungen winken denen, die es schaffen, sich durch ihre Abwehr hindurchzuarbeiten zur tieferen und präziseren Wahrheit, die der moderne Magier erblickt.

Ein solcher Mann ist ein wichtiger Wegbereiter für die initiatorischen Prozesse, die das Individuum in seinem Leben durchläuft. Er bemüht sich, die gegensätzlichen Persönlichkeiten von Familienmitgliedern und Angestellten auszugleichen. Wenn es seine Arbeit zum Beispiel verlangt, daß er mit Umweltschützern zu tun hat, arbeitet er daran, den Belangen seiner Firma ebenso gerecht zu werden wie den Interessen des lebendigen Planeten. Ist er ein Psychotherapeut, arbeitet er daran, dem Klienten zu helfen, seine miteinander im Streit liegenden Teilpersönlichkeiten zu integrieren. Was immer sein Beruf sein mag, er bemüht sich, die verschiedenen Ansichten und Wirklichkeitsebenen zu integrieren, in der Hoffnung, dadurch den Menschen, die ihn umgeben, dabei zu helfen, ihren wahren Mittelpunkt zu finden.

Es gibt viele Gelegenheiten, bei denen das Einstehen für die Wahrheit die Gesundheit des modernen Magiers gefährdet. Schon Sokrates und Jesus Christus haben erfahren, mit welchem Ausmaß an Ablehnung und Feindseligkeit die Wahrheit umgeben ist. Sie mußten – wie auch viele nach ihnen – einzig mit ihrer eigenen Integrität als Stütze standhalten, und schließlich hat man sie für ihre moralische Courage umgebracht. Auch wenn ein Mann, der in angemessener Art auf den Magier-Archetyp zugreift, «seine Perlen nicht vor die Säue werfen wird», indem er unvernünftigerweise Wahrheiten in einer feindlichen Umgebung ausspricht, so wird er doch öffentlich für die Dinge, an die er glaubt, geradestehen. Er ist bereit, seinen Job aufs Spiel zu setzen, wenn eine wichtige Wahrheit das fordert, oder zu riskieren, daß seine Ehe in Brüche geht oder daß er die Liebe seiner Kinder verliert, ja er würde sogar sein Leben für die Wahrheit opfern.

Wenn es sein muß, opfert sich dieser Mann selbst. Wenn er sein Wohlergehen aufs Spiel setzt, dann tut er es mit Absicht. Er geht ohne jeden Masochismus kalkulierte Risiken ein. Er entzieht anderen das Gift, nicht um sie von ihrer Verantwortung zu entbinden, sondern um die Last von ihren überladenen Ich-Strukturen zu nehmen, während sie sich um eine größere Reife bemühen.

In dem Film *Star Trek II: Die Rache des Khan* gibt es eine bewegende Darstellung eines schamanischen Selbstopfers. Gegen Ende des Films ist das Raumschiff «Enterprise» in einem Duell mit einem Feind nahezu gänzlich lahmgelegt worden. Es gibt nur einen Weg, das Schiff und seine Mannschaft zu retten. Zu dieser möglichen Rettung gehört eine selbstmörderische Mission, die nur von jemandem durchgeführt werden kann, der über eine vollständige technische Kenntnis der Energiequellen des Schiffes verfügt. Während sich die anderen in dem Gefühl der kompletten Niederlage auf der Brücke versammeln, stiehlt sich Spock leise davon.

Spock repräsentiert in der ganzen Serie die schamanische Figur und auch in den nachfolgenden Filmen. Er ist ein zurückgezogenes Wesen, mystisch und kontemplativ, jemand, der Wahrheiten kennt, die weit über das Fassungsvermögen seiner menschlichen Gefährten hinausgehen. Als leitender technischer Offizier ist er auch der Spezialist für Kräfte.

Bald wird Kapitän Kirk zum Energiesystem des Raumschiffes gerufen. Dort findet er Spock, der hinter einem durchsichtigen Energieschild, abgetrennt von der Umwelt, am Reaktor des Schiffes hantiert, also im geheiligten Kern. Spocks Körper ist versengt. Mit seinen bloßen Händen hat er den Schaden repariert und die nötigen Verbindungen wiederhergestellt, dann verbrennt er an dem nachfolgenden Energieausbruch. Getrennt durch die durchsichtige Wand stürzen Spock und Kirk zu Boden. Mit Tränen in den Augen frägt Kirk seinen sterbenden Freund: «Warum?» «Das Gute für viele überwiegt das Gute für wenige – oder für einen einzigen», gibt Spock zur Antwort und legt seine Hand mit der Gebärde des Vulkans – dem Segenszeichen – an die Wand. «Ich bin dein Freund und werde immer dein Freund sein.» Beim Begräbnis spricht Kirk von Spock, den jeder als gefühllos betrachtet hatte, als vielleicht «dem menschlichsten» von allen Wesen, die er gekannt hat.

Der moderne Schamane in seiner besten Form hat auch eine starke Verbindung zu den Archetypen des Liebhabers und des Königs. Dadurch ist er geistig-sinnlich mit den anderen verbunden. In seiner sich aufopfernden Art vollbringt er die größte aller Taten: Er, der mit ungeheurer Liebe an seine Leute gebunden ist, wird, wenn es notwendig ist, ohne Masochismus sein Leben für sie hingeben.

Der sich aufopfernde Therapeut bringt den Zorn und das Mißtrauen seines Klienten ans Licht und versteht, daß dieser sich einer zeitlich begrenzten Übertragungsdynamik bedienen muß. Als Elternteil lädt der moderne Schamane seine Kinder ein, es ihm tüchtig zu geben, als Aktivist kann er die Feindseligkeit derjenigen hervorrufen, die ihr eigenes Schuldgefühl unterdrücken. Er provoziert unseren verborgenen Schatten – wenn er es für nötig hält –, um Dinge ans

Tageslicht zu bringen, wo man sich mit ihnen auseinandersetzen und sie überwinden kann.

Der Mann, der seine Gemeinde gegen Drogenhändler organisiert, der sich den Geschäftsleuten entgegenstellt, die Drogenutensilien verkaufen, der zum Rathaus marschiert, um mehr Polizeischutz zu fordern, und dann die Wut der lahmgelegten Drogenhändler auf sich nimmt, das ist der moderne Schamane, wie auch derjenige, der die fehlerhaften Konstruktionspraktiken des Kraftwerks verpfeift, und der Pfarrer, der gegen die Gewohnheit seiner Gemeinde, zu tratschen und Mißtrauen zu säen, predigt, und so dieses spirituelle Gift auf sich lenkt.

Wie sein traditionelles Gegenstück bewahrt auch der moderne Schamane die Normen und Werte seines Spezialgebietes – und im Idealfall seiner Kultur als Ganzer – und gibt sie weiter. Er lehrt seine Studenten hauptsächlich die fundamentalen und grundsätzlichen Gegebenheiten auf seinem Gebiet, die immerwährende Weisheit, und er nimmt seinen Platz in der kulturellen Kontinuität ein. Er kann der Kunstlehrer sein, der darauf besteht, daß seine Studenten gründlich die Erkenntnisse und Techniken der alten Meister lernen, bevor sie selbst loslegen. Oder er ist der Zimmermann, der darauf achtet, daß seine Lehrlinge zuerst mit der Handhabung der grundlegenden Instrumente – Hammer, Nägel und Säge – vertraut werden, bevor sie sich mit elektrischem Werkzeug befassen. Als verantwortlicher Theologielehrer besteht er darauf, daß seine Studenten die Feinheiten der Argumente der historischen und systematischen Theologen beherrschen, die das Fundament des christlichen intellektuellen Erbes ausmachen, bevor sie sich an Experimente in «konstruktiver» Theologie heranwagen.

Gleichzeitig ist er ein kampferprobter Erneuerer. Er ermutigt seine fortgeschrittenen Studenten zur Originalität, aber nur im Kontext der ererbten Traditionen. Nachdem ihre Kreativität in den großen Traditionen wurzelt, nimmt ihre Originalität eine verständliche Form an. Und je stärker er unter den Einfluß des Archetyps des Liebhabers kommt, um so weiter wird er sich von den etablierten Normen entfernen und seine Neuerungen den kommenden Generationen überlassen.

Betrachten wir abschließend noch die drei wesentlichen Verantwortungen, die der Schamane in jedem Mann im Gesamtsystem der Psyche innehat. Die erste besteht darin, als Verbindungsstelle zwischen dem Ich und dem Unbewußten zu fungieren. Er errichtet, weiht und verwaltet die Ich-Selbst-Achse, die innere Weltachse, durch die die Psyche ihre Stabilität und ihre Dynamik erlangt, und um die sie sich bewegt. Die zweite große Verantwortung liegt darin, das Ich mit der nötigen Kraft zu versehen, damit es die Eingebungen des Selbst im täglichen Leben auszuführen vermag. Dazu gehört, daß die Ideen von der außerordentlichen Realität in konkrete Tatsachen im gewöhnlichen Bereich übertragen werden. Dabei lernt die Psyche – und im besonderen das Ich – den Wert des Sich-Fügens, des Sich-Abgrenzens und des Sich-Zurückhaltens. Drittens muß sich der innere Schamane um die bestehende Mythologie der individuellen Psyche kümmern, während er gleichzeitig neue Mythologien erkennt, wenn sie aus dem Unbewußten auftauchen.

Bei der letzten Aufgabe geht es um die Umsetzung, zuerst im imaginären Reich (nach einem Prozeß der Verfeinerung und nach reiflicher Überlegung) und später im Bereich des sozialen und Gemeinschaftslebens. Die Überzeugungen, nach denen wir leben, werden vom inneren Magier nicht leichtfertig verworfen. Er bemüht sich darum, daß wir darüber hinauswachsen, während er gleichzeitig die neuen Richtungen, in die sich das Selbst bewegt, erkennt und beurteilt. Er sorgt dafür, daß sich das Leben des einzelnen Mannes so elegant und erfüllend wie nur möglich entfaltet.

Hat ein Mann eine direkte Verbindung zu seinem inneren

Magier, wird er im Verlauf seiner Entwicklung zunehmend Struktur und Weisheit in sich verkörpern, sowohl was sein Wissen, als auch was seine Fertigkeiten als Techniker der inneren Kräfte angeht. Er wird seine Kenntnisse mit anderen teilen, um den Heilungs- und Initiationsprozeß innerhalb der menschlichen Gemeinschaft zu fördern.

Aber wie kann ein Mann dieses reife Niveau erreichen und als menschlicher Schamane wirken? Von alters her haben die Menschen die Einführung in den Umgang mit den angeborenen Kräften als Initiationsprozeß bezeichnet. Wenden wir uns daher der Herausforderung der männlichen Initiation im allgemeinen zu – und der Aufgabe der Initiation zum Magier im besonderen.

Die sieben Stufen der Initiation

Bevor wir dieses Kapitel mit einer kurzen Darstellung der männlichen Initiation zum Magier beschließen, möchten wir Sie einladen, die Initiationsstufen mit jeder der vier Kräfte des männlichen Selbst in Verbindung zu setzen, denn um Zugang zu seinem Magier-Potential zu finden und es als Ritualmeister auszudrücken, benötigt ein Mann mehr als einige vereinfachende Vorstellungen über Initiation und die rituellen Formen. *Der Zweck von Ritualen – auch Initiationsritualen – war stets, etwas im Teilnehmer selbst beziehungsweise für ihn zu bewirken oder zu fördern.* Das heißt, daß ein angemessenes Verständnis der zu erreichenden Aufgabe nötig ist, bevor man mit rituellen Übungen beginnen kann.

Weltweit ging man in traditionellen Stammeskulturen und alten Kulturen davon aus, daß die männliche Initiation nicht aus einem einzigen Übergang bestand. Die verschiedenen Kulturen boten sogar unterschiedliche Theorien an über die Anzahl der Stufen, die ein Magier bis zur Reife durchlaufen mußte. Wohl am weitesten verbreitet fand sich die Überzeugung, daß es sieben Initiationsstufen gebe. Wir haben uns viele Gedanken gemacht, wie wir diese Betonung der Stammeskulturen auf sieben Stufen im Licht der modernen Psychologie und der Jungschen Psychoanalyse betrachten könnte, und möchten vorschlagen, sie in einer Weise zu verstehen, daß sie auf alle vier «Entwicklungslinien» der männlichen Psyche (diejenige des Magiers, des Königs, des Liebhabers und des Kriegers) – die vier männlichen Initiationswege – Anwendung finden:

Erste Stufe: Die Konstellation des Archetyps

Auf der ersten Stufe der Initiation in eine der vier männlichen Kräfte (Potentiale) erfährt das Individuum diese nicht als Teil seiner eigenen Energiequellen.

Es hat seine Beziehung zu der entsprechenden Energie oder psychospirituellen Fähigkeit so sehr verloren, daß es sie nur als unbestimmtes Unbehagen, als Leere oder ein Sehnen erlebt, das von Angst, Depression oder Zwangsverhalten begleitet ist. In einer solchen Situation wird der Archetyp der Initiation konstelliert, und der betreffende Mensch wird – wie an anderer Stelle besprochen – ein Suchender. Er weiß zwar nicht genau, was ihm fehlt oder was er sucht, doch er hat seine Nachtmeerfahrt begonnen.

Zweite Stufe: Der andere als Träger des Selbst

Auf der zweiten Stufe der Initiation gelingt es dem Individuum, die «goldenen» Fähigkeiten, nach denen es sich sehnt, zu lokalisieren. Doch zunächst vermag es sie erst in projizierter Form zu erleben, sei es in einem anderen Menschen, in einer Sache oder einer Institution.

Psychoanalytisch formuliert würden wir von einer idealisierenden Übertragung sprechen. Dem Individuum ist es gelungen, den «verlorenen» Teil seines Selbst zu finden. Es bleibt noch die Herausforderung, diesen verlorenen Teil zu verinnerlichen, zu lenken und zu verwalten.

Dritte Stufe: Inflation

Auf der dritten Stufe der Initiation beginnt das Individuum, diese Fähigkeit oder Kraft in sich selbst zu erleben.

Das ist meist eine sehr starke Erfahrung, die sehr schnell zu dem führt, was Jungsche Psychologen als «Inflation» bezeichnen und andere als «unbewußte Inkompetenz». Jung sprach in diesem Zusammenhang oft auch von der «Manapersönlichkeit». Man wird von der rohen Kraft des Archetyps, zu dem man Zugang gefunden hat, überflutet und vermeint sehr schnell, man verkörpere sein Wesen. *Zumindest kurze Zeit ist man vom Archetyp «besessen», ohne sich bewußt zu sein, daß der Zauber gebrochen wird, sobald eine Konfrontation mit der alltäglichen Realität stattfindet. Eine Konfrontation, die mit der Forderung zusammenhängt, das Potential zu entwickeln.*

Dieses Phänomen sieht man heute oft: Männer machen sich auf die Suche nach einer Vision, begegnen dem Archetyp, sehen sich in ihrer Fantasie als neue Träger der «goldenen Feder» und bieten sich als schamanische Visionäre an – gewöhnlich mit einer alten oder neuen Offenbarung für den «Stamm». Es handelt sich um eine wohlbekannte und gefährliche Phase auf dem Weg zur vollen Entwicklung des Magier-Potentials. – Bei den anderen drei archetypischen männlichen Kräften geschieht Entsprechendes.

Vierte Stufe: Bereitschaft für die Prüfungen

Auf der vierten Stufe der Initiation entwickelt das Individuum den Mut, den schweren Prüfungen zu begegnen, die notwendig sind, damit die Initiation in die gesuchte männliche Kraft zu Ende gebracht werden kann.

Diese Phase wird auch als Stufe der «bewußten Inkompetenz» bezeichnet und entspricht dem «Erringen der depressiven Position». Es ist wirklich eine Errungenschaft, denn das Individuum ist jetzt über seine Verleugnung hinausgelangt und beginnt, die Herausforderungen anzuerkennen, die ihm bevorstehen, wenn es den betreffenden Teil der Psyche entwickeln will.

In einem Entwicklungsprozeß ist der Mann von dem beunruhigenden Mangel an Bewußtheit bezüglich der männlichen Kraft über eine Art wahnhafte Besessenheit durch sie bei einer viel schwierigeren Aufgabe angelangt: zu erkennen, wieviel Arbeit getan werden muß, um diese Kraft auf eine reife und funktionierende Stufe zu bringen. Seine Aufgabe besteht nun darin, seinen Gefühlen der Scham und der Traurigkeit in einer konstruktiven Art gegenüberzutreten, so daß er nicht einfach aufgibt und sich nicht in eine enttäuschte Niedergeschlagenheit flüchtet – was gewöhnlich zu einer anhaltenden Verleugnung der Herausforderungen führt, mit denen eine Entwicklung verbunden ist.

Hier kämpft das Individuum mit der Aufgabe, «wahre Demut» zu entwickeln: *seine Grenzen zu kennen und die Hilfe, die es auf seiner Reise braucht, in Anspruch zu nehmen.* An diesem Punkt muß der Mann seine Lehrmeister finden, sich der Disziplin unterwerfen und den Preis zahlen, der mit dem Ringen um Meisterschaft verbunden ist.

Fünfte Stufe: Das männliche Selbst wird stärker

Auf der fünften Stufe der Initiation erreicht das Individuum in bezug auf seine Fähigkeiten im Umgang mit dem zu entwickelnden männlichen Potential das Niveau eines Gesellen.

Diese Stufe bezeichnet man auch als «bewußte Kompetenz». Das Individuum vermag in diesem Bereich des Selbst «gut genug» zu funktionieren. Der Schatten des entsprechenden Archetyps äußert sich nun beträchtlich weniger, und die Angst, von der wir bei der ersten Initiationsstufe sprachen, nimmt ab, während sich nun Selbstachtung in diesem seelischen Bereich zeigt. Auch wenn man sich noch nicht zutraut, als Lehrer oder Mentor für andere zur Verfügung zu stehen, ist man doch auf dem Weg zu einer höheren Ebene der Meisterschaft. Man idealisiert die anderen weniger und ist besser in der Lage, die Mentoren zu bewundern, die man wirklich braucht.

Dieser Prozeß dauert an, während man die noch verbleibende Arbeit leistet, die notwendig ist, um ein hinreichendes Gleichgewicht zwischen den Gegensätzen in der Seele zu erreichen, ein gefestigteres Ganzes zu werden und Kraftzuwachs in allen vier archetypischen Bereichen des männlichen Selbst zu erfahren.

Sechste Stufe: Integration des Potentials

Auf der sechsten Stufe hat das Individuum die Meisterschaft im Umgang mit der angeborenen Kraft in diesem Bereich des männlichen Selbst erlangt.

Es ist die Stufe der «unbewußten Kompetenz». An diesem Punkt ist der Meister der inneren Kräfte imstande, das entsprechende Potential so in sein Tun zu integrieren, daß es für andere den Anschein hat, es fließe mühelos, natürlich und ungekünstelt. – Die neuere Gehirnforschung hat eine tatsächliche Veränderung in der Hirnfunktion nachgewiesen, wenn diese Stufe erreicht ist. Auch hier bestätigen also die Entdeckungen der modernen Wissenschaft die Behauptungen der alten Weisheitslehren über das Potential initiatorischer Prozesse.

Die durch den Initiationsprozeß entwickelte männliche Kraft wirkt nun auf einem Niveau, das von einer bis zu diesem Punkt unbekannten Spontaneität und Wirksamkeit geprägt ist.

Siebte Stufe: Die Verwirklichung des Schamanen

Auf der letzten Stufe der Initiation in eine der vier männlichen Kräfte – die Initiation des siebten Grades – ist das Individuum fähig, diese Kraft der umfassendsten menschlichen Gemeinschaft, die ihm bekannt ist, nutzbar zu machen.

Das ist zweifellos die gefährlichste der Aufgaben, mit denen wir bei unserer Entwicklung konfrontiert sind. Psychologen der Schule Adlers haben schon lange die Bedeutung der *Psychologie des Gebrauchens* betont, die wichtiger ist als die *Psychologie des Besitzens*. Damit drücken sie die Überzeugung Adlers aus, daß die eigentliche Frage, was psychische Gesundheit und menschliche Reife ist, sich daran entscheidet, ob wir unsere Möglichkeiten und Fähigkeiten in den Dienst von «sozialen Interessen» stellen können – der größtmöglichen menschlichen Gemeinschaft.

Kurz gesagt: Wie gebrauchen wir die Fähigkeiten und Kompetenzen, die wir entwickelt haben? Es gibt Millionen von Männern, die in mehreren der vier archetypischen Bereiche des männlichen Selbst die «sechste Stufe» der Initiation erreicht haben. *Diese Männer sind äußerst kompetente Krieger, Magier, vielleicht sogar Liebhaber, aber sie haben noch nicht einmal begonnen zu begreifen, daß die schwierigste Herausforderung, die zu bewältigen ist, noch ansteht: das Zur-Verfügung-Stellen dieser Eigenschaften zum Wohl der Gemeinschaft der Erde.*

Die spirituellen Traditionen der Menschheit haben uns viele Bilder von dieser siebten Stufe der Initiation zur Verfügung gestellt. Auf der Entwicklungslinie des Magiers ist, wie wir bereits gesehen haben, der Schamane ein allgemein bekanntes Bild für die Fähigkeit, das Magier-Potential zur Befreiung und Heilung der menschlichen Gemeinschaft zu verwenden.

Wir möchten betonen, daß dieser «siebte Grad» der Initiation eine Möglichkeit in jedem der vier archetypischen Bereiche des menschlichen Selbst darstellt.

Es handelt sich dabei um ein Potential der menschlichen Spezies, das als Code in unserem evolutionären Erbe vorhanden ist und dessen wir uns als Männer und Frauen bewußt sein müssen, denn vor uns liegen die Herausforderungen der bedrohlichsten Zeit in der menschlichen Geschichte. *Wenn wir die Herausforderung dieses «siebten Grades» der Initiation in den vier archetypischen Bereichen unserer Seele nicht annehmen, werden wir nicht in der Lage sein, die globale Wandlung zu ermöglichen, die in unserer Zeit fällig ist.*

Bevor wir nun auf die Mittel zu sprechen kommen, die den Bereich des Magiers im männlichen Selbst stärken, möchten wir die Aufgaben der männlichen Magier-Initiation skizzieren – den Aufbau und die Stärkung der Magier-Strukturen im reifen männlichen Selbst.

Die sieben Aufgaben einer Magier-Initiation

Wir haben früher den bipolaren Schatten des Magier-Archetyps besprochen: den verleugnenden Unschuldigen und den distanzierten Manipulator. Es ist natürlich sehr wichtig, daß man in der Lage ist, die Manifestation des distanzierten Manipulierens und der Verleugnung in sich selbst und in anderen zu erkennen. Aber es genügt nicht, die Dynamik des bipolaren Schattens des Magier-Archetyps zu begreifen. *Die Magier-Initiation eines Mannes muß sich in einer Anzahl positiver Eigenschaften, Werte und Leistungen widerspiegeln, welche die Art, wie er lebt, seine Einstellungen und auch sein Engagement für eine größere Gemeinschaft beeinflussen.*

Im folgenden bieten wir einige Schlüssel an, die dazu verwendet werden können, das Maß der Reife des Magiers zu erkennen. Diese Schlüssel sollen Ihnen dabei helfen festzustellen, wie gut Sie in Ihrem Ringen um die volle Stärke in diesem Bereich der Psyche vorankommen. Wir empfehlen Ihnen, über die folgenden sieben Aufgaben eingehend nachzudenken.

Erste Aufgabe: Erwerb von Wissen

Ein initiierter Mann sollte imstande sein, das «intellektuelle Geburtsrecht», das ihm der innere, zwei Millionen Jahre alte Mensch vermacht hat, in Anspruch zu nehmen.

Das menschliche männliche Wesen ist fähig, kognitive Fähigkeiten und Weisheit in einem viel höheren Maße zu entwickeln, als die Erziehungsspezialisten uns glauben machen wollen. – Abgesehen natürlich von einem irreversiblen Gehirnschaden.

Zum Nachdenken:
Wurde mir durch meine Familie oder die Gesellschaft beigebracht, daß ich «dumm» sei, «zurückgeblieben» oder «eben nicht lernen konnte»? Hat meine Familie oder die Gesellschaft mich überzeugt, daß ich eine hoffnungslose «Lernschwäche» habe, die mir alle Versuche, eine weitere Ausbildung zu machen, verunmöglicht?

Oft werden in einer Familie die Kinder aufgeteilt in solche, für die eine Magier-Entwicklung möglich ist, und solche, denen der Zugang zu intellektuellen Bestrebungen und Erfolgen verschlossen ist. Es gibt zahlreiche Männer, die ihr Abitur oder ihren Universitätsabschluß nur deshalb nicht geschafft haben, weil auf ihrem Magier-Potential ein Fluch lag, der von ihrem Familiensystem oder von ihrer sozialen Stellung in einer rassistischen oder Klassengesellschaft verhängt worden war. Andere haben eine weitergehende Ausbildung gar nicht angestrebt, weil dieser Bereich ihrer Psyche nie den Segen von für sie wichtigen Menschen erhalten hat.

Die amerikanische Kultur ist besonders anti-intellektuell, zudem verstärkt der Einfluß des Fernsehens die irrtümliche Meinung, daß alles Wichtige schnell zu erfahren und mühelos zu erlernen sei. Das enge Gruppendenken, der Ethnozentrismus, der Sexismus und der Rassismus in den für die Erziehung zuständigen Kreisen hemmen zudem Studien in weiten Bereichen unserer kulturellen und intellektuellen Vermächtnisse.

Auch wenn er sich den populären Ansichten professioneller Erzieher und den vorherrschenden engen Richtlinien politischer Korrektheit entgegenstellen muß: *Ein Mann sollte genügend Stärke in diesem Bereich entwickeln, um den berechtigten Anspruch auf sein gesamtes kulturelles, intellektuelles, wissenschaftliches und spirituelles Erbe zu erheben – und zwar von jeder Rasse, Kultur und spirituellen Tradition.* Jeder Mann sollte stark genug werden, um sich als denkenden Menschen ernst zu nehmen, und er sollte fähig sein, seinen Beitrag zu leisten an das schon bestehende Wissen und die Weisheit der Menschheit.

Zweite Aufgabe: Bewußter Umgang mit der Magier-Energie

Ein initiierter Mann braucht den stärkenden Zugriff auf sein Magier-Potential. Er darf aber nicht zulassen, daß dieses von ihm Besitz ergreift und ihn in die Isolation zwingt oder in unbezogene Gedankengänge und andere passive Verhaltensweisen, die ihn von der echten Anteilnahme und einem echten Engagement für andere abhalten.

Zum Nachdenken:
Habe ich die Tendenz, mich zurückzuziehen und von den anderen zu isolieren, wenn die Dinge nicht gut für mich laufen? Vermeide ich es, die angemessene Energie und Zeit in die Pflege von Freundschaften und Liebesbeziehungen zu investieren? Ziehe ich mich von der Welt in meinen Kopf zurück, in zwanghaftes Studieren und intellektuelle Arbeit? Neige ich dazu, eine Art voyeuristischen Lebensstil zu pflegen?

Hat der Magier-Archetyp zu starken, unbewußten Einfluß auf uns, treibt er uns leicht in eine zwanghafte Distanz und in gesellschaftliche und berufliche Rollen, die diese unbewußte Besessenheit vom Magier einerseits ermöglichen, anderseits verdecken. So haben zum Beispiel Akademiker, Psychotherapeuten und religiöse Führer ihren Beruf oft unter dem mächtigen unbewußten Einfluß dieses Archetyps gewählt und leben weiterhin durch einen inneren Zwang im Raum des Magiers. Das führt oft dazu, daß sie die Forderungen, die ihr Körper, die Beziehungen und die Verantwortung für die Allgemeinheit an sie stellen, ignorieren.

Dritte Aufgabe: Erkennen von Lug und Trug ohne Verlust der Ideale

Ein initiierter Mann hat die für den Bereich des Magiers spezifische Fähigkeit entwickelt, «Scheiße» zu entdecken, ohne daß er aber in eine zynische, nihilistische Beziehung zu seiner Welt getrieben wird. Obwohl er Schein, Heuchelei und seine eigene Verleugnung durchschaut, behält er seine Ideale und wird weiterhin seine konstruktive Vision von sich und der Welt zum Ausdruck bringen.

Zum Nachdenken:
Bin ich ein lustiger Witzbold, der nichts ernst nimmt, oder ein nihilistischer Zyniker, der nichts sieht, was genügend Wert besäße, um ihn zu begeistern oder um dafür zu kämpfen?

Wenn Sie zustimmen müssen, heißt das, daß die ätzenden Trickster-Anteile des Magiers sowohl auf Ihre Selbstachtung wie auch auf Ihre Möglichkeit, eine Welt aufzubauen (einen mythischen «Kosmos»), in der es sich zu leben lohnt, zerstörerisch wirken. Unter der Oberfläche verbirgt sich der Rückzug in eine Form der Magier-Inflation, denn es wird sogar die Möglichkeit einer bedeutungsvollen, ja entscheidenden konstruktiven Handlung in der Welt verächtlich abgelehnt.

Vierte Aufgabe: Förderung der Selbsterkenntnis

Ein initiierter Mann entwickelt sein Magier-Potential, um seine Fähigkeit zur Selbstwahrnehmung zu nutzen: um sich selbst, seine Verhaltensmuster, seine Schattentendenzen, seine Stärken und Schwächen zu erkennen – die wich-

tigsten Punkte auf seinem Weg zur Ganzheit und zum voll entwickelten Mann. Er wird das Notwendige tun und den Preis zahlen für die Entwicklung eines reifen Bewußtseins der psychosozialen Kräfte in ihm und in anderen.

Zum Nachdenken:

Habe ich in meinem privaten oder beruflichen Leben immer wieder gleichartige Fehlschläge und Enttäuschungen erlebt, die ich nicht verstehe, mit denen ich mich auch nicht eingehend auseinandergesetzt habe, um sie zu verstehen und zu verändern? Habe ich den Aufwand an Geld und Zeit, der mit einer Einzel- oder Gruppentherapie verbunden ist, gescheut und mich davon abhalten lassen, mich ernsthaft um ein Verständnis und eine Wandlung zu bemühen? Wenn ich Probleme mit Drogenmißbrauch habe, habe ich die Gelegenheit versäumt, den inneren Magier mit Hilfe eines der so wirksamen und weltweit bekannten 12-Stufen-Programme zu entwickeln?

In unserem Verständnis der männlichen Psyche ausgedrückt: Verstehe ich grundsätzlich die positiven und negativen Möglichkeiten der vier männlichen Archetypen – des Magiers, aber auch des Königs, des Kriegers und des Liebhabers? Weiß ich, in welchen Bereichen ich stark beziehungsweise schwach bin? Kann ich im Diagramm des männlichen Selbst (S. 246) die Bereiche schraffieren, in denen ich eine grundsätzliche Meisterschaft erlangt, und diejenigen, an denen ich noch zu arbeiten habe? Habe ich einen Plan, wie ich meine Fähigkeiten in den vier Bereichen weiterhin fördern kann?

Fünfte Aufgabe: Vermeidung von Fundamentalismus

Ein initiierter Mann wird keine leichte Beute der stark verallgemeinernden, totalitären und auf Gruppeninteressen beruhenden Ansichten, wie sie von den spirituellen, politi-

schen und ideologischen Scharlatanen unserer Zeit angeboten werden. Er wird es nicht zulassen, daß «wahre Gläubige» irgendeiner frömmelnden totalitären Gruppierung seine Sicht der menschlichen Vergangenheit und Zukunft einengen. Er wird Mittel finden, um seiner Angst Herr zu werden, ohne die Freiheit seines Geistes irgendwelchen Ideologien zu unterwerfen.

> *Zum Nachdenken:*
> Bin ich ein «wahrer Gläubiger» in einer fundamentalistischen Sekte, sei diese nun ideologisch, politisch, psychologisch oder religiös?

Fundamentalisten jeder Art sind auf der ganzen Erde im Zunehmen begriffen, es gibt fundamentalistische Juden, Christen, Moslems, Hindus, Buddhisten, Indianer und so fort. In der Psychologie gibt es fundamentalistische Freudianer, Adlerianer, Jungianer, Kohutianer, Kleinianer und so weiter. Es gibt sogar fundamentalistische «Dekonstruktivisten» und sogenannte «Postmodernisten», die von sich behaupten, gegen Fundamentalismus zu sein, aber die gegenwärtige Spaltung zwischen den Kulturen anheizen und ein bösartiges «Stammesdenken» schüren. Die Aufgabe, die unbewußte Magier-Inflation in all diesen zeitgenössischen fundamentalistischen Strömungen zu durchschauen, wird immer wichtiger, sowohl im persönlichen wie auch im politischen Bereich.

Sechste Aufgabe: Verantwortungsvoller Umgang mit Wissen

Ein initiierter Mann wird seine moralische und spirituelle Verantwortung für den Umgang mit seinen geistigen, intellektuellen und wissenschaftlichen Leistungen nicht ignorieren. Er wird sich vehement dagegen wehren, daß sein Geist durch antisoziale politische und wirtschaftliche In-

teressen – diesen Feinden einer umfassenden menschlichen Zukunft – für niedrige Zwecke mißbraucht wird.

Zum Nachdenken:
Wie gehe ich mit meinem Wissen und meiner Sachkenntnis über unser wissenschaftliches, kulturelles und spirituelles Erbe um, das mir von meinen menschlichen Vorfahren übergeben wurde? Vergeude ich es in der Beschäftigung mit trivialen Angelegenheiten? Häufe ich es an und manipuliere ich die gewonnene Macht für eigennützige Interessen in rein persönlichen Angelegenheiten oder zugunsten meiner sozialen Klasse, meiner Rasse, meines Geschlechts, einer beruflichen Gruppierung, die gerade modern ist? Versuche ich, mein technisches Wissen geheimzuhalten, damit die «Massen» – die «gewöhnlichen» Männer und Frauen – es von mir zu einem überhöhten Preis erwerben müssen? Oder suche ich jede Möglichkeit, um den befreienden und heilenden Nutzen dieses Wissens und dieser Fähigkeiten wirklich der umfassendsten menschlichen Gemeinschaft zugänglich zu machen?

Siebte Aufgabe: Vorbereitung auf rituelle Führungsaufgaben

Ein initiierter Mann wird den Mühen des Lernens nicht ausweichen. Er wird sich nicht vor der notwendigen intellektuellen und spirituellen Vorbereitung drücken, um seine umfassende Funktion als Ritualmeister für eine menschliche Gemeinschaft zu übernehmen.

Zum Nachdenken:
Habe ich angefangen, all das zu lernen, was notwendig ist, damit ich ein verantwortungsvolles Mitglied und ein ebensolcher Führer in einer gemischtrassigen, interkon-

fessionellen, umfassenden Erdengemeinschaft werden kann? Zeige ich Ausdauer dabei?

Gewisse Leute möchten uns glauben machen, daß eine Initiation in den Magier-Bereich sehr stark vereinfacht und durch einige wenige ziemlich einfache Rituale oder Andachtsübungen erreicht werden kann. *Leider ist das eine weitere recht verbreitete Form der Magier-Inflation – und der Traum des faulen Mannes: auf eine einfache und nichtintellektuelle Art ein Pseudo-Magier-Zertifikat zu erlangen.* Solche Angebote in Form von Wochenend-Workshops für die Magier- und/oder Schamanen-Initiation gibt es in allen Geschmacksrichtungen von Apache bis Sufi, von baptistisch bis buddhistisch. Natürlich leisten diese oft eine ausgezeichnete Arbeit, wenn es darum geht, uns zur unmittelbaren Erfahrung des Archetyps des Magiers und der Initiation zurückzuführen, in das, was wir den *liminalen* oder *liminoiden* Raum genannt haben.

Die gute Nachricht dabei ist, daß es ein reiches, viele Volksgruppen umfassendes, multikulturelles Erbe gibt, mit dem wir in Berührung kommen und umgehen können – und daß es viele Menschen gibt, die uns dabei helfen wollen, mit den Angeboten der verschiedenen Volksgruppen vertraut zu werden. *Die schlechte Nachricht ist, daß die Anforderungen, die an eine verantwortungsvolle Entwicklung zum Magier gestellt werden, in unserer bedrohten Zeit keinen Raum lassen für ein neues simplifizierendes Gruppendenken. Dieses führt uns weg vom intensiven Lernen, das notwendig ist, um ein verantwortlicher Bürger in einer völkerübergreifenden Gemeinschaft zu werden.*

Die Wissensvertiefung muß die Erweiterung unseres Bewußtseins ebenso einschließen wie das Verständnis für die großen mythischen und spirituellen Traditionen der Welt. Desgleichen muß sie die humanwissenschaftlichen Erkenntnisse enthalten, die für das Verstehen der psychischen und spirituellen Einheit dieser Traditionen notwendig sind. *Das ist keine Aufgabe für solche, die sich selbst zur intellektuellen Elite heraufstilisieren wollen. Gewöhnliche Menschen aus allen Lebensbereichen betreiben heutzutage solche Studien und teilen die Erfahrungen miteinander und mit ihren Gemeinschaften.*

Zum Nachdenken:

Kurz gesagt: Habe ich die notwendige Arbeit getan, um mich darauf vorzubereiten, ein Ritualmeister für meine Familie, für andere Männer und Knaben, für meine größere Gemeinschaft zu werden?

Wir können nicht einfach unsere Magier-Verantwortung an die delegieren, die sich als «Fachleute» anbieten, seien dies professionelle Erzieher, Psychotherapeuten oder religiöse Führer. Wir müssen uns an der Führung im spirituellen und moralischen Bereich, bei Feiern sowie privaten, familiären und gemeinschaftlichen Übergangsriten beteiligen und Verantwortung übernehmen. Der Abschluß einer «vision quest», ein Magister in Theologie, ein Doktorat in Psychologie oder Psychiatrie ist keine Garantie dafür, daß der Betreffende die notwendige spirituelle Initiationsarbeit geleistet hat, um seine Funktion als Ritualmeister wahrzunehmen. Ein großer Schamane hat uns einmal einen Schlüsseltest gegeben, als er zu dieser Frage sagte: «An ihren Früchten sollt ihr sie erkennen.» Werden die Menschen durch die Gegenwart desjenigen, der sich die Funktion eines Magiers zuspricht, befreit, werden sie gestärkt und geheilt, oder geschieht das alles nicht?

Wir sollten diesen Test auf uns selbst anwenden, wenn wir unsere Entwicklung auf diesem Gebiet überprüfen wollen. Perfektionismus ist eine dämonische Illusion und kein realistischer Maßstab. Ein Mann mit einer «genügend guten» Magier-Initiation wird – wie seine Vorfahren in den

Stammeskulturen – ein verantwortungsvoller Ritualmeister für sein Volk werden. Er wird nicht unbedingt seinen Lebensunterhalt damit verdienen können, aber wie der Apostel Paulus darf er seine Führerschaft im Dienst einer umfassenderen Vision anbieten. Vielleicht bringt er seine Führerschaft auch bei persönlichen Ritualen, bei Familienritualen oder -feiern zum Ausdruck, in Männergruppen, in der Führung einer religiösen Gruppe, bei den Pfadfindern, in Rehabilitationsprogrammen oder einer der vielen anderen Gemeinschaftsorganisationen.

Sicher ist, daß er den betreffenden Menschen eine befreiende, stärkende und heilende rituelle Führung anbieten und sein schamanisches Potential der Erdengemeinschaft zur Verfügung stellen wird.

2. Das Magier-Potential

Betrachten wir unser Leben von «außerhalb», in anderen Worten, von außerhalb des normalen Ich-Bewußtseins, führt uns dies nach Jung dazu, uns eines unsichtbaren Zentrums bewußt zu werden. In *Psychologie und Alchemie* schreibt er:

> «Man kann sich kaum des Eindrucks erwehren, als ob der unbewußte Prozeß sich spiralförmig um ein Zentrum bewege, dem er sich langsam annähert, wobei die Eigenschaften der ‹Mitte› sich immer deutlicher abzeichnen. Man könnte vielleicht auch umgekehrt sagen, daß der an sich unerkennbare Mittelpunkt wie ein Magnet auf die disparaten Materialien und Vorgänge des Unbewußten wirke und diese allmählich wie ein Kristallgitter einfange.»[53]

Dieses unsichtbare Zentrum ist, so Jung, das archetypische Selbst, um das alle individuellen psychischen Elemente angeordnet sind. Es ist die Weltachse der psychischen Welt. Aus dem Chaos baut es eine Persönlichkeit auf und bewirkt, daß sie sich in Richtung Kosmos wendet.

Jung beschreibt das Selbst als Mandala – ein ubiquitär vorkommendes Bild des vollständigen Selbst, ein kreisförmiges oder quadratisches Bild der Totalität. Das Sanskritwort *mandala* stammt aus der tibetisch-buddhistischen Tradition und bezeichnet ein von Mönchen gemaltes, unglaublich komplexes, kreisförmiges Abbild des Kosmos.

Thronsäle, Tempel-Paläste, auch alle großen städtischen Zentren der Menschheit, heilige kreisförmige Räume wie

Stonehenge und andere magische Orte stellen letztlich alle das organisierte und ausgewogene Selbst im Innern jedes Menschen dar. Und dieselbe schöpferische Ordnung, die sich im Individuum findet, existiert auch innerhalb der kollektiven Psyche der Menschheit als Ganzem – und wartet darauf, entdeckt und verkörpert zu werden.

Ein Mann entdeckt sein Selbst oft irgendwann in der zweiten Lebenshälfte, einer Zeit, in der er gewöhnlich über sein Leben nachzudenken beginnt. Dabei blickt er möglicherweise zurück und nimmt die Energiemuster und -strukturen wahr, die ihn geformt haben. Diese waren bereits vorhanden, bevor er sie erkannte, und bewegten sein Leben in eine vom Selbst bestimmte Richtung. Es kann sein, daß er den außerordentlichen Raum und die außerordentliche Zeit erblickt, die er im Zentrum seiner Psyche trägt und die von Zeit zu Zeit hervorbrechen und ihn durch Übergangsstadien vorantreiben. Vielleicht bemerkt er, daß sein Leben sich in Wahrheit spiralförmig immer mehr an ein Bewußtsein seines Kerns angenähert hat. Wenn er – in Jungscher Terminologie – seinem Schatten, seiner Anima und all seinen anderen Komplexen, Neurosen und archetypischen Energien begegnet ist, erreicht er schließlich sein unsichtbares und zutiefst geheimnisvolles Zentrum. Ist er fähig gewesen, den Ruf zu beantworten, der ihm – durch Trauma und Enttäuschung, durch Krise und Geistesverwirrung – zugekommen ist, dann ist er durch einen zutiefst selbstheilenden und Vollständigkeit bewirkenden Prozeß hindurchgegangen. Er ist in die Fülle seines archetypischen Selbst eingeweiht worden – in den Diamantkörper in seinem Innern.

Zugang zum Magier-Potential

Indem wir lernen, einen Zugang zu den Archetypen der reifen Männlichkeit zu erlangen, versetzen wir uns in die Lage, «generative» Männer zu werden. Der richtige Zugang beinhaltet, daß man dem inneren Magier gestattet, unsere Ich-Strukturen abzugrenzen und die Grenzen zwischen diesen und den ungeheuren Energien der Archetypen aufrechtzuerhalten. Dann kann das Ich ungefährdet diese Energien anzapfen und ihre spezifische Form der Lebenskraft für ein erfüllteres, verantwortlicheres und schöpferischeres Leben nutzen.

«Generative» Männer sind Welterschaffer. Es ist ihre bewußte Wahl, ein Teil der Lösung und nicht des Problems zu sein. Sie ermöglichen es unserer Gesellschaft in kleinem oder größerem Maße, echte Verwalter aller Lebenssysteme sowohl auf der Mutter Erde als auch unter dem Vater Himmel zu werden.

Moderne Männer können Zugang zur Magier-Energie finden, indem sie genau dieselben Methoden anwenden, die sie benutzen, um Zugang zu den anderen Archetypen der reifen Männlichkeit zu erlangen. In vorangegangenen Büchern (nicht auf deutsch erschienen, siehe S. 14, Anm. d. Üb.) haben wir diese Methoden detailliert beschrieben. In *The King Within* haben wir die Techniken der Objektivierung, der bildlichen Darstellung und der aktiven Imagination in ihren verschiedenen Formen dargestellt – einschließlich der verschiedenen Formen des Gebets und der Meditation.[54] Der psychotherapeutische Prozeß kann ebenfalls nützlich sein. Wir haben die Bedeutung der Bindung an andere Männer betont und der Lektüre von Biographien großer Männer, die mit all ihren Fehlern doch einige Aspekte der Energie des Königs verkörperten. In *The Warrior Within* haben wir über die Trauminterpretation und über die Dialoge in der aktiven Imagination geschrieben, Techniken, die Zugang zu den Archetypen in ihrer ganzen Fülle ermöglichen.[55]

Die gleichen Techniken muß ein Mann benutzen, der über die Besessenheit durch den bipolaren Schatten des Magiers hinausgelangen und sich in Richtung eines lebensfördernden Zugangs zum Magier-Archetyp entwickeln will. Wie die alten Schamanen wird ein solcher Mann auf den Wissenden und auf den Techniker der inneren Kräfte in sich selbst zugreifen müssen, um seine Initiation in eine integriertere, bewußtere und zweckbestimmtere Lebensweise zu fördern. Schließlich wird er, wie auch die alten Schamanen, Zugang zum Magier suchen, um anderen zu helfen, ihr eigenes Leben sinnvoller und fruchtbarer zu gestalten.

Bezüglich des Zugangs zur Magier-Energie müssen zwei weitere Techniken betont werden. Rufen wir uns das Beispiel des entnervten jungen Mannes in Erinnerung, der sich in seiner eigenen Wohnung orientierungslos und verloren fühlte und der seine Freundin dazu brauchte, ihm ein organisatorisches Zentrum zu bieten. Dieser Mann war besessen von zwei miteinander verwandten «normalen» Formen des menschlichen Verhaltens. Er berichtete, wie er mit Überlegungen beschäftigt war, wohin er etwas stellen sollte: auf seinen Schreibtisch im Büro, auf die Tische zu Hause, auf seinen Kasten. Immer, wenn es erforderlich war, daß er etwas niederstellte oder -legte – seine Kaffeetasse, seinen Füllhalter, ein Abwaschtuch oder ein Stück Papier –, pflegte er physisch «steckenzubleiben», während er entschied, wohin er den Gegenstand tun sollte. Erst wenn er den Platz gefunden hatte, der sich für das Objekt «richtig anfühlte», konnte er den Gegenstand ablegen. Wenn er endlich den richtigen Platz gefunden hatte, fühlte er sich sehr erleichtert.

Seine andere Besessenheit waren die Zahlen. Er zählte, wie oft er einen Zug an seiner Zigarette tat, wie viele

Schlucke Kaffee er zu sich nahm und die Anzahl der Bürstenstriche, mit denen er seine Haare frisierte.

Sein erstes Verhalten war eine Art Bemühen, sein eigenes Zentrum zu finden und seine eigenen Gefühle in bezug auf seine innere und äußere Welt zu orientieren. Als ihm das erklärt wurde, fühlte er sich augenblicklich von seiner Besorgnis wegen seiner seltsamen Angewohnheit befreit. *Er war in der Lage einzusehen, daß seine Besessenheit, den richtigen Platz für Objekte zu finden, ein nützlicher erster Schritt gewesen war, um ein Zentrum für sich selbst zu finden.* Als eine gewisse Zeit vergangen war und seine innere Struktur sich festigte, nahm dieses «Zentrier-Verhalten» merklich ab. Es verringerte sich allmählich auf ein Niveau, auf dem auch andere Menschen «zentrieren», wenn sie so lange versuchen, Möbel anzuordnen oder sich zu frisieren, bis die Sache «richtig» aussieht.

Seine Besessenheit von Zahlen ist ebenfalls als Versuch zu verstehen, ein inneres Zentrum zu finden, nur daß er diesmal von einer Art innerer Mathematik Gebrauch machte. Wie jeder Mathematiker uns erklären wird, sind Zahlen Symbole. Es gibt ein sehr verbreitetes Jungsches Konzept über die Bedeutung von Zahlen für die Psyche, besonders, wenn es um gerade oder ungerade Zahlen geht. Jung war der Auffassung, daß Zahlen eines der symbolischen Systeme sind, die wir gebrauchen, um psychische Prozesse und Strukturen für uns selbst darzustellen. Anhand von Träumen und den bevorzugten Beschäftigungen seiner Analysanden, ergänzt durch Einsichten aus der alten Tradition der Numerologie, stellte Jung fest, daß gerade Zahlen tendenziell als Symbole für Ganzheit und zentrierte Stabilität stehen und ungerade Zahlen für das Unvollständige und eine dynamische Vorwärtsbewegung.

So repräsentieren gerade Zahlen die Psyche im Ruhezustand, in einer Phase der Integration von psychischen Inhalten, während ungerade Zahlen die Psyche im Prozeß des

Sich-aus-sich-selbst-Hinauswagens zeigen. Das läßt sich leicht mit dem grundlegenden Prozeß der Systole und Diastole vergleichen – und mit dem Ein- und Ausatmen, das so wichtig für die Integration in den östlichen mystischen Traditionen ist. Die Phasen des Initiationsprozesses spiegeln dieses Muster wider. Nach einer Phase, in der er expansiv seinen Status vergrößert, bewegt sich der Initiand auf eine strukturelle Ebene (gerade Zahlen) hin und dann wieder in eine dynamische Periode der Liminalität (ungerade Zahlen).

Jung entwickelte eine recht ausführliche Interpretation der psychischen Prozesse anhand der Zahlen, die wir hier nicht wiederholen wollen. Es ist ausreichend, die Gefühle des jungen Mannes zu beachten, die er in bezug auf die geraden und ungeraden Zahlen bei seinen Zählritualen hatte. Er fühlte sich sicher und in seinem Zentrum, wenn seine Zählgewohnheit mit einer geraden Zahl endete, und er fühlte sich unruhig, wenn es eine ungerade Zahl war. Die ungerade Zahl führte zu einem weiterführenden Tun, indem er nach einer anderen Zahl suchte, um das «unvollständige» Gefühl aufzulösen, das ihm die ungeraden Zahlen vermittelten. Nachdem ihm bewußt gemacht worden war, wie seine Zählrituale seine inneren psychischen Strukturen und Energien anzapften, war er imstande, sie ohne Angst zu akzeptieren. Und in dem Maß, in dem sich seine inneren Strukturen festigten, ließen auch seine Zählrituale nach bis zu einem «normalen» Niveau, auf dem sich die meisten Menschen unbewußt mit solchen Ritualen beschäftigen.

Wir machten ein Experiment, um uns der offensichtlichen Sensibilität des jungen Mannes in bezug auf Zahlen und Orte zu vergewissern, indem wir eine Anregung von Don Juans Anweisungen an Carlos Castañeda übernahmen, und schlugen dem jungen Mann vor, eine Übung auszuprobieren. Er machte sie an einem seiner ereignislosen Samstagnachmittage, an denen er normalerweise eine ziemliche Menge Zeit für sich selbst hatte und allein in seiner Wohnung war. Wie vorgeschlagen, drehte er weder seinen Fernsehapparat an noch seine Stereoanlage, sondern brachte statt dessen seinem inneren Magier ein Gebet dar. Dann setzte er sich mit überkreuzten Beinen auf den Boden und wartete, ohne sich zu bewegen, welche Gefühle er auf diesem Platz haben würde und welche Zahlen ihm dabei einfielen. In ein Notizbuch, das er bei sich trug, machte er darüber Aufzeichnungen.

Er bewegte sich so durch seine Wohnung, wobei er eine Stelle nach der anderen ausprobierte. Er machte einen Plan des gesamten Fußbodens und bemühte sich, den Kraftort zu finden oder jedenfalls die Stellen, an denen er sich am ausgeprägtesten zentriert, stark, strukturiert und lebendig fühlte. In Zukunft würde er dann in der Lage sein, diese «heiligen Orte» zu betreten, wann immer er es wollte und das Gefühl hatte, er müsse sich mit ihrem spezifischen Gefühlston als Ausdruck seines inneren Zentrums in Verbindung setzen. Eigentlich tat er nichts anderes, als einen Plan seiner inneren Strukturen und Energien zu erstellen.

Er fand die Übung ungemein stimulierend und beruhigend. Sie brachte ihm zweifachen Gewinn. *Erstens verlieh sie dem vorher unstrukturierten Raum seiner Wohnung eine Form.* Er war nun imstande, sich sofort zu orientieren, wenn er zur Tür hereinkam. Und zweitens war er mit fortschreitender Analyse in der Lage zu erkennen, daß der Plan seiner Wohnung eine Projektion seiner inneren Geographie war. Tatsächlich hatte er nahe der westlichen Wand seines Wohnzimmers eine besondere Stelle entdeckt. Dort hatte er das Gefühl, daß seine innere Weltachse am stärksten konstelliert war.

Er begann auch seine Aktivitäten um gewisse Stunden herum zu strukturieren und machte Notizen über die unterschiedlichen Gefühle, die zur einen oder anderen Stunde hochkamen. Er notierte den Anstieg und den Abfall seines Energieniveaus, den Beginn des Sich-unwohl-Fühlens und den Beginn des Gefühls der Stärke. Schließlich wurden alle diese Entdeckungen in seine übrige analytische Arbeit integriert. Der junge Mann stellte sich mehr und mehr ein auf die außerordentlich belebenden Orte und Zeiten, die er in sich selbst trug. Daß er von alten schamanischen Techniken Gebrauch gemacht hatte, trug wesentlich dazu bei, daß er dem Zugang zum inneren Magier näher gekommen war.

Die fünf Stadien auf dem Weg zum inneren Schamanen

David Feinstein hat in einem Essay über den Schamanismus «ein fünfstufiges Modell zur Förderung einer neu belebten persönlichen Mythologie»[56] skizziert, eine ausgezeichnete Technik, um den inneren Magier anzurufen und um die Magier-Energie zum Zweck der Selbstreflexion und zur persönlichen Wandlung einzusetzen. Wir haben uns im folgenden stark auf Feinsteins Methode gestützt, jedoch ein etwas anderes Vokabular verwendet.

Erstes Stadium: Die Erkenntnis, daß ein Leitmythos vom Verbündeten zum Feind geworden ist

Wenn wir unseren psychischen Prozessen gegenüber empfindsamer werden, werden wir viele Beispiele finden, in denen der «Leitmythos» nicht funktioniert. Wir entdecken, daß die funktionsgestörten Familienmuster, die man uns anerzogen hat, die «alten Platten», die uns davon überzeugen, daß wir nichts wert sind, daß wir nie Erfolg haben werden oder glücklich sein können, uns im Weg zu stehen beginnen. Die alte Art und Weise, uns selbst und den Sinn unseres Lebens zu erfahren, ist nicht mehr gültig. Erfahrungen einer Übergangsperiode fördern oft das Bewußtsein, daß die Leitmythen nicht mehr brauchbar sind. Traumatische

Erlebnisse, Lebenskrisen, Trennung und Verlust – aber auch positive Ereignisse wie eine Beförderung im Beruf, eine Eheschließung, die Geburt von Kindern –, sie alle können unsere Lebensgewohnheiten in den Grundfesten erschüttern.

Auch ein zunehmendes Gefühl der Unzufriedenheit, der Angst oder der Depression kann anzeigen, daß wir unseren alten Identitäten zu entwachsen beginnen. Zwanghaftes ritualisiertes Verhalten wie im Fall des weiter oben beschriebenen jungen Mannes, kann uns wissen lassen, daß wir in die außerordentliche Realität gerufen werden, um in ein weiteres Wissen über uns selbst und unser Leben eingeweiht zu werden.

Wenn wir in der korrekten Form Zugang zum inneren Magier finden, werden wir erkennen, was solche beunruhigenden und manchmal katastrophalen Ereignisse bedeuten. Wir werden es zulassen, daß er die Forderungen des Selbst enthüllt, die uns auf unserer spiralförmigen Reise zum Zentrum voranbringen. Durch tiefes Nachdenken werden wir vielleicht entdecken, daß uns die Lebensmythen, die zuvor eine Stütze waren, jetzt hinderlich sind. Wenn es das ist, was wir herausfinden, dann müssen wir erkennen, daß diese alten persönlichen Mythen zu Hindernissen für uns geworden sind, ja sogar zu unseren Todfeinden, und nicht länger zu unseren Verbündeten zählen.

Zweites Stadium: Die Bewußtwerdung von sich widersprechenden Mythen

Je mehr wir uns der alten Mythen bewußt werden, nach denen wir unser Leben gelebt haben, desto mehr werden wir auch andere Impulse in unserem Bewußtsein wahrnehmen, Geschenke des Wissenden in uns. Wir haben möglicherweise noch andere Bilder für unser Leben, unterdrückte Hoffnungen und Visionen, die zu erforschen sind, und andere Wege, die uns aus unserer Vergangenheit herausführen. Wir müssen diesen flüchtigen Impulsen viel Aufmerksamkeit schenken und sie so gewissenhaft wie möglich untersuchen. Zu diesem Zweck müssen wir die Techniken der aktiven Imagination nützen und andere Methoden, die dazu dienen, etwas bildlich darzustellen und zu objektivieren. Wenn wir alte und neue Mythen nebeneinander in unserem Bewußtsein festzuhalten und die schmerzhaften Spannungen ihrer Gegensätze zu ertragen vermögen, können wir damit beginnen, deren volle Bedeutung zu untersuchen.

Drittes Stadium: Das Wachrufen eines neuen Mythos

Anschließend beginnen wir damit, die Bilder, Gefühle und visionären Muster, die aus dem Unbewußten aufsteigen, zu amplifizieren. Durch den Dialog in der aktiven Imagination, durch Trauminterpretation und durch das Amplifizieren werden wir versuchen, die aufsteigenden Bilder in einer immer größeren Klarheit zu erfassen.

Was sagen uns diese Bilder? Welche neue Bedeutung für unser Leben bieten sie uns an? In welche Richtung weisen sie uns? Und in dem Maß, in dem wir eine zusammenhängendere Vision gewinnen, werden wir die Folgen entdecken, die sie für unser Handeln in der Welt hat – für unsere Berufung oder unsere Sendung im Leben.

Es gibt eine Phase im psychotherapeutischen Prozeß, die als «enactment» bezeichnet wird. Es ist die Zeit, in der über verschiedene mögliche Arten des Handelns nachgedacht wird und diese im Reich der Vorstellung ausprobiert werden. Gleichgültig, welche neue Vision ein Mann empfangen hat, er muß sich genau ausmalen, wie sie im Rahmen seines wirklichen Lebens aussehen würde. Es kann sein, daß er dazu aufgerufen ist, seine berufliche Laufbahn zu verändern, Wohnung oder Wohnort zu wechseln oder sein Beziehungsmuster anderen Menschen gegenüber zu ändern. Er muß seine Vision durch einen Dialog mit dem Unbewußten verfeinern. Auf diese Art wird er realistische Strategien finden, die er anwenden kann, um dem Außerordentlichen im Gewöhnlichen konkrete Gestalt zu verleihen. Indem er die Energien des Magiers anzapft, macht er sich zum Mittler zwischen den verschiedenen Wirklichkeitsebenen in seinem eigenen Leben.

Viertes Stadium: Sich dem neuen Mythos verpflichten

Befinden wir uns in einem psychotherapeutischen Prozeß, können wir diese Verpflichtung dem neuen Mythos gegenüber in Form eines Vertrages mit unserem Therapeuten eingehen. Wenn nicht, können wir diesen Vertrag direkt mit dem inneren Magier machen und, über ihn hinausgehend, mit unserem wahren Selbst. In diesem Vertrag werden wir uns zu einem Plan verpflichten, den wir Schritt für Schritt durchführen wollen, um unseren neuen Mythos im täglichen Leben zu verwirklichen. Wir werden uns verpflichten – so weit es möglich ist –, unseren Himmel zur Erde zu bringen, indem wir unsere göttliche Energie in unserem täglichen Leben inkarnieren.

Fünftes Stadium: Verkörperung des neuen Mythos im täglichen Leben

Wenn wir den Vertrag einmal gemacht haben, werden wir ihn erfüllen müssen, wie schmerzhaft oder strapaziös das auch sein mag. Alte Denk-, Gefühls- und Verhaltensmuster haben ein zähes Leben. Komplexe und Neurosen sind bemerkenswert widerstandsfähig. Wenn wir es am wenigsten erwarten, finden sie Mittel und Wege, um ihre rigide, lebensverneinende Kraft wieder geltend zu machen. Schattenseiten sind unverbesserlich und unlenkbar und können nicht durch einen einfachen Willensakt überwunden oder durch gute Absichten gebannt werden. Dysfunktionale Verhaltensmuster werden um ihr Überleben kämpfen. Daher müssen wir die Superwachsamkeit und die Selbstdisziplin des Schamanen üben. Wir müssen die Grenzen errichten, die wir vertraglich bestimmt haben, und sie verteidigen, so wie der Engel den Eingang zum Paradies mit seinem Flammenschwert bewacht hat. Wir werden unsere «Zauberstäbe» ergreifen – unsere phallische Kraft in ihrer Magier-Form –, wir werden auf unseren neuen Ich-Strukturen bestehen und unsere zerbrechliche Ich-Selbst-Achse schützen.

Alte Muster haben die Tendenz, mit der Kraft einer Flutwelle zu einer Regression zu führen. Weil ihre Aktivität unbewußt ist, ist diese regressive Unterströmung besonders gefährlich. Aber wenn wir uns einer neuen Vision von uns selbst in der Welt verpflichtet fühlen und daran arbeiten, unseren neuen Mythos zu verkörpern, dann können wir unsere Initiationen erfolgreich vollenden, dann können wir den Techniker der inneren Kräfte anrufen, damit er uns von der Unreife zur Reife führe.

Allmählich werden wir eine Position der Stärke erreichen, von der aus unser Ich einen Zugang zu allen vier Archetypen der reifen Männlichkeit gewinnen kann. William Blake entdeckte zweifellos auf einer seiner schamanischen Exkursionen in das kollektive Unbewußte:

> Vier Mächtige gibt es in jedem Mann;
> eine vollkommene Einheit
> Kann es nicht geben. aber von der Allumfassenden
> Bruderschaft von Eden
> Der Allumfassende Mann. Der gepriesen sei in Ewigkeit.
> Amen.[57]

Einige hilfreiche Methoden

Seit Tausenden von Jahren haben die menschlichen Zauberer bei ihrer Arbeit Mystifikation und «Hokuspokus» verwendet und als Teil der Imagepflege ihrer «Magier-Persona» betrachtet. Verschiedentlich hat man dies als Ausdruck der Vorliebe für Täuschung und Manipulation interpretiert, die bei Menschen in dieser sozialen Rolle oft beobachtet wird. Wir sind jedoch der Auffassung, daß es noch eine andere Erklärung für diese dramatischen Techniken bei der Tätigkeit eines Magiers beziehungsweise Schamanen gibt.

Weil die meisten Menschen – früher und heute – dazu neigen, das Ausmaß und die Schwierigkeit einer vollständigen Magier-Initiation zu unterschätzen, kann es sein, daß die menschlichen Magier ihre theatralischen Techniken dazu gebraucht haben, das Interesse ihrer Schüler für das jahrelange ermüdende Studium, das nötig ist, um ein Meister-Magier zu werden, wachzuhalten. Wir müssen uns vor Augen halten, daß man in vielen Kulturen vor der Moderne nicht erwartet hat, daß jemand die für die Rolle des Ritualmeisters erforderliche Reife früher als mit vierzig Jahren erreichen kann. Unsere Zeit erfordert einen ebenso großen Ernst von uns. In gewisser Weise ist die Magier-Initiation in der modernen Zeit eine größere Herausforderung als je zuvor in der Geschichte des Menschen – und von noch größerer Wichtigkeit für die Zukunft.

Wir haben in *The King Within, The Lover Within* und *The Warrior Within* verschiedene Möglichkeiten aufgezeigt, wie man Zugang zu den vier Kräften in der männlichen Psyche erlangen kann, viele davon sind auf jeden der vier Archetypen anwendbar. Einige davon haben wir in der vorangegangenen Diskussion besprochen. Doch bevor wir unsere Betrachtungen über die enorme Herausforderung einer angemessenen Magier-Initiation in unserer Zeit abschließen, möchten wir noch einmal einige der hilfreichsten Methoden für eine Entwicklung auf diesem entscheidenden Gebiet des männlichen Reifeprozesses zusammenfassen.

1. *Planen Sie in Ihr Leben regelmäßige Zeiten der Zurückgezogenheit und des Nachdenkens ein.*

Der heilige Raum der Kontemplation und der Wandlung muß sorgfältig ausfindig gemacht und der Zugang behutsam hergestellt werden, er muß auch regelmäßig benutzt und vor äußeren Forderungen abgeschirmt sein. Es ist nicht möglich, für die Entwicklung des inneren Magiers ausreichend Energie zur Verfügung zu haben, ohne Raum und Zeit dafür bereitzustellen.

2. *Fangen Sie damit an, Ihre eigenen heiligen Orte und Zeiten für die Arbeit an Ihrem Innern ausfindig zu machen und sie zu ritualisieren.*

Es kann sich um besondere Zeiten der Einkehr an einem Ort entfernt von zu Hause handeln, die regelmäßig geplant werden, aber auch um Kontemplation an besonderen Stellen und Zeiten in der eigenen Wohnung, die Sie täglich einplanen. Je disziplinierter Sie in dieser Ritualisierung von Raum und Zeit werden, desto mehr wird Ihre Magier-Funktion gestärkt und den anderen Bereichen Ihres Daseins und Ihres Lebens zur Verfügung stehen.

3. *Bemühen Sie sich um eine disziplinierte Anwendung der Trauminterpretation und der aktiven Imagination.*

Es gibt keine wirksamere Methode[58], um eine andauernde Beziehung mit dem Weisen Mann in unserem Inneren zu entwickeln. Vielleicht haben Sie auch das Bedürfnis, einen kompetenten Therapeuten zu suchen, der Sie auf Ihrer inneren Reise so lange begleiten kann, bis Sie sich imstande fühlen, die Suche unter der Leitung Ihrer inneren Führer fortzusetzen.

4. *Beginnen Sie, persönliche Aufzeichnungen zu machen, die als Behälter für Ihre innere Arbeit dienen.*[59]

5. *Finden Sie eine Männergruppe, die sich darum bemüht, die männlichen Potentiale in ihren Mitgliedern zu entwickeln, und die nicht davor zurückschreckt, mit kreativen Ritualisierungen zu experimentieren.*[60]

Eine solche Beschäftigung wird Ihnen nicht nur einen Rahmen für die fortdauernde Erforschung Ihrer persönlichen und zwischenmenschlichen Fragen geben, sie wird Ihnen auch eine Möglichkeit bieten, anderen als Ritualmeister zur Verfügung zu stehen. Die aktive Teilnahme in einer Männergruppe, die sich mit Ritualen beschäftigt, wird Ihnen die Erfahrung, die Kompetenz und das Vertrauen geben, die Sie benötigen, bevor Sie sich in der Lage fühlen, als Führer in immer ausgedehnteren Bereichen der Familie und des Gemeinschaftslebens zu dienen. Eine äußerst wichtige Hilfestellung, die man erfährt, wenn man regelmäßig an einer Männergruppe teilnimmt, besteht darin, die chronische Distanziertheit zu vermeiden, die oft mit der Erforschung des Magier-Sektors des Selbst einhergeht. Eine andere Unterstützung besteht darin, daß die «Scheiße-Indikatoren» der anderen Männer der Gruppe dazu beitragen, sich selbst im Griff zu haben, wenn man beginnt, in Richtung Wolkenkuckucksheim abzuheben. Und die andauernden Beziehungen untereinander und die Zusammenarbeit werden Sie auf dem Boden der Realität festhalten. Schließlich wird der Schutz durch die Gruppe und deren Unterstützung Ihnen helfen, über Ihre eigene Verleugnung hinauszukommen, den Schmerz der wachsenden Einsicht zu ertragen und den Mut für die befreienden Veränderungen in Ihrem Lebensstil aufzubringen.

6. *Bieten Sie denen die Stirn, die Ihre intellektuellen Fähigkeiten heruntermachen oder die den Umfang und/oder*

die Tiefe Ihrer Studien einzuschränken suchen. Nehmen Sie den zwei Millionen Jahre alten Verstand in Anspruch, der Ihr Geburtsrecht ist.

Sammeln Sie sich ihre persönliche Bibliothek zusammen, ohne sich dafür zu genieren, und betrachten Sie sie als Statement für Ihre Umgebung. Ihre Forschungen sollen von Stammeskultur, Mythos und Ritual bis zu den westlichen und östlichen Philosophien und Religionen reichen. Nehmen Sie Ihr Recht zu studieren in Anspruch, vom intellektuellen Vermächtnis der Männer und Frauen aller Stämme unseres Heimatplaneten zu lernen trotz der bombastischen Reden von modernen Ideologen, die Nichtwisser sind. *Das beinhaltet auch das intellektuelle Vermächtnis der westlichen Zivilisation.* Sie haben ein Recht darauf, von der Anleitung eines E. D. Hirsch in bezug auf Anforderungen an einen literarisch gebildeten modernen Menschen zu profitieren. Sie haben ein Recht, in die metaphysischen Visionen eines Paul Tillich oder eines Alfred North Whitehead einzudringen. Lassen Sie es nicht zu, daß ein neues Stammesdenken mancher Mitglieder unserer heutigen Gesellschaft Ihre Freiheit einschränkt, jedes Gebiet der Naturwissenschaften und Geisteswissenschaften zu erforschen, denn es ist Ihr menschliches Erbe. Folgen Sie den Leidenschaften Ihrer Studien, und zögern Sie nicht, Opfer zu bringen, um sie in die Realität umzusetzen. Es ist nicht selbstsüchtig, wenn Sie sich um Ihr intellektuelles Potential bemühen. Ihre Studien werden die Qualität Ihrer Führung verbessern, die Sie Ihrer Gemeinschaft anbieten können.

7. *Zu guter Letzt sollten Sie daran denken, daß die neuesten populären Perspektiven, die von den Medien, den religiösen Führern oder von der herrschenden akademischen «Priesterklasse» propagiert werden, nicht unbedingt zur Heilung unseres Planeten beitragen oder zur*

Schaffung einer Erdengemeinschaft oder zur Entwicklung und Einführung einer wirklich modernen (post-tribal) Ethik für unsere Spezies.

Sehen Sie zu, daß Ihre Detektoren für «Scheiße und Unsinn» immer gut funktionieren. In den nächsten entscheidenden Dezennien werden Sie sie benötigen wie noch nie zuvor.

Man braucht als Beispiel nur die Anti-Jung-Tendenz in den heutigen akademischen und religiösen Kreisen heranzuziehen. Es erstaunt uns, daß so viele Möchtegern-Intellektuelle und spirituelle Führer sich nicht die Mühe genommen haben, über verallgemeinernde Stereotype in bezug auf das Werk C. G. Jungs und seine Bedeutung für unsere Zeit hinauszukommen. *Jung und sein intellektuelles Vermächtnis bieten uns im Grunde eine der wenigen großen Visionen des möglichen Menschen an – eine Vision, in der die Großartigkeit und Herrlichkeit unserer Spezies und ihre Potentiale nicht verlorengehen.* Jungs Tradition möchte, daß wir eine Brücke zwischen Wissenschaft und Religion schlagen und unseren Blick über die Visionen von Gruppierungen, die unsere Spezies entzweien, hinaus richten. Als einer der ersten wirklich postmodernen Schamanen hat er uns die Herausforderung hinterlassen, uns in Richtung einer neuen, umfassenden Spiritualität zu entwickeln. Nach Jung müssen alle Stammesvisionen im Rahmen einer umfassenden Erdengemeinschaft neu formuliert werden. *Zusammenfassend gesagt: In der Zukunft müssen reife Schamanen die Weisheit und die Vision suchen, um Erd-Schamanen zu sein. Weniger wäre ein Verrat an unserer Spezies.*

3. Ausklang

Die Magier-Inflation: Mißbrauchtes Wissen

Wenn jemand gedacht haben sollte, daß Wissen allein zu einer spirituellen oder moralischen Reife führt, dann wird ein gründliches Studium der menschlichen Kulturgeschichte diese Fantasie schnell in Stücke schlagen. Bilder vom dämonischen, asozialen Magier sind in den Kulturen der Welt reichlich vertreten. So wie eine sorgfältige, disziplinierte Entwicklung des Krieger-Potentials nicht garantiert, daß man es im Interesse der menschlichen Gemeinschaft gebrauchen wird, so ist auch die Stärkung der Magier-Seite gefährdet, in asoziale und egoistische Betätigungen abzugleiten. Im Gegensatz zur heutigen romantischen Auffassung von Stammeskulturen waren Medizinmänner, die einen hohen Grad an Magier-Wissen erreicht haben, immer der Versuchung ausgesetzt, ihre Kräfte für Manipulation, Demagogie und/oder persönlichen wirtschaftlichen Gewinn zu mißbrauchen. Wie wir weiter oben gesehen haben, macht das Leben im «Magier-Raum» empfänglich für einen erhöhten Zynismus, ja sogar Nihilismus auf allen Lebensgebieten. Wir haben kurz einige der negativen Manifestationen des Magier-Potentials in unserem Kapitel über den Trickster gestreift.

Bevor wir unsere Abhandlung beenden, möchten wir erneut betonen, daß viele der spezifischen Probleme unserer zeitgenössischen Kultur direkt auf die Magier-Inflation in den modernen intellektuellen und professionellen Eliten zurückzuführen sind. Wie wir oben gesehen haben, ist diese vorherrschende Magier-Inflation in dem asozialen, Trickster-ähnlichen Mißbrauch von naturwissenschaftlichem und technischem Wissen manifest geworden. Die vielleicht berüchtigtsten Beispiele dieser Strömung konnten in Deutschlands Drittem Reich beobachtet werden, als viele der mächtigsten Intellektuellen der deutschen Kultur mühelos für Hitlers Beraterstab zu rekrutieren waren. Sie arbeiteten an der Entwicklung der Nazi-Propaganda-Maschinerie und an Hitlers neuer militärischer Technologie einschließlich der V-1- und V-2-Raketen, als ob ihnen Goethes *Faust* unbekannt gewesen wäre. Sie stellten die wissenschaftliche Expertise beim Entwurf der «Endlösung» zur Verfügung und führten sogar «wissenschaftliche» Experimente an den Männern, Frauen und Kindern in den Todeslagern durch.

Abschließend möchten wir hier betonen, daß die Tendenz, Wissen jeglicher Art in asozialer Weise zu verwenden, ein universelles menschliches Phänomen darstellt. Um ein anderes Beispiel zu bringen: Sogar die liberalsten und so sehr auf soziale Gerechtigkeit hin orientierten Christen entwickeln immer noch raffinierte Theologien, die die Kirchenmitglieder lehren, daß die Christen das «Volk Gottes» seien. *Das impliziert natürlich ganz eindeutig, daß die Nichtchristen nicht zum Volk Gottes gehören. Diese wohlmeinenden religiösen Führer fahren damit fort, ihr Wissen dafür zu verwenden, ihren «stammesorientierten» Einfluß in der menschlichen Gemeinschaft aufrechtzuerhalten. Die Fundamentalisten der verschiedenen spirituellen Traditionen sind weitere eklatante Beispiele für Versuche, Wissen nicht nur als Vorwand, sondern sogar als Grundlage für die Verbreitung von spirituellem Narzißmus, für psychische Spaltung und Haß zwischen den verschiedenen Gruppen zu benutzen.*

Aber nicht nur unsere religiösen Führer spielen «Schatten-Magier». Die gierige Ausbeutung des medizinischen

Wissens durch den medizinischen Berufsstand ist ein riesiges Ungeheuer, dem unsere Gesellschaft noch nicht einmal begonnen hat, ins Auge zu sehen. Unsere Unfähigkeit, der Habsucht der Ärzte gegenüberzutreten, ist zweifellos ein Zeichen für die primitive Stufe, auf der sich unsere initiatorische Entwicklung der vier archetypischen Kräfte befindet. Die Funktion des nicht entwickelten Magier-Potentials in der Öffentlichkeit ist eindeutig. *Wir bedienen uns alle einer idealisierenden Magier-Übertragung auf die Ärzte, die so archaisch und unbewußt ist, daß wir die Ärzte nicht zur Rechenschaft ziehen können, ohne dabei unkontrollierbare Angst zu empfinden. Daher weichen wir der moralischen und politischen Verantwortung aus, die uns auf dem Gebiet des Gesundheitswesens begegnet.*

Wenn wir die Magier-Inflation verstehen, so kann uns das auch helfen, das Verhalten der Leute in den juristischen Berufen und das Benehmen der professionellen Politiker zu begreifen. Ist es nicht eine Ironie, daß diejenigen, deren erklärte Verantwortung darin besteht, unser Rechtssystem zu lenken, so von der Magier-Energie überflutet sind, daß heute legale Trickster über die Zerstörung der Gerechtigkeit in unseren Gerichtshöfen wachen? *Die öffentliche Ernüchterung, die wir heute beobachten, betrifft nicht nur das Rechtssystem, sondern den gesamten politischen Prozeß, und sie kann zu einem Großteil auf die Vorherrschaft der Trickster-Energie sowohl in der Rechtspraxis als auch im professionellen politischen Leben zurückgeführt werden.* Das umfaßt auch die Beschäftigung von «Spezialisten», die es einem Kandidaten ermöglichen, effektiver zu lügen, und von raffinierten Täuschungspraktiken, die die Öffentlichkeit daran hindern sollen, zu bemerken, daß das öffentliche Gut an den Meistbietenden verkauft wird ohne Rücksichtnahme auf die Folgen für den Staat. Es ist bemerkenswert, daß wir im Zusammenhang mit unserer Ernüchterung dazu neigen, diese Situation als einen Zustand zu betrachten, den man ertragen muß, und nicht als ein Problem, das zu lösen wäre. Das ist ganz einfach ein weiteres Zeichen unserer Bereitschaft, männliche Unreife als etwas Normales zu akzeptieren, und zugleich ein Zeichen unserer Unfähigkeit, das Verhalten eines «Monster-Knaben» als das zu erkennen, was es ist, und es auch als solches zu bezeichnen.

Daher ist die wichtigste Frage, auf welche Art wir unser Magier-Potential gebrauchen: Benützen wir es für das Wohlergehen von uns selbst und der Gemeinschaft, oder gestatten wir ihm, uns zu besitzen und uns in den Bereich des Schatten-Magiers zu ziehen?

Wir hoffen, daß diese Diskussion Sie gestärkt hat, so daß Sie die Fülle Ihres Magier-Potentials in Anspruch nehmen und effektiv damit umgehen können.

Der reife Magier: Die Schlüssel zum Königreich

Auf einem Schreibtisch in unserem Büro in Chicago im Institute for World Spirituality steht ein etwa fünfzehn Zentimeter breites, fünfundzwanzig Zentimeter hohes und vier Zentimeter dickes Relief aus Kalkstein. Es stellt den heiligen Petrus dar, einen der größten Magier aller Zeiten. Der – offenbar mittelalterliche – Künstler hat tief in sein Material hineingeschnitten, so daß der heilige Petrus auffallend frei von dem ihn umgebenden Stein zu sein scheint.

Der Apostel sitzt im Halbprofil. Sein bärtiges Gesicht ist dem Beschauer zugewandt, und sein Kopf ist von einem Heiligenschein umgeben – einem Symbol seiner Erleuchtung und Zeichen seines Geistes, der von göttlicher Energie glüht. Er sitzt auf seinem gepolsterten Stuhl wie ein Zeichner vor seinem Zeichentisch oder wie ein Ingenieur oder ein Sekretär, ein Designer oder eigentlich wie jeder von uns, wenn wir vor unseren Schreibmaschinen oder unseren Computer-Bildschirmen sitzen. Er sitzt in einer beispielhaften, archetypischen Haltung – mit geradem Rücken, die Schultern leicht herunterhängend und einen Fuß ein wenig vor den anderen gestellt.

Der Heilige Petrus sitzt unter einem geschmückten Bogen. Sein Stuhl und der Umriß seines Körpers blockieren wirkungsvoll diesen Eingang zur inneren Welt, die sich hinter ihm erstreckt. Dieser Bogen ist wie ein Tor oder wie ein Portal in der großen Grenzmauer, die man überall und nirgends zwischen dem Hier und Jetzt und dem Dort und Dann findet.

Der alte Magier ist in einen römischen Umhang gehüllt. Seine Augen treten hervor, sie sind hellwach, wie die Augen der sumerischen Statuen. Sie sind erfüllt von der Furcht und dem Erstaunen über das Erhabene, dessen Zeuge er ist. Seine linke Hand ist erhoben, und ein Finger dieser Hand hält sein linkes Auge weit offen, als ob er sagen wollte: «Gib acht! Ich sehe dich! Siehst du mich auch? Alles existiert im Auge des Betrachters. Wenn du dieses Tor durchschreiten willst, das ich hier vor jenen bewache, die in der Dunkelheit verweilen, dann wirst du imstande sein müssen zu sehen! Nur wenn du sehen kannst, werde ich dir erlauben, diese Schwelle zu überschreiten!»

In seiner rechten Hand hält der heilige Petrus einen Schlüssel. Dieser ist genausogroß wie ein Szepter, ein Schwert oder ein Zauberstab. Er ist der Schlüssel zum Himmelreich, der Schlüssel, der die Pforten der paradiesischen Reiche und Dimensionen aufschließen wird, damit die Initiierten eintreten können. Derselbe Schlüssel kann dazu benutzt werden, die Kerker der Hölle zu öffnen und die Gefangenen zu befreien.

Dieser alte Archetyp sitzt hier, ein Symbol für die besten Bemühungen des Magiers, zu lehren, zu inspirieren, zu nähren und zu stärken. Er ist der Hüter der Schwelle zwischen der gewöhnlichen Zeit und dem gewöhnlichen Raum und jenen außerordentlichen Welten, von denen wir herabgestiegen sind und zu denen wir, so sagen es die Mystiker, wieder zurückkehren werden. Hier sitzt derjenige, der den heiligen Raum und die heilige Zeit gefunden, geweiht, bewahrt und verwaltet hat, und sagt zu uns, wie alle großen Lehrer, weisen Männer, Dichter und Propheten: «Schau! Wach auf! Blick tiefer. Wisse, so wie ich weiß! Dann werde ich das Tor für dich öffnen. ‹In meines Vaters Haus sind viele Wohnungen. Ich habe dir dort einen Platz bereitet.›[61] So wie wir gewesen sind, werden wir sein. Höre auf zu weinen. Folge mir!»[62]

TEIL VIER

ERLÄUTERUNGEN ZUM MODELL DER VIER GRUNDARCHETYPEN

Rekonstruktion der Tempel in Teotihuacán (Mexiko). Nach Gamio. American Museum of Natural History. (Aus S. K. Lothrop, Hrsg.: Altamerikanische Kunst. Die Sammlung Robert Woods Bliss. Walter-Verlag 1956.)

Grundlagen

Carl Gustav Jung hat die Schule der Analytischen Psychologie gegründet, der Tiefenpsychologie, die den allgemeinen Rahmen für unsere Arbeit darstellt.[63] Wir stützen uns zwar auch stark auf die Einsichten von Theoretikern anderer Schulen wie Sigmund Freud, Erik Erikson, D. W. Winnicott, Heinz Kohut und Alice Miller, doch sind wir der Ansicht, daß Jungs Methode als einzige ein wirklich transkulturelles Verständnis der menschlichen Psyche ermöglicht. Seine Methode ist auch die einzige, die die Kluft zwischen moderner Naturwissenschaft und den mythologischen und spirituellen Traditionen unserer Spezies hinreichend überbrückt.

Die Jungsche Tiefenpsychologie schätzt die Mysterien der menschlichen Seele hoch ein. Träume, Visionen, Symbole, Bilder und kulturelle Errungenschaften entstammen jenen geheimnisvollen Tiefen, die die Religionen der Welt als «spirituelle Dimension» begreifen. Und da die Tiefenpsychologie alle menschlichen Erfahrungen als authentisch der Psyche zugehörig versteht, sind Phänomene wie «Seele», «Besessenheit von Dämonen», «Offenbarung», «Gebet» oder «Gott» mit der naturwissenschaftlichen Wahrheit durchaus vereinbar. Weil alle Erfahrungen psychisch sind, sind sie alle wirklich, wie seltsam sie auch sein mögen.[64] Vor allem aber *gründet jede* menschliche Erfahrung in den tiefen psychischen Strukturen in uns und wird auch durch sie *wahrgenommen*[65].

Bevor wir daran gehen, die tiefen Strukturen der männlichen Psyche zu erforschen, ist es hilfreich, einige Jungsche Begriffe zu definieren.

Grundlegende Begriffe

Der Mythos

Für Tiefenpsychologen ist ein Mythos keine naive, unwahre, vorwissenschaftliche Erzählung über den Ursprung der Welt oder der Menschheit. Mythen sind wahre Geschichten, die die Beschaffenheit der Psyche beschreiben und die Art und Weise, wie unsere psychischen Energien sich gegenseitig beeinflussen.[66] Mythen projizieren unsere inneren Kräfte auf die äußere Welt und ermöglichen uns, sie durch die Filter unserer Gefühle und Gedanken zu erfassen.[67]

Da wir in Wirklichkeit das Universum *sind* und das Universum in uns ist, vermögen Mythen oftmals sehr präzise das Funktionieren des größeren Universums zu beschreiben, indem sie anthropomorphe Bilder gebrauchen. Das heißt, daß auch wir – genau wie Galaxien, Ozeane und Bäume – Produkte des Universums sind. Es wäre wirklich seltsam, wenn unsere Psyche nicht die Strukturen widerspiegeln würde, die sich außen im Kosmos finden. Eine unmittelbare und innige Übereinstimmung zwischen *innen* und *außen* ist grundlegend für unsere Beschaffenheit als Geschöpfe. Wenn es keine solchen Verbindungen gäbe, wären wir nicht in der Lage, uns irgendein realistisches und brauchbares Wissen von der Welt anzueignen. Wir wären nicht fähig zu überleben. – Letzten Endes ist es möglich, daß *innen* und *außen* rein subjektive und pragmatische Unterscheidungen sind, die unser Bewußtsein vornimmt, um sich innerhalb eines Geheimnisses zu bewegen, das es nicht zur Gänze ergründen kann.

Schöpfungsmythen illustrieren das wunderbar. In der Bibel erschafft der hebräische Gott Jahwe die materielle Welt, indem er spricht. Er sagt: «Es werde das und das!», und das und das ist vorhanden. Hinter dieser Vorstellung von Schöpfung steht die Idee, daß man etwas erschafft, indem man ihm einen Namen gibt. Natürlich verficht die moderne Naturwissenschaft die Ansicht, daß die Welt nicht dadurch entstanden sei, daß ein göttliches Wort gesprochen oder Dinge benannt wurden. Die biblische Geschichte übermittelt aber keine wissenschaftliche Wahrheit über den Ursprung der Welt. Die Wahrheit, die sie ausdrückt, ist eine psychologische.

Das menschliche Bewußtsein in seiner Höchstform entwickelt sich weitgehend dadurch, daß es Wörter beherrscht. Indem es aus der Sprache hervorgeht, bringt es sie gleichzeitig hervor. Das Bewußtsein erschafft unsere Erfahrungen, indem es die Schöpfung definiert. Die Wörter, die wir für die Dinge gebrauchen, erlauben uns, *das eine* vom *anderen* zu unterscheiden. Sie färben auch nachdrücklich unsere Art und Weise, über diese Dinge zu denken und zu fühlen. Was wir nicht mit einem Namen versehen können, ist daher für uns nicht gänzlich wirklich oder zur Gänze erfahrbar. Für unsere Psyche ist ein unbenanntes Ding «nicht erschaffen».[68] Daher entspricht das biblische Bild von Jahwe, der die Welt erschafft, indem er sie benennt, unseren menschlichen psychischen Prozessen. Wenn wir annehmen, daß eine Intelligenz hinter der geschaffenen Welt steht, könnte es auch wahr sein, daß diese das Universum durch einen Vorgang erscheinen ließ, der dem menschlichen Gebrauch der Sprache entspricht. Dann wäre die biblische Geschichte nicht nur eine psychologische Parabel, sondern auch der visionäre Ausdruck eines Prozesses, der wirklich im Universum als Ganzem *stattfindet*.

Das Ich

Wenn jungianische Psychoanalytiker vom Ich sprechen, meinen sie normalerweise den Teil der Psyche, von dem wir gewöhnlich sagen: «Das bin *ich*», den wir als uns zugehörig erleben und den wir mit unserem Namen identifizieren.[69] Wenn wir sagen: «*Ich* habe das und das Gefühl» oder «*Ich* glaube, ich werde das tun», dann spricht wahrscheinlich das Ich.

Jungsche Theoretiker definieren es manchmal als einen *Komplex*, worunter sie ein Strukturelement der Gesamtpsyche mit bestimmten Eigenschaften verstehen. Unsere Gefühle, unsere Fähigkeit, vernünftig zu denken, willentlich zu handeln, uns der Vergangenheit zu erinnern und die Zukunft zu erschaffen, gehören in den Wirkungsbereich des Ichs wie auch unsere Begegnung mit dem Bewußtsein.

In Wirklichkeit ist jedoch die Frage, was das Ich ist, komplizierter. Oft bin «ich» nicht derjenige, der denkt, fühlt, handelt, will oder entscheidet. Ein anderer *autonomer Komplex* als das Ich kann zeitweise von diesem «Besitz ergreifen» und veranlassen, daß es aus der Perspektive dieses Komplexes wirkt. Da das Ich von diesen anderen Komplexen größtenteils nichts weiß, wird es dazu verführt, sich der Illusion hinzugeben, einen einzigartigen Platz in der Psyche innezuhaben. Damit geht auch die Illusion vom «freien Willen» des Ichs einher. Nach Jung wirken die anderen Komplexe weitgehend aus dem persönlichen Unbewußten, können aber auch in einem transpersonalen – dem kollektiven – Unbewußten verankert sein, das einen tiefergehenden Einfluß auf die Psyche ausübt.

Bewußtsein

Bewußtsein ist nicht auf das Ich beschränkt. Auch das *Unter-* oder *Un*bewußte hat ein Bewußtsein. Es ist nur unbewußt – unsichtbar und undeutlich – aus der Perspektive des Ichs.[70] Andere persönliche Komplexe als das Ich und die tieferen transpersonalen psychischen Strukturen des Unbewußten können sich gegenseitig und des Ichs bewußt sein und wirken aufgrund ihrer eigenen Ordnung. Das Vorkommen der multiplen Persönlichkeitsstörung zeigt das ganz klar. Bei dieser Störung usurpieren stark aktivierte Komplexe den Platz des Ichs bei den täglichen Angelegenheiten der betroffenen Person und veranlassen diese, sich in einer Art zu verhalten, die das Ich nicht wünscht und woran es sich manchmal später auch nicht mehr erinnert.

Was für Menschen gilt, die an einer multiplen Persönlichkeitsstörung leiden, gilt – in einem geringeren Ausmaß – auch für uns alle. Wir alle verhalten uns zeitweise auf eine Art, die absolut nicht dem entspricht, was das Ich-Bewußtsein will, zum Beispiel bei starken Stimmungsschwankungen oder heftigen Angst- und Zornausbrüchen. Wenn wir wieder in den Zustand zurückkehren, in dem das Ich-Bewußtsein vorherrscht, sagen wir etwa: «Ich habe den Kopf verloren!» oder: «Ich weiß nicht, was über mich gekommen ist.» Was über uns kam wie eine Energiewelle, die unsere gewohnte Art des Wahrnehmens, Fühlens und Handelns veränderte, ist ein autonomer Komplex, ein anderes Bewußtsein aus unserem psychischen Gesamtsystem, unserem Selbst.

Autonome Komplexe sind gewöhnlich (aber nicht immer) um traumatische Kindheitserlebnisse angeordnet.[71] Im Verlauf von frühen traumatischen Erlebnissen spaltete unser in Bildung begriffenes Ich gewisse Aspekte unserer Psyche, welche Eltern, Geschwister oder die Gesellschaft unannehmbar fanden, ab und unterdrückte sie. Dabei kann es sich um Gedanken, Gefühle, Bilder oder Assoziationen handeln. Oft sind sie wertvoll und wert, daß man sich ihrer erinnert. Sie können verborgene Talente, Intuitionen, Fähigkeiten oder zutreffende Gefühle enthalten, die unsere Persönlichkeit weiser und vollkommener machen würden, wenn wir sie integrieren könnten. Bis eine Reintegration stattfinden kann, entspricht unsere Psyche einem zerbrochenen Spiegel, dessen Teile in Fragmenten enthalten, was einst ein vollständiges Spiegelbild war. Bewußtsein durchdringt unsere gesamte Psyche: Alle unsere Komplexe, unser Ich eingeschlossen, und das weite Gebiet des Unbewußten.

Die Archetypen

Archetypen wirken auf einer Ebene, die tiefer liegt als das persönliche Unbewußte mit seinen autonomen Komplexen. Sie sind die harten Bestandteile unserer genetisch übertragenen psychischen Maschine. Sie sind die grundlegenden Strukturen, welche die spezifische Natur der menschlichen Psyche festlegen, die immer dieselbe ist, unabhängig von der Kultur, in der das Individuum lebt.[72] In diesem Sinn verkörpern Archetypen transpersonale psychische Merkmale. Sie sind dynamische Energie-Grundbestandteile in uns allen. Sie steigen auf und fallen tief in unser Unbewußtes zurück, wie die Strömungen der Gezeiten. Unser tägliches Leben wird von diesen Energien auf eine Art beeinflußt, die wir nie zur Gänze verstehen können.

Jung erklärte, daß die Archetypen den Instinkten der Tiere entsprechen. Er ordnete sie dem zu, was er das *kollektive Unbewußte* nannte.[73] Die Existenz eines Unbewußten oder das, was viele das Unterbewußte nannten, war schon längere Zeit bekannt gewesen, aber Freud war der erste, der es zum zentralen Gegenstand einer großangelegten psychologischen Untersuchung machte. Wenn es auch vor ihm Psychologen gab, die die Existenz eines unterbewußten Geistes anerkannten, so taten sie das Unbewußte doch als einen inaktiven Verwahrungsort vergessener oder unterdrückter Erfahrungen ab.

Freuds Interesse an den Möglichkeiten des Geistes war während seiner medizinischen Studien bei dem großen Pariser Hypnotiseur Jean Martin Charcot geweckt worden. Charcot selbst legte die Ergebnisse seiner eigenen experimentellen Demonstrationen beiseite, da sie seiner Meinung nach auf die Hysterie der Patienten zurückzuführen waren. Was auch immer ihre Quelle war, die hypnotischen Äußerungen, deren Zeuge der junge Freud wurde, überzeugten diesen davon, ein reiches Feld für weitere Studien gefunden zu haben.

Freuds Lebenswerk sagt sinngemäß, daß wir nicht nur ein persönliches Unbewußtes besitzen, sondern daß uns allen ein tieferes Unterbewußtes gemeinsam ist. Dieses auf Instinkten beruhende Unterbewußte nannte Freud das *Es*.[74] Das wilde, primitive Es war verantwortlich für alle möglichen Arten von enorm mächtigen und irrationalen Impulsen, vor allem für aggressive Sexualität.

Klassische Freudianer neigen dazu, das Unterbewußte als mehr oder weniger unstrukturiert zu betrachten. Aber einige Neo-Freudianer vertreten die Meinung, daß die tiefe Psyche durch Struktur gekennzeichnet und weit davon entfernt sei, chaotisch zu sein. Erik Erikson spricht von «instinktiven Strukturen» und «präformierten Handlungsmustern», die unter entsprechenden Umständen «Triebenergie zur augenblicklichen, kraftvollen und geschickten Freisetzung» hervorrufen.[75] Er schlägt die Existenz «einer allgemeinen psychischen Energie (instinktiven Kraft)» vor, «die von einer Vielzahl präformierter und relativ autonomer Instinktmuster eingesetzt werden kann»[76], und sagt auch, «daß alle Handlungsmuster – die Art und Weise des Handelns – im Grundplan von Anfang an vorhanden sind, aber ihre bestimmte Zeit haben, um aufzusteigen.»[77]

Seine Gedanken kommen bemerkenswert nahe an das Jungsche Konzept der durch die Zeit und die Umstände aus dem kollektiven Unbewußten freigesetzten archetypischen «Handlungsmuster» heran. Jung führte die Erforschung der kollektiven unbewußten Strukturen einen Schritt weiter. Er behauptete, daß in ihnen sowohl die archetypischen Bausteine der menschlichen Psyche als auch das angesammelte kollektive Gedächtnis der gesamten menschlichen Rasse aufbewahrt ist. Er kam zu diesem Schluß, weil er entdeckte, daß Symbole, Bilder, Mythen und Götter aus verschiedenen Kulturen und Epochen nicht nur eine verblüffende Ähnlichkeit miteinander haben, sondern auch mit den Bildern, die in den Träumen seiner Patienten auftauchten. Nach seiner Auffassung ist das kollektive Unbewußte die Quelle und das grenzenlose Reservoir für alle Bilder, die in der menschlichen Kunst, Mythologie und Religion aufgezeichnet sind. Ihm entspringen gleichermaßen der Gesang des Dichters und die Erkenntnis des Wissenschaftlers. Aus ihm kommen die großen Träume, die oft nicht nur eine Bedeutung für den Träumer, sondern für eine ganze Gesellschaft haben.

Die archetypischen Strukturen der Psyche dienen als Leiter für große Ladungen ursprünglicher psychischer Energie. Aufgrund ihrer eigenen dynamischen Gestalt formen sie diese Energie und verleihen ihr die entsprechenden Muster. Die Psychologen nennen diese Lebenskraft in psychischer Form *Libido*.[78] Freud hielt die Libido für grundlegend sexuell. Jede ihrer Äußerungen, die in eine andere als in eine sexuelle Betätigung umgelenkt wurde, nannte er «Sublimierung». Jung war im Gegensatz dazu der Auffassung, daß die Libido eine allgemeine Lebenskraft sei, die sich in imaginativen und spirituellen Impulsen ebenso ausdrückt wie in der Sexualität.

Die Archetypen können sich auf jedes Individuum schöpferisch und lebensfördernd oder destruktiv und todbringend auswirken. Das Ergebnis hängt zum Teil davon ab, wie das in seiner eigenen Entwicklungsgeschichte gegründete Ich sich auf die Archetypen zu beziehen vermag. Der richtige Zugang zu der in der Psyche verfügbaren Libido wie auch ihr entsprechender Gebrauch läuft auf eine Art psychologische Technologie hinaus. Wenn wir diese Technologie erlernen und sie richtig anwenden, können wir die Energie dazu verwenden, dem Leben zugewandte Männer und Frauen aus uns zu machen. Wenn es uns aber nicht gelingt zu erlernen, wie man diese unermeßlichen Energiequellen gebraucht, oder wenn wir sie mißbrauchen, dann werden wir unsere eigene Vernichtung herausfordern und möglicherweise andere mit uns reißen. Auch wenn wir versuchen, die Archetypen zu ignorieren, üben sie nichtsdestoweniger ihren mächtigen Einfluß auf uns aus. Sie unterwerfen uns ihrem nichtmenschlichen, manchmal *un*menschlichen Willen. Daher müssen wir uns den Beweisen stellen, die uns die Tiefenpsychologie und andere Studien liefern. Wir sind nicht so frei von Instinkten und unbewußten Inhalten, wie man uns glauben gemacht hat. Echte Freiheit für das Ich ergibt sich, wenn wir das chemische Feuer, das heiß in unserem Unbewußten brennt, anerkennen und den richtigen Zugang finden.

Einige Jungsche Analytiker romantisieren die Archetypen.[79] Sie ermutigen die Patienten, ihren speziellen Archetyp oder Mythos, der ihr Leben aufgebaut hat, zu finden und ihn für sich in Anspruch zu nehmen. Das Leben wird dann zu einem Prozeß, in dem dieser Mythos bestätigt und ausgelebt wird. Unserer Meinung nach sollte es nicht unser Ziel sein, uns mit einem archetypischen Muster zu identifizieren oder einem mythischen Ausdruck desselben zu gestatten, mit unserem Leben zu machen, was er will. Wir sind der Auffassung, daß wir aufhören, entwicklungsfähige Menschen zu sein, die sich auf die Ganzheit zubewegen, wenn wir uns romantisch mit irgendeinem Archetyp identifizieren. Fühlen wir uns von einem Archetyp aufgrund seiner verführerischen Kraft angezogen, von seinen Versprechen, wir könnten unsere individuelle Verantwortung ablegen wie auch den Schmerz, der damit verbunden ist, daß wir Einzelwesen mit einem persönlichen Ich sind, dann werden wir vom bloßen Gewicht der zwanghaften unbewußten Impulse erdrückt werden.

Andererseits ist es nicht unser Ziel, auf unserer Suche nach psychischer Gesundheit *gewöhnlich und durchschnittlich* zu werden. Wir dürfen die lebensnotwendige Verbindung mit den libidinösen Energien, die uns die Archetypen zur Verfügung stellen, damit wir unser Leben erfüllt, wirksam und kreativ leben können, nicht verlieren. Unser Ziel ist es zu lernen, wie wir uns von den Archetypen *unterscheiden* können, ohne uns gänzlich von ihnen zu *trennen*. Wenn wir lernen, erfolgreich Zugang zu ihnen zu erlangen, werden sie zu Energiequellen sowohl für unser persönliches Leben als auch für die Heilung des Planeten – und wir werden strahlender auf jedem Gebiet unseres Daseins.

Genauer gesagt besteht unser Ziel darin, reife Ich-Strukturen zu entwickeln, stark genug, um nützliche Libido in unser tägliches Leben zu leiten. Wir können damit beginnen, indem wir uns bewußt machen, auf welche Art die archetypischen Energien bereits von uns Besitz ergriffen haben. Erst dann sind wir fähig, einen kreativen Zugang zu ihnen zu finden, und zwar in einem Prozeß, der uns einen besseren Sinn für die Willensfreiheit in den Entscheidungen unseres Lebens ermöglicht. Indem wir uns bemühen, für uns selbst eine Befreiung zu erreichen, werden wir zudem motiviert, anderen zu helfen, es uns gleichzutun. Unsere erneuerten Energien kommen uns selbst und anderen auf jeder Ebene unseres psychischen Systems zugute: auf der persönlichen und auf der familiären, auf der kommunalen, nationalen wie auch auf der globalen.

Der Schatten

Jung selbst identifizierte gelegentlich den Schatten mit der Gesamtheit des Unbewußten. Doch die meisten Tiefenpsychologen betrachten ihn als ein mehr oder weniger genau umgrenztes, beschreibbares, wenn auch facettenreiches

Gegen-Ich, vom selben Geschlecht wie das Ich.[80] Ist dieses eine Fotografie, dann ist der Schatten das dazugehörige Negativ. Er ist ein autonomer Komplex, der in direktem Gegensatz zum Ich steht, der Meinungen besitzt, Gefühle ausdrückt und ganz generell ein Programm durchsetzen will, das sich von dem des Ichs grundlegend unterscheidet.

Wie die meisten Komplexe ist der Schatten das Ergebnis von Kindheitstraumen. Alle Eigenschaften innerhalb der Gesamtpsyche einer Person, die dem sich entwickelnden Ich diametral entgegengesetzt sind und in der Kindheit auf Druck der Umgebung abgelehnt wurden, vereinigen sich im Unbewußten. Dort bilden sie ein umschriebenes, bewußtes, mit Willen ausgestattetes Gebilde. Werden sie später nicht integriert, werden diese abgetrennten Eigenschaften stets danach trachten, die Pläne und das Verhalten des Ichs zu sabotieren.

Wir alle haben die Erfahrung gemacht, wie das ist, wenn wir ein Szenario wollen und ein ganz anderes leben. Zum Beispiel haben wir die Absicht, freundlich zu sein, wenn wir unsere Schwiegereltern besuchen, werden dann aber unwiderstehlich in Streitigkeiten und Konfrontationen hineingezogen. Unser Ich möchte ein Bild familiärer Harmonie aufrechterhalten. Unser Schatten, der nicht imstande ist, eine solche Heuchelei zu tolerieren und eine echte Feindseligkeit gegenüber den Schwiegereltern fühlt, zwingt uns, uns ehrlicher, wenn auch destruktiver zu verhalten.

Die Feindseligkeit, die wir fühlen, betrifft letztlich uns selbst, doch braucht es manchmal viel Arbeit, bevor wir das verstehen können. Der Schatten unterstützt diese Arbeit, denn er sehnt sich nach Reintegration. Es ist seine Methode, uns dazu zu bringen, unsere unerträglich defensiven und unlogischen Positionen einzunehmen – um uns so mit einem psychischen Komplex zu konfrontieren, den wir lieber vergessen möchten. Unsere Haßgefühle der Außenwelt gegenüber sind gewöhnlich gegen diese inneren Komplexe

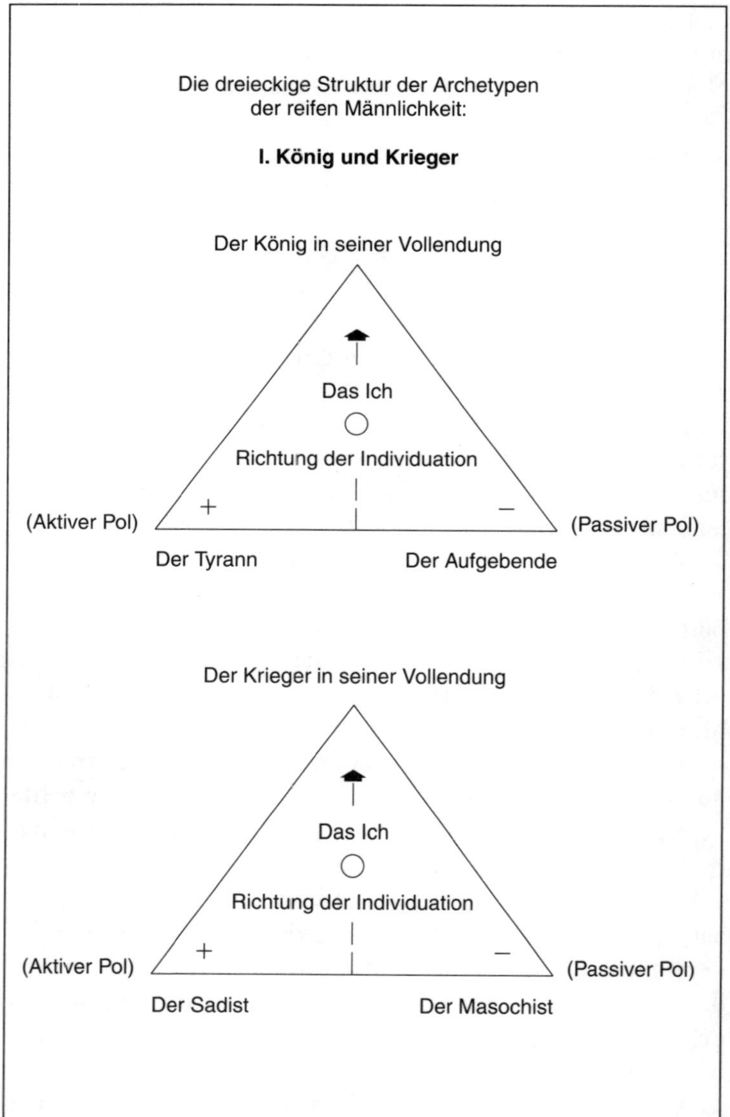
Die dreieckige Struktur der Archetypen
der reifen Männlichkeit:
I. König und Krieger
Der König in seiner Vollendung
Das Ich
Richtung der Individuation
+
−
(Aktiver Pol)
(Passiver Pol)
Der Tyrann
Der Aufgebende
Der Krieger in seiner Vollendung
Das Ich
Richtung der Individuation
+
−
(Aktiver Pol)
(Passiver Pol)
Der Sadist
Der Masochist

Abb. 1

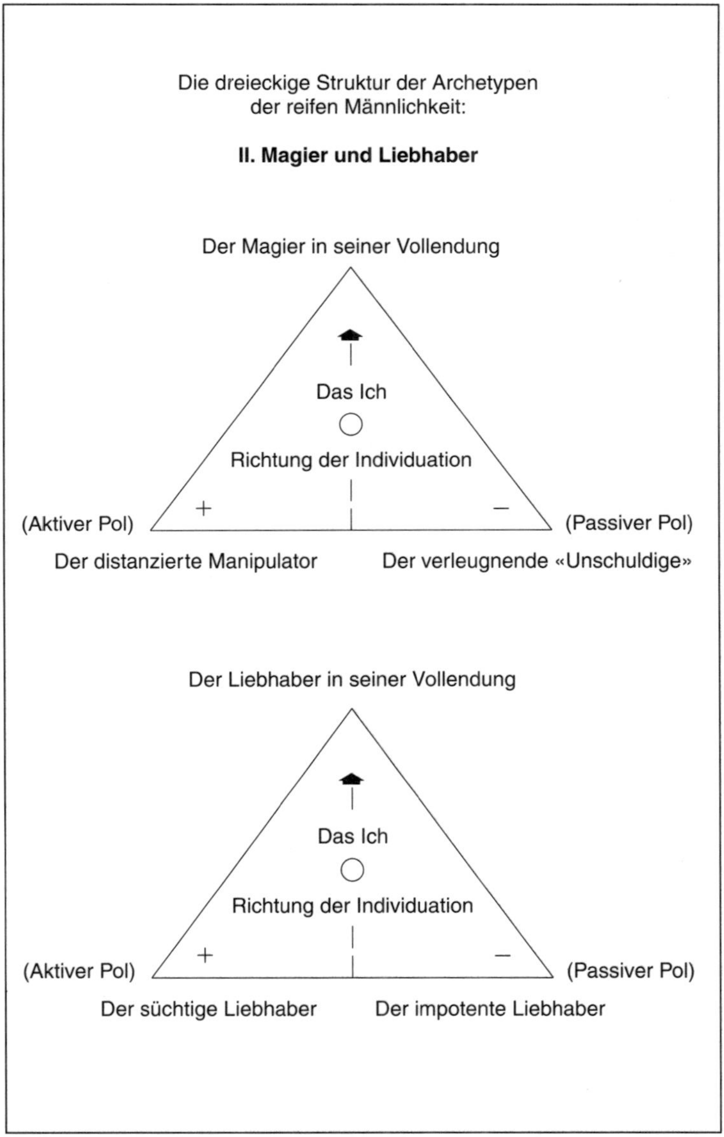
Die dreieckige Struktur der Archetypen
der reifen Männlichkeit:
II. Magier und Liebhaber
Der Magier in seiner Vollendung
Das Ich
Richtung der Individuation
+
−
(Aktiver Pol)
(Passiver Pol)
Der distanzierte Manipulator
Der verleugnende «Unschuldige»
Der Liebhaber in seiner Vollendung
Das Ich
Richtung der Individuation
+
−
(Aktiver Pol)
(Passiver Pol)
Der süchtige Liebhaber
Der impotente Liebhaber

Abb. 2

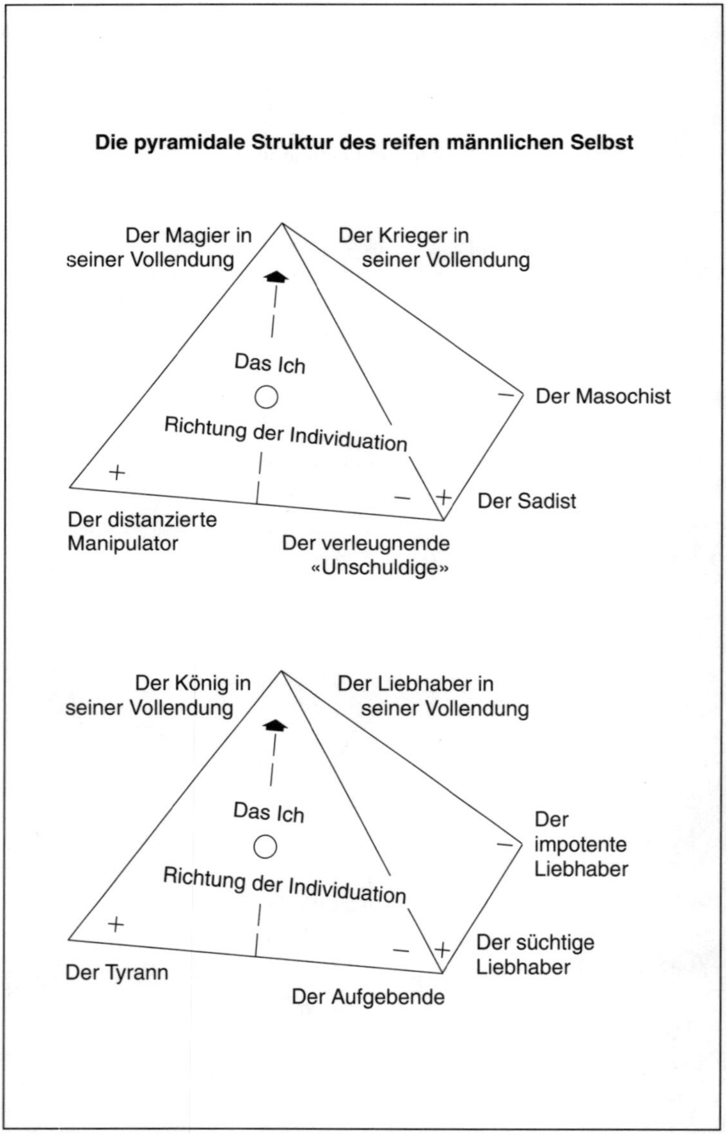
Die pyramidale Struktur des reifen männlichen Selbst
Der Magier in seiner Vollendung
Der Krieger in seiner Vollendung
Das Ich
Richtung der Individuation
Der Masochist
Der Sadist
Der distanzierte Manipulator
Der verleugnende «Unschuldige»
+
−
+
−
Der König in seiner Vollendung
Der Liebhaber in seiner Vollendung
Das Ich
Richtung der Individuation
Der impotente Liebhaber
Der süchtige Liebhaber
Der Tyrann
Der Aufgebende
+
−
+
−

Abb. 3

gerichtet, und unser Schatten arbeitet mit *zwanghafter Wiederholung*, um uns auf sie aufmerksam zu machen.

Statt irgendeiner abgelehnten Eigenschaft in uns selbst – sei sie nun positiv oder negativ – ins Auge zu blicken, gehen wir mit dem Schatten in der Weise um, daß wir diese Eigenschaften auf andere projizieren.[81] Nicht das Ich projiziert. Unser Schatten macht es, um unser Interesse auf seine Gefühle, Wünsche und Pläne zu konzentrieren. Unser Schatten verführt uns dazu, andere Leute, die wir nicht mögen oder mit denen wir nicht übereinstimmen, in Farben zu sehen, die vielleicht nur am Rande deren «wirkliche» Farben sind, die aber den Farben *entsprechen*, die unser Schatten besitzt.

Jung war der Ansicht, daß es großer moralischer Tapferkeit bedürfe, eine Projektion des Schattens zurück- und als Teil von uns selbst in Besitz zu nehmen. Er war auch der Meinung, daß wir gezwungen werden, all den Schattenanteilen, denen wir uns nicht innerhalb unserer Psyche stellen, in der äußeren Welt gegenüberzutreten. Wenn wir uns daher zu den Eigenschaften unseres Schattens bekennen können und von ihnen lernen, dann entschärfen wir den zwischenmenschlichen Konflikt, dem wir sonst begegnen würden. Leute, die als Projektionsfläche für unsere Schattenprojektionen gedient haben, werden weniger hassenswert und menschlicher. Gleichzeitig erfahren wir uns als reichere, vielgestaltigere und mächtigere Individuen.

Die dreieckige Struktur der Archetypen

Die Definition des Schattens in diesem Buch schließt die traditionelle jungianische Auffassung ein, führt aber gleichzeitig einen weiteren, archetypischen, transpersonalen Aspekt ein. Wir sind der Meinung, daß männliche und weibliche Archetypen ihren jeweils eigenen Schatten besitzen. Der König, der Krieger, der Magier und der Liebhaber bilden als die vier grundlegenden männlichen Archetypen die männliche archetypische Struktur, die wir untersucht haben. In einem gewissen Sinn wirken diese Archetypen auf einem primitiveren Niveau als das Ich, das zu ihnen Zugang hat, und jeder hat seinen eigenen Schatten (Abb. 1–3).

In unserer erweiterten Definition manifestiert sich ein Schatten immer bei unreifen, fragmentarischen Psychen, denn etwas abzuspalten ist immer ein Symptom einer nicht integrierten Entwicklung.[82] In der traditionellen jungianischen Auffassung von Reife hängt der Grad der Ganzheit im großen und ganzen davon ab, wie weit die Spaltung zwischen Ich und Schatten überwunden ist. Psychische Reife ist zum Großteil ein Maß dafür, wie weit das Ich den Schatten ins Bewußtsein zu integrieren vermochte.

Wir behaupten, daß die Spaltung zwischen Ich und Schatten in sich selbst ein Schattensystem darstellt. Die Spaltung zieht sogar das Ich in den *bipolaren* Schatten von einem oder mehreren Archetypen hinein. In dieser Situation identifiziert es sich gewöhnlich mit einem Pol des archetypischen Schattens und trennt sich von dem anderen ab. Unserer Ansicht nach kann der Schatten dann immer noch auf die traditionelle Art und Weise als der psychische Bereich betrachtet werden, von dem das Ich getrennt ist, umfassender aber als ein bipolares *System*, das durch Spaltung, Repression und Projektion *innerhalb* des Energiefeldes des Archetyps gekennzeichnet ist.

Lange Zeit assoziierten die Psychologen den Begriff «bipolare Störung» fast ausschließlich mit der manisch-depressiven Persönlichkeit.[83] Theodore Millon erweiterte in seinem Buch *Modern Psychopathology* die Idee der Bipolarität, so daß sie passive und aktive Dimensionen bei allen wichtigen Persönlichkeitsstörungen umfaßt.[84] In ähnlicher Weise haben einige Jungianer eine bipolare Beziehung zwischen bestimmten Archetypen beschrieben (die an sich keine Persönlichkeitsstörungen sind), die zu solchen archetypischen Paaren führten wie senex – puer (Alter Mann – Ewiger Jüngling), domina – puella (Alte Frau – Ewiges Mädchen) und andere.[85]

Im Fall des Krieger-Archetyps stellen zum Beispiel weder der Sadist noch der Masochist (die beiden Pole des Krieger-Schattens) persönliches Wachstum oder Erfüllung dar. Die volle Verkörperung des Kriegers wird in einer dritten, darüber hinausgehenden Möglichkeit gefunden, welche beide Pole in eine schöpferische psychische Struktur integriert. Archetypen versöhnen einander entgegengesetzte Kräfte immer auf diese Art, um psychische Ganzheit zu erreichen. Beide Pole des archetypischen Schattensystems enthalten Eigenschaften, die für die psychische Gesundheit notwendig sind. Werden sie aber in ihrem chronischen Spannungszustand belassen, verurteilen sie das Ich zu einer fragmentarischen und unreifen Existenz. Durch die Archetypen in ihrer überragenden Fülle geleitet, integriert eine reife Persönlichkeit diese wichtigen Eigenschaften, indem sie die abgespaltenen Teile im archetypischen Schatten miteinander versöhnt.

Unser verfeinertes Verständnis der Wirkungsweise der Archetypen legt interessante Analogien zu anderen Denkrichtungen nahe. Der Psychologe Alfred Adler, ein Zeitgenosse von Freud und Jung, war der Auffassung, daß Persönlichkeitsstörungen sowohl in einer aktiven als auch in einer passiven Form auftreten und nähert sich damit unserer Vorstellung von der Wirkung der archetypischen Schattensysteme. Der christliche Theologe Paul Tillich gründete seine Gedanken auf den Glauben an die «Zweideutigkeit» von Raum und Zeit in der geschaffenen Welt – wie er es nannte. Er glaubte, daß diese Zweideutigkeiten ihre Lösung in einer dritten, höheren Realität «über» der Geschichte finden, wobei der Impuls dazu vom «Geist» ausgeht.[86] Der deutsche Philosoph Hegel betrachtete die Vorwärtsentwicklung des Universums als einen Prozeß, der sich fortschreitend aus der Abfolge von «These-Antithese-Synthese» entwickelt, wobei jede Synthese zu einer neuen These wird, in einem Programm von evolutionärer Komplexität und Integration.[87] Alfred North Whitehead, der große amerikanische Philosoph des zwanzigsten Jahrhunderts, sieht das gesamte «Abenteuer der Ideen» – Ideen, die die Welt *erschaffen* – als einen Prozeß, durch den Gott die geschaffene Welt in winzigen Schritten, die er «Gelegenheiten» nennt, voranlockt.[88] Diese «Gelegenheiten» sind mit Hegels Thesen vergleichbar, wobei Gott die ständig sich ändernde Antithese ist. Whitehead nennt diesen unaufhörlichen Prozeß «kreatives Voranschreiten».

In ähnlicher Form leitete Jung von seinen alchemistischen Studien die Idee der *coniunctio oppositorum* (der Vereinigung der Gegensätze)[89] ab, welche durch eine «transzendente Funktion» – der begrifflichen Entsprechung von Tillichs «Geist» und Whiteheads «Voranlocken» – verursacht wird. Gemäß Jung ist es wesentlich für das Ich, einander entgegengesetzte Bilder, Gefühle und Standpunkte im Gleichgewicht zu halten, ohne einer der beiden Seiten zu erlauben, in das Unbewußte zu verschwinden. Allmählich, wenn dieser Kampf mit all dem Leiden, das er verlangt, bewußt erlebt wird, kann unsere Psyche einer darüber hinausgehenden (transzendenten) dritten Möglichkeit zur Ganzheit folgen.

Jungs Anhänger haben die lebenswichtige Rolle des Ichs bei der Entscheidung, wie die Archetypen unser Alltagsleben formen sollen, weitgehend vernachlässigt. Unser Modell der dreieckigen Struktur der Archetypen hilft dem Individuum, sich zu bemühen, daß sich die Archetypen in ihrer vollständigen Form und nicht in ihren Schattenstrukturen manifestieren. Ein Ich, das keinen richtigen *Zugang* zu einem Archetyp gewinnt, wird von dessen Schatten besessen werden und zwischen den zwei Polen des Schattens hin- und herpendeln. Am einen wird es eine *positive Infla-*

tion (Explosion) erleiden, am anderen eine *negative* (Implosion). Solange sie voneinander getrennt sind, sind die beiden Pole des Schattens Ausdruck einer pathologischen Dunkelheit, die nur durch ihre Integration in das transzendente Dritte des Archetyps erhellt wird. Es ist das Ich, das ihre Pathologie in einen schöpferischen Fortschritt verwandelt.

Seine Handlung ist der Schlüssel zu dieser umwandelnden Erfahrung. Das Ich und die Bestandteile des Archetyps üben eine der Schwerkraft ähnliche Anziehungskraft aufeinander aus. Um eine Wandlung zu ermöglichen, muß das Ich eine Position «über» Raum und Zeit einnehmen, im Bereich des Geistes oder des kollektiven Unbewußten. Letztlich dient das Ich dem Archetyp als Möglichkeit, sich in Raum und Zeit auszudrücken. In der Raum-Zeit-Dimension wird der Archetyp jedoch in seinen aufgespaltenen polaren Aspekten erscheinen, und das Ich wird diese anziehen. Im Bereich des Geistes hingegen vermag es seine richtige Position auf dem Leitstern – dem transzendenten Dritten des Archetyps – zu behalten.

Die bipolare Anordnung des Archetyps in Raum und Zeit finden wir ausgedrückt im mythischen Bild der Symplegaden, deren zusammenprallende Felsen das Ich auf seiner Suche nach dem transzendenten Dritten – dem vollständigen Ausdruck des Archetyps – passieren muß.[90] Das Ich muß von diesem vollständigen Archetyp *angelockt* werden, um seine eigene schöpferische Vervollkommnung wie auch die der Welt zu erleben. Und der Archetyp braucht das Ich, um sich selbst in Raum und Zeit zu erfahren und um seine verlorenen Schattenanteile wiederzufinden. Dieses Wiederfinden verleiht dem Archetyp die nötige Kraft, damit seine schöpferische Wirkung in der Welt andauern kann.

Gemäß unserer Theorie gibt es vier Grundarchetypen des reifen (wie auch des unreifen) Männlichen. Fügt man die vier Dreiecke (Abb. 1 u. 2) – König, Krieger, Magier und Liebhaber –, die ja eng zusammenhängende Aspekte des männlichen Selbst darstellen, zusammen, finden sie in der Form der Pyramide (Abb. 3: Vorder- und Hinterseite der Pyramide) ihren gemeinsamen Ausdruck. Die Pyramide kann als ein Symbol für das männliche Selbst verstanden werden. Von Ägypten bis Mittelamerika, von Mesopotamien bis Hawaii sind sie Miniaturdarstellungen des Universums und zeigen oft eine Schichten- oder Stufenform. Diese Stufen stehen fast immer für die Stufen des Universums, für die verschiedenen Ebenen kosmischer Wirklichkeit. Indem es eine Pyramide hinaufstieg, gelangte das Individuum von der profanen Dimension zur heiligen, vom weniger Göttlichen zum vollständigen Ausdruck der Göttlichkeit.

Diese Vorstellung entspricht unserer Idee von einer «aufwärts» verlaufenden Individuation des Ichs, entwickelt sich dieses doch von einem weniger integrierten (profanen) Zustand zu einem voll integrierten (heiligen oder «göttlichen»). Das Ich eines Mannes muß alle vier Seiten der stufenförmigen Pyramide des männlichen Selbst besteigen, um damit die bipolare Teilung des Schattens an deren Basis zu überwinden. Dabei muß das Ich seinen Blick auf den Schlußstein der Pyramide gerichtet halten, der die vollkommene Einheit der vier Archetypen in einem individuellen Leben am umfassendsten repräsentiert. Dieser Aufstieg des Ich-Bewußtseins hat nach Jung stets mit dem Versöhnen von Gegensätzen zu tun und mit dem Integrieren abgespaltener psychischer Inhalte. In dem Maß, in dem das Ich eines Mannes alle vier Seiten des Archetyps besteigt, wird er ganzheitlicher und heiler. An der Spitze der Pyramide ist er ein besserer Mensch geworden und besser in der Lage, zu den Archetypen in ihrer Fülle Zugang zu gewinnen. Auf der Seite des Königs integriert er den Tyrannen und den Schwächling, auf der des Kriegers den Sadisten und den Masochisten. Auf der Ebene des Magiers integriert er den distanzierten Manipulator und den verleugnenden «Unschuldigen» und auf der Seite des Liebhabers den süchtigen und den impotenten Liebhaber. Jeder Pol des abgespaltenen Schattens dieser grundlegenden Archetypen besitzt Einsichten und Stärken, die, wenn das Ich sie integriert, zu einem gefestigten Gefühl für das Selbst beitragen. Jeder der bipolaren Gegensätze enthüllt nach der Vereinigung das «transzendente Dritte» des Archetyps in seiner Fülle.

Ein Mann, der die Spaltung des bipolaren Schattens überwunden hat, fühlt sich innerlich gestärkt. Und während er seine innere männliche Struktur *aufbaut, entdeckt* er gewissermaßen, daß die Pyramide des männlichen Selbst als sein Kern schon immer in ihm vorhanden war.

Die Überlappung der reifen männlichen Archetypen

Weil nur das vollkommen verwirklichte Ich den vollen Ausdruck von Archetypen erfaßt, behalten diese für die meisten von uns etwas Geheimnisvolles – daher vermengen sogar Tiefenpsychologen oft die reifen männlichen Archetypen. Die Bilder und Symbole, die die Archetypen verwenden, um sich uns mitzuteilen, beziehen sich über ihre eigene Bedeutung hinaus in einer fast unendlich komplexen Art und Weise auf andere Bilder und Symbole. Der Phallus, das Kreuz, der Baum, die Weltachse (axis mundi), das Rückgrat, der heilige Berg und die Pyramide können für sich symbolisch verstanden werden, aber jedes dieser Symbole kann man auch als einen symbolischen Aspekt der anderen interpretieren.[91]

Es besteht daher auch eine gewisse Gefahr der Überinterpretation. Ein Individuum kann sich dabei leicht verlieren. Außerdem sind die vier grundlegenden Archetypen, die einen reifen Mann beeinflussen (König, Krieger, Magier und Liebhaber), Elemente des uranfänglichen vollständigen Selbst, und sie ergänzen einander so sehr, daß keiner von ihnen seinen vollen Ausdruck erfährt, ohne die anderen miteinzubeziehen.

Diese Archetypen haben sich historisch gesehen in einer geradezu verwirrenden Vielfalt kombiniert und wieder aufgespalten. Regenmacher zum Beispiel führen zur Entstehung von Regenkönigen, welche Priester ernennen, um Kriegerkönige zu wählen, die andere Krieger damit beauftragen, Magiern zu dienen, die selbst wieder zu Königen werden. Ein sterblicher König, der den archetypischen König voll zum Ausdruck bringt, ist ein Krieger, der in seinem Königreich Ordnung durchsetzt und militärische Schritte unternehmen kann, um sein Königreich zu vergrößern. Er ist gleichzeitig ein hohepriesterlicher Magier, der zwischen der spirituellen Dimension und seinem Volk vermittelt.[92] Er ist auch ein Liebhaber seines Volkes und in einem speziellen Sinn der Liebhaber seiner heiligen Königin, denn er kann nicht rechtmäßig und wirkungsvoll regieren, wenn ihre Vereinigung nicht fruchtbar ist.[93]

Trotz der ungenauen Grenzen ist es nützlich, die vier männlichen Archetypen zu unterscheiden, um die Fähigkeit des Ichs zu vergrößern, Zugang zu diesen komplexen psychischen Strukturen mit all ihrem Reichtum zu finden. Im vorliegenden Buch haben wir uns auf die Stellung des Magiers im voll handlungsfähigen männlichen Selbst konzentriert.

2. Archetypen und Gehirnforschung

Die Archetypen und die Gehirnstruktur

Verblüffende Übereinstimmungen werden zwischen den Gebieten der Gehirnforschung und der Tiefenpsychologie entdeckt. In seinem Buch *Archetypes: A Natural History of the Self*[94] hat der Psychologe Anthony Stevens die Erforschung der Gehirnbereiche, in denen die archetypischen Formen lokalisiert sein können, ausgeweitet und versucht, Jungs Theorie der psychologischen Typen in den Kategorien der Gehirnstrukturen zu erklären. Jungs intuitive Typen gebrauchen möglicherweise vorwiegend die rechte Gehirnhälfte, während diejenigen, die der linken Gehirnhälfte den Vorzug geben, Jungs Denktypen entsprächen.

Kurz zusammengefaßt: Die rechte Gehirnhälfte (die rechte Hemisphäre der Gehirnrinde) «denkt» in Bildern und Symbolen, erfaßt Situationen und Muster als Ganzes und ist das Zentrum, in dem Träume, Visionen und Phantasien erzeugt werden. Die linke Gehirnhälfte (die entsprechende linke Hemisphäre, Abb. 4, oben) denkt folgerichtig, analysiert Situationen und Muster logisch und gebraucht die Sprache in ihren kognitiven Prozessen. Viele lokalisieren das Ich zur Gänze in der linken Gehirnhälfte. Im Gegensatz dazu nimmt Stevens an, daß das Ich, obwohl es die meiste Zeit in der linken Gehirnhälfte tätig ist, sich auch der rechten bedient. Nach seiner Ansicht ist das Bewußtsein eine Funktion, die das gesamte Gehirn durchdringt, auch wenn sich die Art des Bewußtseins in der rechten und linken Gehirnhälfte klar unterscheiden läßt. Das persönli-

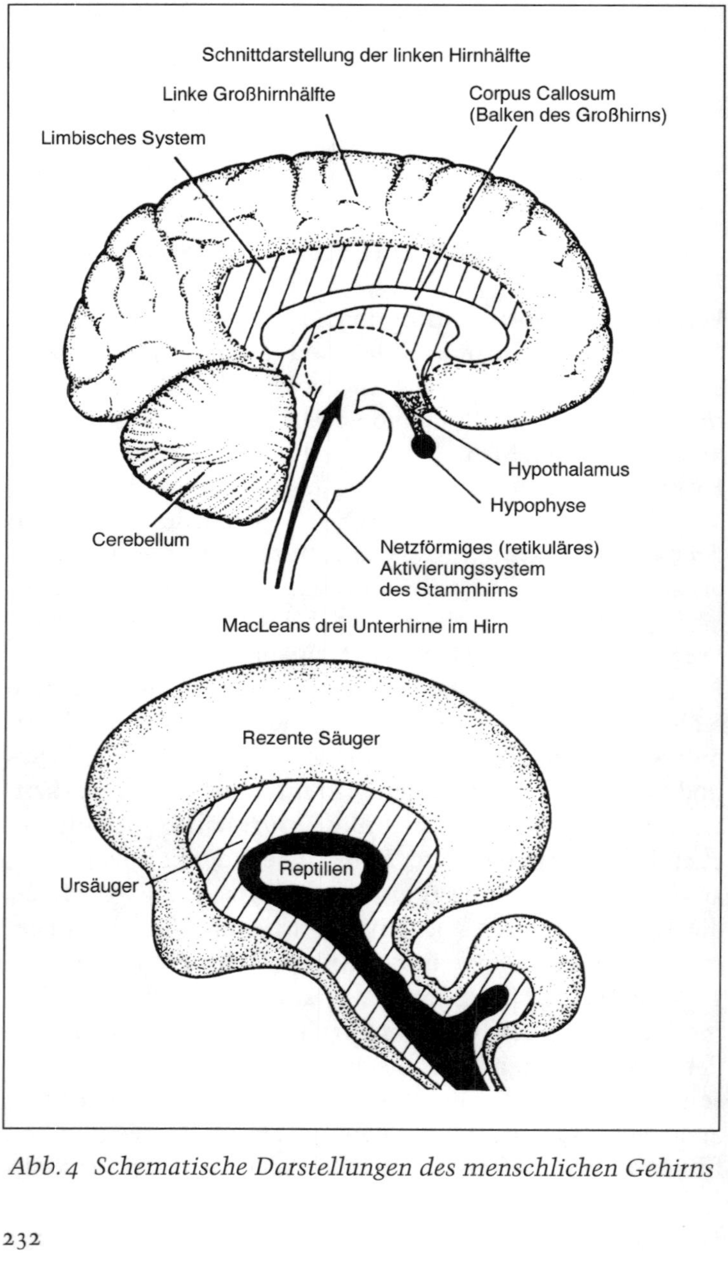

Abb. 4 Schematische Darstellungen des menschlichen Gehirns

che Unbewußte und seine verschiedenen Komplexe scheinen sich in der rechten Gehirnhälfte zu manifestieren. Beim Träumen kommuniziert die rechte Gehirnhälfte mit dem Ich, das aber immer noch in erster Linie mit der linken Gehirnhälfte identifiziert ist.

Stevens lokalisiert die Archetypen weniger in der rechten Gehirnhälfte als in tieferen, älteren Schichten des Gehirns, die nach dem Gehirnforscher Paul MacLean während der Millionen Jahre, die die Evolution der Tiere in Anspruch nahm, weitgehend unverändert geblieben sind.[95] Die in zwei Hemisphären aufgeteilte Gehirnrinde, die wir als das menschliche Gehirn betrachten, ist nur das am spätesten entwickelte Element von drei unterschiedlichen neurologischen Regionen (Abb. 4, unten). Vor ihm entstand der Neocortex (das Gehirn der rezenten Säuger), der anscheinend für das Erkennungsvermögen und anspruchsvolle Wahrnehmungsvorgänge zuständig ist; noch früher entstand das Mittelhirn oder Gehirn der Ursäuger (das limbische System), das anscheinend die grundlegenden Emotionen wie Angst und Wut, Zugehörigkeits- und Muttergefühle sowie das artspezifische individuelle und soziale Verhalten hervorbringt; noch weiter zurück liegt die Entwicklung des aufrechten Wuchses des Rückenmarks, das Kriechtiergehirn (der R-Komplex), das für die grundlegenden Lebensaktivitäten verantwortlich ist und wahrscheinlich auch der Sitz unserer grundlegenden Instinkte und unserer gewohnheitsmäßigen Verhaltensmuster. Diese drei Gehirne innerhalb des Gehirns sind relativ autonom tätig. Unser psychischer Integrationsprozeß ist – zum Teil – ein Versuch, diese drei Gehirnregionen zu vereinigen und zu synchronisieren.

Wenn die Archetypen, wie Jung glaubte, auf einer grundlegend instinktiven Ebene entstehen, könnte es sein, daß sie unserer primitivsten Region, dem Kriechtiergehirn, entstammen. Beim Aufsteigen durch Mittelhirn und Neocortex würden die bildhaften, intuitiven Strukturen bearbeitet und vor allem in unsere rechte Gehirnhälfte gelangen. Da unser Ich die Archetypen auch über die linke Gehirnhälfte erfährt, würden diese auch durch die sprachorientierte und logische Art des Denkens beeinflußt, das dort sein Zentrum hat. Die Archetypen beinhalten vielleicht deshalb ein Gefühl des Andersseins[96], weil sie Gehirnzonen entstammen, die so viel tiefer liegen als der Ursprung des Ich-Bewußtseins, und in eine Sprache übersetzt werden müssen, die vor allem die linke Gehirnhälfte versteht.

Vollständige Archetypen umfassen *sowohl* die Funktionen der rechten Gehirnhälfte *als auch* diejenigen der linken. Das trifft ganz deutlich auf die vier Grundarchetypen der reifen Männlichkeit zu. Natürlich sind die vernünftigen, strategischen und emotional distanzierten Verhaltensweisen des Magiers und des Kriegers typisch für Prozesse in der linken Gehirnhälfte, obwohl sie in zweiter Linie auch Funktionen der rechten Gehirnhälfte in Anspruch zu nehmen scheinen. Ebenso sind die visuell orientierten, ästhetischen und intuitiven Verhaltensweisen des Liebhabers charakteristisch für die Funktionen der rechten Gehirnhälfte, obwohl er sich auch der Prozesse der linken Gehirnhälfte zu bedienen scheint. Eine gründlichere Besprechung des Ursprungs der vier Archetypen der reifen Männlichkeit und des limbischen Systems des Gehirns (Gehirn der Ursäuger) findet sich im folgenden Kapitel. Dieses Arbeitsgebiet steht weit offen für eine zukünftige aufregende Forschungsarbeit.

Die Archetypen und das limbische System

Eine Anzahl Hirnforscher, vor allem Paul MacLean, sind der Ansicht, daß das limbische System (welches die grundlegenden Instinkte des darunterliegenden R-Komplexes oder Kriechtiergehirns erweitert) Sitz der Säugetierinstinkte und der artspezifischen Instinkte aller Primaten, einschließlich des Menschen, ist. Das im Gebiet des Paläocortex gelegene limbische System besteht aus Fornix, Hippocampus, Gyrus cinguli, Nucleus anterior thalami, Corpus amygdaloideum, Septumregion, Corpus mamillare und den angegliederten Bereichen des Hypothalamus. Der Paläocortex ist (wie die griechische Wurzel des Begriffes anzeigt) das ältere Gehirn, eine Region, die wir mit anderen Säugetieren teilen. Unser Paläocortex ist genetisch genau wie der Paläocortex anderer Primaten aufgebaut.

Weil der Mechanismus der Evolution dazu dient, auf der Grundlage der älteren Strukturen allmählich neue zu entwickeln, sind in unserem Körper eine Menge archaischer Strukturen geblieben, die weiterhin ihre primitiveren Funktionen erfüllen. Ein bekanntes verkümmertes Organ, der Blinddarm, hat für den Menschen keine offensichtliche Funktion mehr (man glaubt, daß er einst dem Verdauen von Gras gedient hat) und ist deshalb heute ein Ort häufiger Infektionen. Das limbische System übt jedoch seine ererbten Funktionen weiter aus und scheint der Ort grundlegender archetypischer Strukturen zu sein – möglicherweise, um die menschlichen Archetypen mit den instinktiven Mustern anderer Arten in Verbindung zu bringen.

Paul Broca war der erste, der 1878 eine große Gehirnwindung identifizierte, die allen Säugetiergehirnen gemeinsam ist und die als der «große limbische Lappen» bezeichnet wird.[97] 1937 erkannte James Papez, daß dieses limbische System der Sitz der Erfahrung und des Ausdrucks von Emotionen ist.[98] Paul MacLean hat danach das vollständige Konzept des limbischen Systems entwickelt.[99] Er kam zum Schluß, daß dieses System nicht nur das Zentrum für Emotionen ist, sondern auch als Integrationszentrum für die Wechselbeziehung von «jeder Form innerer und äußerer Wahrnehmung» dient. Es hat, so behauptet er, «viele starke Verbindungen mit dem Hypothalamus, um dessen Reize zu entladen».[100] Auch wenn manche Forscher diese Meinung nicht akzeptieren, scheint kein anderes neurologisches System verfügbar zu sein, um diese integrative Rolle zu spielen.

Innerhalb des limbischen Systems gibt es drei wichtige Subsysteme:

1. das affiliative/Bindungs-Subsystem[101]
2. das autonome/Aggressions-Subsystem[102]
3. das integrative/Hemmungs-Subsystem[103]

Das affiliative/Bindungs-Subsystem ist, wie schon der Name sagt, mit großer Wahrscheinlichkeit für die generelle Tendenz der Säugetiere verantwortlich, soziale Einheiten zu bilden, die durch Nähren, Zuneigung und Spiel gekennzeichnet sind. Bei den Menschen und anderen Primaten können diese Bindungsimpulse zu solch komplexen psychischen und sozialen Phänomenen führen wie Vertrauen, Abhängigkeit und Zusammenarbeit. Der Bindungs-Impuls scheint (zusammen mit den spezifischen Organisationsstrukturen jeder Spezies) vor allem im Gyrus cinguli zu entstehen[104]. MacLean hat vorgeschlagen, daß das Konzept der «Familie» zum Beispiel als Struktur auf das limbische System zurückgeführt werden könnte.[105]

Forschungsdrang, Angst, Verteidigungsstrategien, Kampf, der Erwerb von Territorium, das Verlangen nach Kontrolle (über die innere und die äußere Welt) und anderes Verhalten, das dazu dient, sich selbst zu definieren und zu schützen, sind das Ergebnis eines Autonomie-/Aggressions-Instinkts. Dieser Impuls ermöglicht es den Menschen, aufgrund von Mißgeschicken und Notsituationen ein zusammenhängendes Selbst zu bilden. Er kann auch den Instinkt entstehen lassen, die Gesellschaft hierarchisch zu ordnen.[106] Das autonome/Aggressions-Subsystem scheint im Corpus amygdaloideum lokalisiert zu sein.[107] Es gibt Hinweise darauf, daß bei den Primaten das Corpus amygdaloideum eine

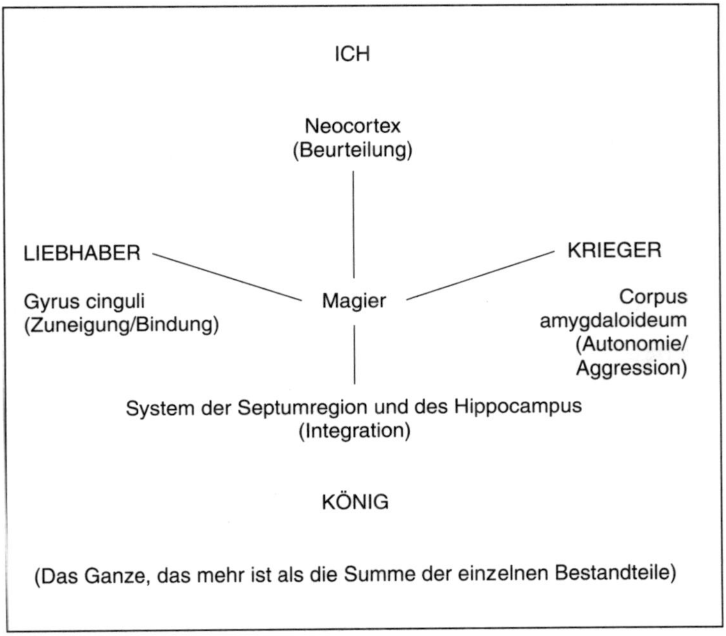

Abb. 5 Erweiterung von George Everlys Diagramm des limbischen Systems durch Einbezug der vier männlichen Grundarchetypen.

Rolle bei der hierarchischen Anordnung von Gesellschaftssystemen spielt.[108]

Das dritte große limbische Subsystem wirkt als Vermittler für den Integrations-/Hemmungs-Instinkt und ist anscheinend im Hippocampus und in der Septumregion gelegen.[109] MacLean ist der Auffassung, daß dieses Subsystem das integrative Zentrum für das gesamte Nervensystem darstellt.[110] Der Hippocampus kann als der Torhüter des limbischen Systems – Hauptort des gesamten Nervensystems – gedacht werden. In Zusammenarbeit mit dem Neocortex (der kognitive Funktionen ins Spiel bringt) scheint der «Tormechanismus» des Hippocampus für die Verarbeitung von Daten aus nahezu allen Teilen des Nervensystems verantwortlich zu sein: das Anpassen, Regulieren, Organisieren und das Anordnen nach Prioritäten. Der Hippocampus reguliert wechselweise affiliatives/Bindungs-Verhalten und autonomes/Aggressions-Verhalten. Wenn er richtig funktioniert, reguliert er diese miteinander konkurrierenden Triebe, so daß sie mit Umweltreizen aus der inneren wie auch aus der äußeren Welt in angemessener Form interagieren.

Nach unserer Überzeugung entspringen die vier grundlegenden Archetypen, die wir darstellten, im limbischen System und werden dann auf ihrem Weg hinauf durch den Neocortex bearbeitet und verfeinert. Diese Bearbeitung erfolgt vermutlich in erster Linie entweder durch die rationalen und logischen Funktionen der linken oder durch die intuitive, ganzheitliche Wirkungsweise der rechten Hirnhälfte. Die Archetypen können vor allem in den frontalen Hirnlappen eine «menschliche» Form erhalten, die für die von Empathie und Altruismus bestimmten Emotionen und für die hochentwickelten kognitiven Prozesse verantwortlich zu sein scheinen. Damit das Ich irgendeinen dieser vier Archetypen erkennen und darauf zugreifen kann, muß es ihn als einen – asymmetrischen – Bestandteil von jedem anderen Archetyp erfahren. Im Lichte der Gehirnforschung, die wir zitiert haben, ist die Annahme gerechtfertigt, daß eine herausfordernde Übereinstimmung zwischen den Archetypen und dem limbischen System besteht.

Es scheint klar, daß das, was wir den Archetyp des Liebhabers nennen, ursprünglich im affiliativen/Bindungs-Subsystem entsteht und unser Krieger-Archetyp im autonomen/Aggressions-Subsystem. Der Archetyp des Magiers (den einige andere Psychologen mit dem Ich verwechseln) entsteht im integrativen/Hemmungs-Subsystem, an dessen Nahtstellen mit den neocortikalen Strukturen. Das Ich würden wir innerhalb des eigentlichen Neocortex lokalisieren. Das erhält den Status des Ichs als offensichtliches Zentrum des Wachbewußtseins. Es ist hier vom Magier unterschieden, aber sicher ist es wenigstens ursprünglich mit diesem Archetyp enger verbunden als mit dem des Liebhabers oder des Kriegers.

So verstanden erweist sich der König als das integrierte, reife Funktionieren aller neokortikalen und limbischen Subsysteme. Obwohl dieser Archetyp in den Subsystemen der Septumregion und des Hippocampus zu entstehen scheint, geht er über die Torhüter-Funktionen dieses Subsystems hinaus. Der König ist mehr als nur ein Regulationsmechanismus und umfaßt den Krieger, den Magier und den Liebhaber in einer integrativen und richtunggebenden Art.

Wir bieten in Abbildung 5 eine Erweiterung von George Everlys Diagramm des limbischen Systems an, das auch die vier Archetypen der reifen Männlichkeit berücksichtigt.

3. Über Jung hinaus

In der nun folgenden kurzen Diskussion möchten wir aufzeigen, in welcher Weise wir – wie wir glauben – das Werk Jungs über die tiefen Strukturen des Selbst fortgeführt haben. Unsere Arbeit basiert auf seinen grundlegenden metapsychologischen Annahmen.

Viele Jungianer haben die Bedeutung und die Tiefe von Jungs Engagement für den *Quaternio und den Doppelquaternio* in den Strukturen des menschlichen Selbst vergessen. Jung war der Auffassung, daß die intensive menschliche Beschäftigung mit der Vierheit eine strukturelle Realität im kollektiven Unbewußten widerspiegelt. Sein bekanntestes Werk über die Vierheit ist seine Typologie – vor allem seine Erklärung der vier Funktionen: der Intuition, des Empfindens, des Denkens und des Fühlens. Weniger bekannt ist seine Idee, daß die Totalität des archetypischen Selbst deutlich im Oktaeder abgebildet ist.

Seine ausführlichste Darstellung dieses Doppelquaternio des Selbst legte er in seiner Schrift «Die Struktur und Dynamik des Selbst» in *Aion* vor. Jung wollte damit die verschiedenen Möglichkeiten verdeutlichen, in denen man zeigen kann, daß die oktaedrische Form des Selbst eine psychologische Erkenntnis repräsentiert (Abb. 6). Obwohl er sich mächtig bemühte, seinen Standpunkt zu vertreten, haben viele seine Ausführungen hoffnungslos undurchsichtig gefunden.

Einige bekannte Jungianer haben nach dem Schlüssel zu Jungs Faszination durch dieses besondere Oktaeder gesucht. Einige haben sich ein ähnliches Oktaeder zu eigen

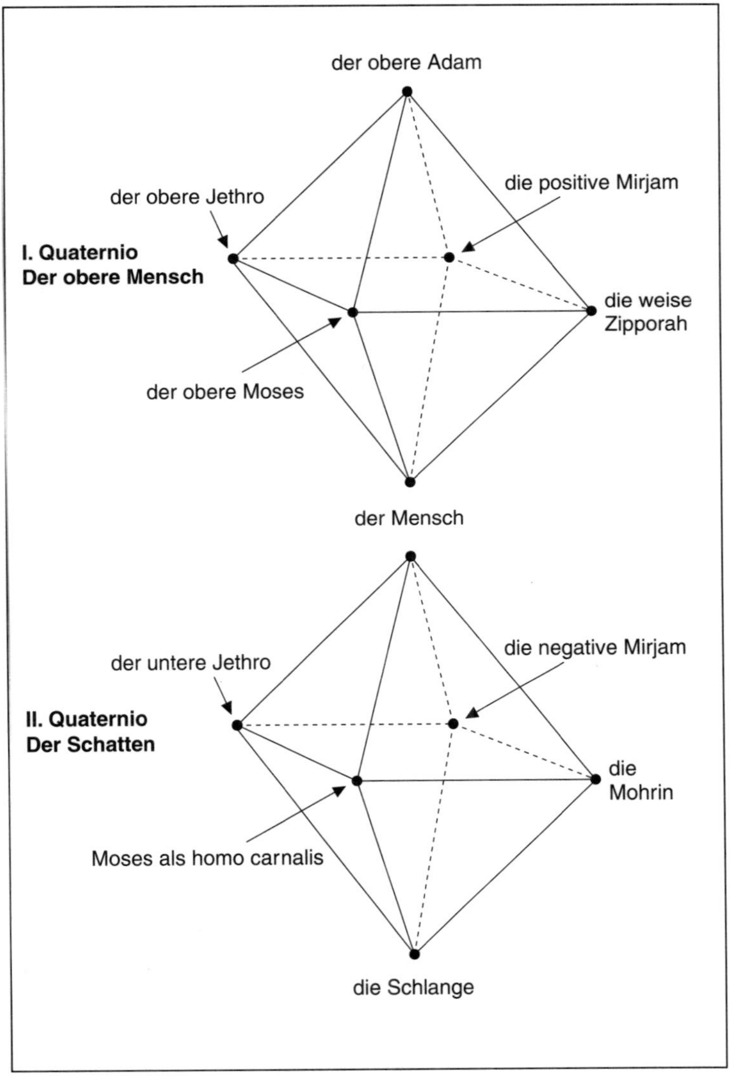

Abb. 6 Die oktaedrische Struktur des Selbst nach C. G. Jung. (Aus C. G. Jung, «Die Struktur und Dynamik des Selbst», Aion, § 365).

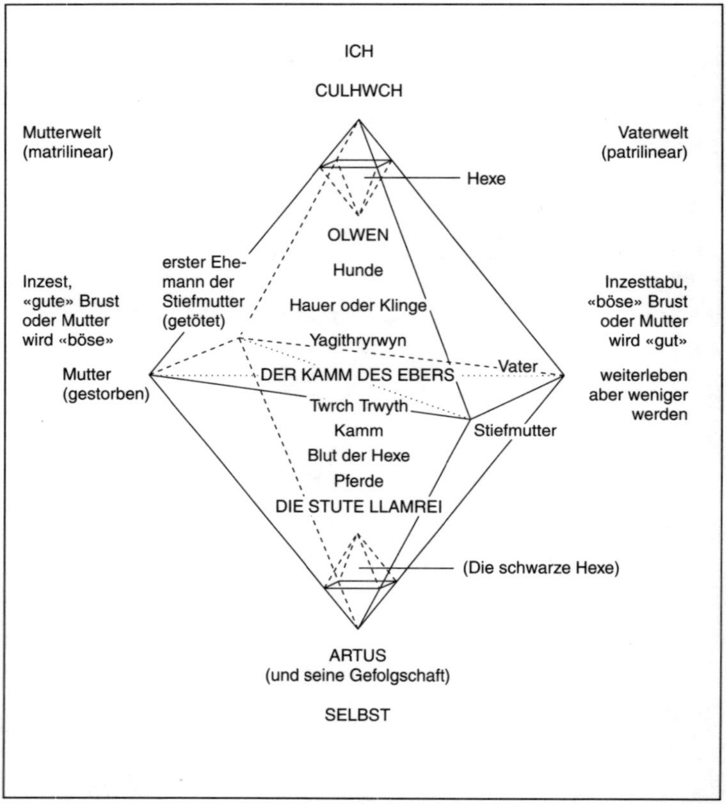

Abb. 7 Das Oktaeder von John Layard. (Aus John Layard, The Celtic Quest, S. 202.)

gemacht, um das Selbst zu erklären, haben aber die Bedeutung der verschiedenen Ebenen und Flächen des oktaederförmigen Diamanten neu interpretiert. Unter diesen Versuchen ist John Layards Erklärung in *A Celtic Quest* (Abb. 7) bemerkenswert. Nach Layard führt eine Analyse der keltischen Mythologie zu einem Oktaeder, in dem das archetypische Selbst in der unteren Pyramide lokalisiert ist und das

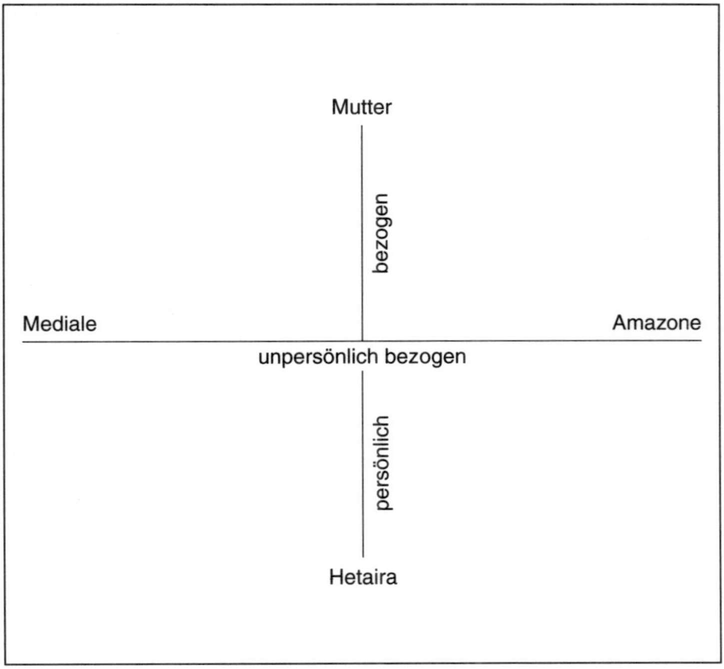

Abb. 8 Stukturformen der Frau nach Toni Wolff. (Aus Toni Wolff, Studien zu C. G. Jungs Psychologie, S. 273.)

individuelle Ich in der oberen. Das archetypische Weibliche gesellt sich unten zum Selbst. Layards geniale Interpretation des Diamantkörpers wurde keinem weiteren Publikum für eine praktische Anwendbarkeit bekannt, obwohl sein Oktaeder etwas leichter zu entziffern ist als Jungs Studie.

Ein brauchbareres Schema wurde von Toni Wolff angeboten. In ihrem Artikel «Strukturformen der weiblichen Psyche» in *Studien zu C. G. Jungs Psychologie* hat sie gezeigt, daß eine weibliche Vierheit durch mehr als typologische

Unterscheidungen ausgedrückt ist (Abb. 8) Die vier wichtigsten weiblichen Strukturen, die sie ableitet, bezeichnet sie als die Mutter, die Amazone, die Mediale und die Hetaira. Ihre Arbeit nimmt unsere strukturelle Entschlüsselung fast vorweg, obwohl ihr Modell gewisse Grenzen hat. Eine gründlichere Untersuchung dieses Problems erfolgt auf Seite 252 ff. An dieser Stelle soll es genügen, darauf hinzuweisen, daß sie diese vier Formen zwar als wichtige weibliche Strukturen erkennt, aber beinahe die ihnen zugrundeliegende archetypische Dimension übersieht. In unserer Terminologie würden diese Dimensionen als Königin, Kriegerin, Liebhaberin und Magierin bezeichnet. Wolff unterscheidet wohl Aspekte dieser Archetypen, beschreibt aber vorwiegend Züge des bipolaren weiblichen Schattens. In ihrem Modell fehlt die notwendige Betonung, daß im Individuationsprozeß ein Gleichgewicht zwischen diesen vier Aspekten notwendig ist. Außerdem scheint sie nicht in der Lage, die von ihr korrekt beobachtete Dialektik zwischen der Mutter und der Medialen, der Amazone und der Hetaira auch richtig zu interpretieren.

Ironischerweise haben wir diese anderen Modelle erst untersucht, nachdem wir unser eigenes konstruiert hatten. Wir haben uns dem Thema nicht deduktiv angenähert, indem wir psychologische Daten in eine vorgegebene oktaedrische Struktur einfügten. Wir kamen auf induktivem Weg zur Doppelpyramide, indem wir die Form zu begreifen suchten, die unseren Forschungsergebnissen entsprach. Später waren wir erstaunt und zufrieden festzustellen, daß andere sich bereits bemüht hatten, denselben Diamantkörper zu entschlüsseln.

Unser Modell (Abb. 9) ist das Ergebnis von über zwanzig Jahren anthropologischer Feldstudien und klinischer psychoanalytischer Erfahrungen und Überlegungen. Untersucht man das Modell sorgfältig, bemerkt man die beiden grundlegenden dialektischen Gegensätze in der Tiefenstruktur der Psyche. Es sind dies die Gegensätze von Eros und Aggression (Liebhaber und Krieger) sowie Herrscher und Weisem (König und Magier). Freud hat sich auf die Dialektik von Eros-Aggression konzentriert und Adler auf die des Herrschers und des Weisen (siehe sein Werk über die Überlegenheit und die sozialen Interessen). Jung hatte daher nur teilweise recht, wenn er den Konflikt zwischen Freud und Adler ausschließlich typologischen Unterschieden zuschrieb. Die beiden konzentrierten sich auf unterschiedliche strukturelle Dynamiken in den Tiefenstrukturen des Selbst.

Die menschliche Vorliebe für vierfache Strukturen ist nach unserer Meinung im intuitiven Erfassen eines inneren Quaternio begründet. Jeder Quadrant repräsentiert ein spezielles Programm oder «Biogramm», in das die für ein kohärentes und funktionierendes Selbst notwendigen psychische Potentiale einkodiert sind. Im Programm des Magier-Archetyps liegen die Potentiale für kognitive Prozesse, für das intellektuelle Verstehen, für Tod und Wiedergeburt. Das Königsprogramm enthält die Potentiale für Ordnung und Nähren, das Kriegerprogramm diejenigen für das Errichten und Erhalten von Grenzen, für eine wirksame Organisation, für das Handeln, für die Berufung und die Treue. Empfänglichkeit, Herstellung von Beziehungen, eine gesunde Abhängigkeit, verkörperte Sexualität, Mitgefühl und Intimität sind Potentiale, die für das Programm des Liebhaber-Archetyps charakteristisch sind.

Zu all diesen Programmen muß der richtige Zugang gefunden und das Gleichgewicht zwischen ihnen in einer gesunden dynamischen Spannung – gleich der Spannung gut funktionierender Muskeln – gewährleistet werden.

Individuation und Ganzheit sind nicht einfach esoterische Konzepte, die Psyche enthält die notwendigen Komponenten. Um sie zu erreichen und zu stärken und um sie ständig zur Verfügung zu haben, sind aber unsere bewußten

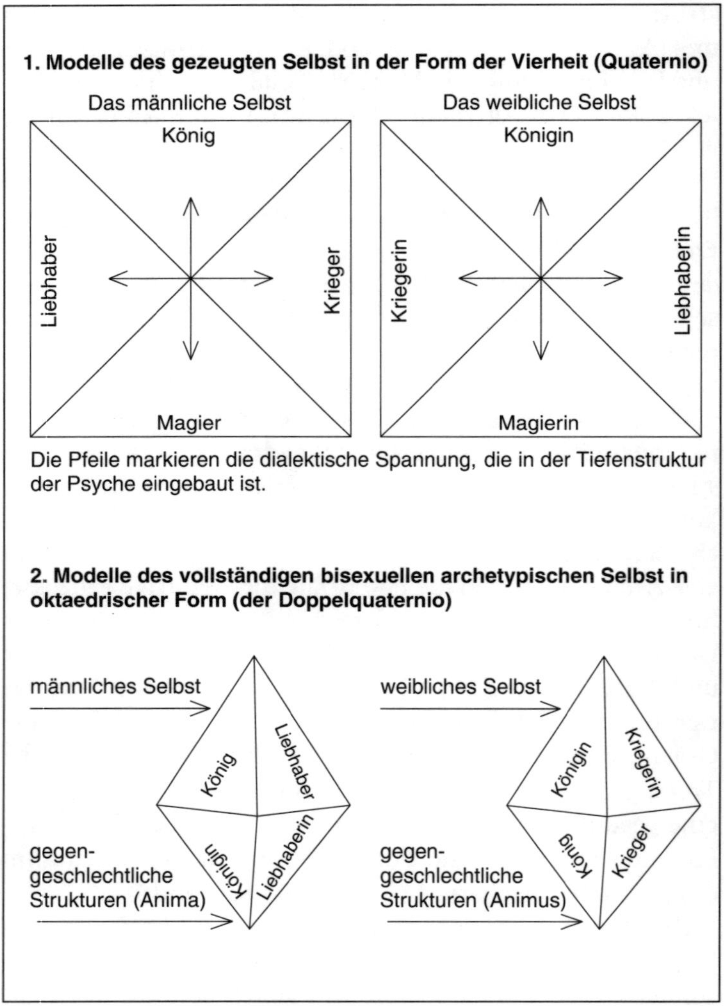

Abb. 9 Die Dechiffrierung des Diamantkörpers: Die Tiefenstrukturen des menschlichen Selbst. (Adaptiert aus Robert L. Moore «The Magician and the Analyst. Ritual, Sacred Space and Psychotherapy». Chicago Center for the Scientific Study of Religion, 1993).

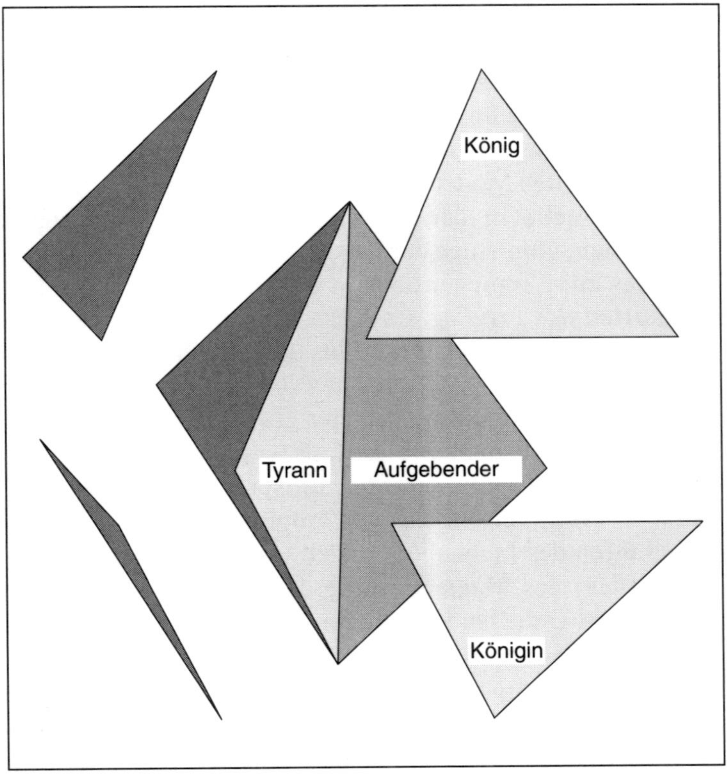

Abb. 10 Das bipolare Schattensystem des Archetyps

und ausdauernden Bemühungen erforderlich. Wenn wir von unserem Modell ausgehen, erfordert die Individuation eine Entwicklung auf vier Achsen, eine Entwicklung, die den dialektischen Spannungen, die in der psychischen Struktur vorhanden sind, entgegenwirken.

Wir haben für unser Modell die Form der Pyramide gewählt, denn diese illustriert die Bemühungen, die zur Individuation gehören, sehr anschaulich. Individuation ist in diesem Sinn das Bemühen des Ichs, die archetypischen polaren Gegensätze an der Basis jeder Seite der Pyramide zu vereinigen (siehe Abb. 1–3 auf den Seiten 220–222). *Die Ganzheit muß man sich als den Schlußstein der Pyramide vorstellen.* Wir fanden Unterstützung für dieses unser intuitiv erkanntes Modell vom Ziel der psychischen und spirituellen Suche in den verschiedensten mythologischen Traditionen, vom Auge der Erleuchtung auf der Ein-Dollar-Note bis zum Tempel zuoberst auf den Maya-Pyramiden. *Wir hatten das Privileg, im Zuge unserer Forschungen zufällig auf die wirkliche, verschlüsselte psychische Struktur zu stoßen, die diesen mythischen Bildern zugrunde liegt.*

Obwohl die Beziehung der vier grundlegenden Archetypen zu Jungs Typenlehre erst untersucht werden muß, scheint es doch keine direkten Entsprechungen zu geben. Es ist wahrscheinlich, daß wir Empfinden und Fühlen im Quadranten des Liebhabers finden und Intuition und Denken in dem des Magiers – aber die typologische Theorie vernachlässigt die beiden anderen Viertel. Jung betonte, daß die Arbeit am Schatten einer tiefergehenden Arbeit an Anima/Animus vorauszugehen habe. Das ist nach unserer Ansicht in unserem Modell deutlich dargestellt. Hier ist das Andersgeschlechtliche ein Reich, das ebenso reich und vielfältig ist wie das des natürlich gegebenen Ichs – aber tiefer in der Psyche gelegen und schwieriger zu verstehen.

Unser Modell möchte schließlich auch dazu beitragen, die Ähnlichkeiten in den Herausforderungen der männlichen und weiblichen Entwicklung – Zugang und Integration der vier archetypischen Kräfte – zu verstehen (Abb. 10), aber auch die Unterschiede, die in ihrer strukturellen Organisation begründet sind, zu erkennen. Vermutlich wird gerade diese strukturelle Asymmetrie uns helfen, die Unterschiede der Geschlechter in ihren Entwicklungslinien, die unterschiedlichen psychopathologischen Störungen und auch die spezifische Art und Weise ihrer Wahrnehmung und Kommunikation zu verstehen. Es scheint, daß Jung in der Tat die biomorphe Form der psychischen Tiefenstruktur intuitiv wahrgenommen hat. Wir glauben, daß unser Modell diese Struktur entschlüsselt und es uns ermöglicht, Forschungsergebnisse aus vielen verschiedenen Quellen zu verbinden, und Jungs Auffassung bestätigt, daß die Psyche wie ein oktaedrischer Doppelquaternio strukturiert ist.

4. Die Anima und die psychische Struktur der Frau

Hier wollen wir einige Strukturen und Funktionsweisen der weiblichen Psyche skizzieren. Unser besonderes Interesse konzentriert sich dabei auf die Anima, das innere weibliche Element der männlichen Psyche. Wie Jung möchten wir betonen, daß die Integration des Schattens einer ernsthaften Arbeit mit dem geschlechtlichen Komplex der Anima oder des Animus vorausgehen muß. Nach Jungs Auffassung stärkt eine Integration des Schattens die Integrität des Ichs und ermöglicht es ihm, eine gesunde psychosexuelle Identität zu erlangen. Ohne ein zumindest im Kern zusammenhängendes Selbst kann die Arbeit mit den inneren Strukturen des entgegengesetzten Geschlechts im besten Fall verwirrend und im schlechtesten gefährlich sein.

Wir fügen zu Jungs Erkenntnissen eine Beschreibung des eigentlichen strukturellen Aufbaus der gegengeschlechtlichen Anima hinzu. Wie wir noch klarstellen werden, ist die Struktur des Animus (die innere männliche «Unterpersönlichkeit» einer Frau) ähnlich aufgebaut. Wir haben bereits die Meinung vertreten, daß das Schattensystem sowohl einen persönlichen als auch einen bipolaren Schatten von jedem der vier Archetypen enthält. Nachdem sich ein Mann den initiatorischen und integrativen Prozessen gewidmet hat, die zum Beherrschen des Schattensystems gehören, kann er seine Aufmerksamkeit beruhigt der Anima zuwenden.

Das Ziel einer Beziehung mit dem Gegengeschlechtlichen sollte nicht darin bestehen, Androgynie zu entwikkeln. Androgyne Personen unterhalten grandiose Fantasien

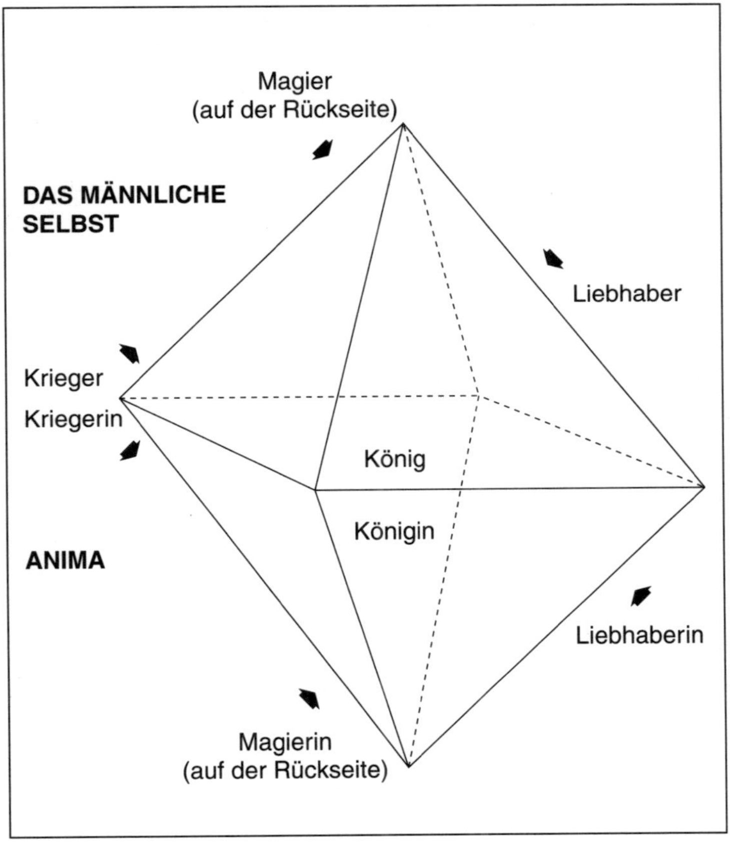

Abb. 11 Das männliche Selbst und seine Anima, dargestellt als Doppelpyramide

einer «inneren Einheit des Selbst». Wenn es auch wirklich biologisch angelegte androgyne Persönlichkeiten geben mag, worauf einiges in der Hirnforschung hindeutet, so ist doch die Androgynie für die meisten Männer und Frauen eine narzißtische Pose, die der Selbstbefriedigung dient, eine Art psychischer Hermaphroditismus.

Versuche, das Gegengeschlechtliche mit dem Ich zu verbinden, enden für die meisten Menschen in einer regressiven Verschmelzung und nicht in einer reifen Beziehung zwischen den Gegensätzen. Die Verschmelzung mit der Anima macht einen Mann mit Sicherheit unfähig, eine reife Beziehung zu seinen inneren weiblichen Energien auszubilden, und verdreht auch seine Beziehungen zu einer Frau in der äußeren Welt. Jung war der Auffassung, daß das Ich eines Mannes in dem Maß stärker wird, in dem seine Erkenntnis des Gegengeschlechtlichen als eines wahrhaft «Anderen» zunimmt, bis er schließlich durch Traumarbeit, aktive Imagination und andere Techniken, die ihm dazu nützlich erscheinen, eine lebenslange Beziehung mit seiner personifizierten Anima eingehen kann.

Im Unterschied zur Ansicht einiger moderner Jungianer glauben wir nicht, daß die Anima eine amorphe, ätherische «Stimmung» ist. Die Anima hat eine dynamische Struktur, die diejenige der männlichen Archetypen widerspiegelt. Wie unser Diagramm (Abb. 11) zeigt, ist die Anima das weibliche Gegenstück der vierseitigen Pyramide des archetypischen Männlichen. Umgedreht wird sie zum Modell der weiblichen Psyche. Die Pyramide einer Frau besteht aus den Quadranten der Königin, der Liebhaberin, der Kriegerin und der Magierin, und das männliche Gegenstück, die umgekehrte Pyramide, entspricht dem Animus.

Genauso wie die männliche Psyche genetisch determinierte archetypische Muster zeigt, hat die weibliche Psyche ihre eigene bestimmte Färbung. Die weiblichen und männlichen psychischen Systeme behalten ihre unterschiedlichen Eigenschaften, wenn sie als gegengeschlechtliche Subsysteme wirken. Weil dem so ist, wollen wir kurz die Tiefenstrukturen der weiblichen Psyche untersuchen, denn sie sind die gleichen, die in der Anima des Mannes wirksam werden.

Wie schon erwähnt, hat vor vielen Jahren Toni Wolff vier

grundlegende Persönlichkeitstypen der Frau beschrieben: die Mutter, die Amazone, die Mediale und die Hetaira. Diese Strukturformen weisen enge Parallelen zu unserem Konzept der vier weiblichen Archetypen und unserem Konzept der Anima auf.

Wir meinen, daß Wolff einer Entschlüsselung der weiblichen Psyche sehr nahegekommen ist. Dennoch enthält ihre Arbeit eine Anzahl Fehler, die verhinderten, daß sie letztlich erfolgreich sein konnte. Ihr erster Irrtum war, daß sie sich auf die Mutter anstelle der Königin konzentriert hat. Auch wenn man argumentieren kann, daß die Mutter (wie der Vater) ein Archetyp ist, so sind die mütterlichen und väterlichen Formen weniger umfassend als Königin und König und sind vielmehr *Aspekte* der königlichen Archetypen und nicht eigenständige Archetypen.

Die Königin ist eine numinose, reife Struktur, die die Mutter einschließt und *darüber hinausgeht*. Die Bildnisse der Großen Göttin in den alten Religionen sind Ausdruck des starken Eindrucks, den der Archetyp der Königin auf die Psyche gemacht hat. Das Interesse der Mutter richtet sich von Natur aus auf die einzelne Familie, wo sie vor allem mit den Bedürfnissen des menschlichen Kleinkindes beschäftigt ist. Die Mutter ist daher weniger umfassend «fruchtbar» als die Königin, von der die Erde selbst ihre Fruchtbarkeit ableitet; und sie ist weniger umfassend nährend, denn die Königin nährt *den Planeten*, den sie hervorbringt, und nicht nur Kinder. Und wie der voll entwickelte König umfaßt auch die Königin jeden der drei anderen Archetypen. Wolff klammert ihre anderen drei Formen vom Einfluß der Mutter aus.

Andere mögen dahingehend argumentieren, daß die Mutter eigentlich den weiblichen Krieger, Magier und Liebhaber integriert. Aber in dem Ausmaß, in dem sie das tut, nähert sie sich der Identität der Königin an. Der Mutterarchetyp vermittelt ein starkes Bild des Nährens und Wohltuns, doch bietet er in geringerem Ausmaß das Bild des Lehrens und der Disziplin (der Magierin und der Kriegerin) und, als Mutter, überhaupt kein Bild der erotischen Liebe (der Liebhaberin). Die Königin jedoch stellt Bilder all dieser Eigenschaften zur Verfügung.

Wolffs zweiter Irrtum besteht darin, daß sie den weiblichen Krieger mit dem kulturell kompromittierten Bild der Amazone belastet. In unserem System ist der weibliche Krieger mit Wolffs Amazone verwandt, aber die legendäre griechische Form, die sie gewählt hat, lenkt die aggressive Energie, die die Domäne dieses Archetyps darstellt, oft in die falsche Richtung. Statt diese Energie im Dienst des königlichen Paares zu verwenden, in der Unterstützung und Erweiterung des geschaffenen Kosmos, richtet die Amazone der Mythen nur zu oft ihre Aggression gegen die Männer, sogar bis zur Vertreibung ihrer eigenen Söhne ins Exil.

Der vollständig ausgedrückte weibliche Krieger-Archetyp hilft einer Frau, ein unabhängiges Selbst zu entwickeln, indem sie ihre legitimen psychischen Grenzen definiert und verteidigt. Die Kriegerin ermöglicht es einer Frau, auch andere schwierige Aufgaben durch strategisches Denken, durch Selbstdisziplin und harte Arbeit zu meistern. Aber der weibliche Krieger ist in keiner Weise antimännlich eingestellt. Er mißdeutet die Schlachten, die er schlagen muß, nicht als enge Stammesfehden, außer in der legitimen Verteidigung des Sprößlings. Wenn es um die Bedrohung ihrer Kinder geht, ist eine Frau, die ihren Krieger-Archetyp in Anspruch nimmt, darauf programmiert, mit schneller und unnachgiebiger Grausamkeit zu handeln. Sonst sieht eine Frau, die eine gute Beziehung zu ihrer Kriegerin hat, ihre Schlachten als vor allem persönliche Bemühungen, ein Selbst zu errichten, und als transpersonale Bemühung, die Schöpfung zu verteidigen.

Indem sie das weitgehend negative Bild der Amazone gebraucht, kommt Wolff dahin, vor allem den Schatten-Krieger in seiner sadistischen Ausdrucksform zu untersuchen. Wenn die Frau vom Sadisten besessen ist, ist ihre Wut nicht nur gegen Männer gerichtet, sondern auch gegen andere Frauen und sogar gegen die eigenen Kinder.[111] Eine Frau, die es der sadistischen Amazone gestattet, für sie in ihrem Leben zu handeln, geht an den möglichen Vorteilen, die der voll entwickelte weibliche Krieger mit sich bringt, vorbei.

Wir hoffen, daß die Reichtümer des weiblichen Kriegers in unserer Kultur mehr und mehr akzeptiert werden. Dann würden wir Frauen erleben, die sich einer aktiveren psychischen und physischen Verteidigung ihrer selbst und ihres Partners verpflichtet fühlen und einer umfassenderen Teilnahme am Kampf gegen die Kräfte der Zerstörung in ihrer Gemeinde und in der ganzen Welt. Es gibt Anzeichen, daß unsere Kultur dabei ist zu lernen, wie man mit dieser Energie umgeht – besonders auf dem Schauplatz der sozialen Reformen und des Umweltschutzes.

Die Hetaira ist wie die Amazone ein kulturell gebundener Begriff. Im alten Griechenland hatte sie eine ähnliche Funktion wie die uns vertrautere Geisha in der japanischen Kultur – als eine sehr gebildete weibliche Gefährtin und Prostituierte. Aber eine Prostituierte ist eine Manifestation des weiblichen Schatten-Liebhabers, gleichgültig, wie gebildet sie ist. In Wolffs System zeigt die Hetaira beide Aspekte des bipolaren Schattens der Liebhaberin, der Süchtigen und der innerlich gebundenen (impotenten) Liebhaberin. Die Süchtige kommt in Wolffs Behauptung zum Ausdruck, daß Frauen, die unter dem Einfluß der Hetaira stehen, die Tendenz hätten, von einem Mann zum nächsten zu gehen. Die innerlich gebundene Liebhaberin wird durch das Wissen aufgedeckt, daß eine Prostituierte psychologisch gesehen oft mit einer fruchtlosen Wiederholung ihres erfolglosen Kindheitsversuchs beschäftigt ist, ihres Vaters Bewunderung und Liebe zu erringen.

Die Hetaira scheint ein Archetyp der zweiten Generation

und aus Elementen grundlegenderer Archetypen zusammengesetzt zu sein. Sie enthält beide Pole des Magier-Schattens – als Manipulatorin verursacht sie, daß eine Frau die Männer um deren Geldes willen und im Dienste ihrer eigenen engstirnigen Interessen benützt, und als Unschuldige verführt sie eine Frau dazu, ihre Naivität zur Schau zu stellen, wenn es um Beziehungen geht. Der sadistische weibliche Manipulator manifestiert sich in der Wut der Frau gegen Männer. Der andere Schattenpol der Kriegerin, der weibliche Masochist, wird in ihrer Bereitschaft sichtbar, sich dorthin zu stellen, wo sie verletzt wird.

In dem Ausmaß, in dem Wolffs letzter Typ, die Mediale, sich dem Konzept des Schamanen annähert, ist er ein passender und umfassender Ausdruck des Magier-Archetyps. Die Mediale ist der Begriff in der vierfachen Struktur des Weiblichen von Toni Wolff, der am wenigsten einschränkt.

Abgesehen von gewissen weiteren Fehlern ist es verblüffend, daß Wolffs Konzept von der archetypischen Dynamik der *weiblichen* Psyche so eng mit unserem eigenen Modell der *männlichen* Psyche übereinstimmt. Wir interpretieren das als eine Bestätigung unseres Instinkts, das Konzept der Quaternität der Psyche vom männlichen zum weiblichen Selbst sowie auf Anima und Animus auszudehnen.

So funktioniert in unserer Denkweise die «vierteilige» Psyche einer Frau genauso wie die des Mannes. Sie hält die Energien der vier grundlegenden Archetypen – der Königin, der Kriegerin, der Magierin und der Liebhaberin – im Gleichgewicht. Die Königin führt eine Frau hin zu einer zentrierten Ruhe, zu einem Sinn für die innere Ordnung, die sie dann in die äußere Welt hineintragen kann. Diese Frau ist mit der Fähigkeit ausgestattet, die anderen Mitglieder ihres «Reiches» zu segnen und sich mit ihnen in fruchtbarer Gemeinschaft zu verbinden. Die Kriegerin leitet sie zur Selbstdisziplin und Selbstverteidigung an wie auch in der Verteidigung anderer. Ihre Leistungen werden durch die

Kriegerin ermutigt, und ihr Bewußtsein für den Dienst an einem transpersonalen Anderen wird gestärkt. Die Magierin vermittelt die Fähigkeit, nach Innen zu blicken, Kräfte entstehen zu lassen und zu kontrollieren, zu heilen und als Mittlerin zwischen den menschlichen und göttlichen Sphären zu dienen. Wenn sie sich die Kräfte der Magierin zunutze macht, kann eine Frau als spirituelle Führerin für andere dienen, vor allem bei der Aufgabe, jüngere Frauen in die Mysterien der Verantwortlichkeit und der Freuden des Erwachsenseins einzuweihen. Und die Liebhaberin befähigt sie, sich leidenschaftlich und schöpferisch mit allen Dingen zu beschäftigen, sexuell ungehemmt zu sein und zutiefst spirituell.

Natürlich sind die Beziehungen zwischen den männlichen und weiblichen Aspekten des Selbst oft problematisch, denn die Anima ist eine Gesamtstruktur, und kein Mann erlebt sie einfach stück- oder paarweise. Genauso wie er die Energien *seiner* vier grundlegenden Archetypen im Gleichgewicht hält, muß er die vier verschiedenen Signale im Gleichgewicht halten, die ihn von seiner Anima erreichen. Es kann von Nutzen sein, die unterschiedlichen Quellen dieser Signale zu trennen, damit man ihre Eigenschaften unterscheiden kann, doch nur, solange wir daran denken, daß sie als ein Ganzes wirken.

Die weiblichen Energien geben jedem der männlichen Archetypen tiefe und klare Umrisse. Wenn ein Mann aber in einem oder mehreren der bipolaren Schattensysteme des männlichen Archetyps gefangen ist, dann begegnet er *allen* ergänzenden Schattenenergien seiner Anima obendrein. Am *aktiven* Sadisten-Pol des Kriegers wird er zum Beispiel dem *passiven* Pol der Schatten-Anima begegnen, dem Aufgebenden, dem auf seinen Thron Verzichtenden, dem Unschuldigen, dem impotenten Liebhaber und besonders dem Masochisten. Wenn aber sein Ich statt dessen mit dem Masochisten identifiziert ist, wird er mit dem weiblichen

Tyrannen konfrontiert werden, der Manipulatorin, der Süchtigen und besonders mit dem weiblichen Krieger an seinem sadistischen Pol.

Die Beziehungen zwischen dem männlichen und dem weiblichen Krieger können besonders angespannt sein. Die einzig wirklich erfolgreiche Art einer Beziehung zwischen ihnen ist die einer Waffenkameradschaft.[112] Sonst können sich die aggressiven Abneigungs-Energien, die sie beide kanalisieren, gegeneinander wenden und in der Mann-Frau-Beziehung Brüche im Einfühlungsvermögen verursachen, die schwierig zu reparieren sind. Ein Krieger braucht einen Feind, und nur zu oft werden der männliche und weibliche Krieger einander zu diesem Feind.

Ein Mann, der keinen Zugang zu seinem voll entwickelten Krieger hat (dessen weibliches Gegenstück sein Waffenkamerad ist), wird die Tendenz haben, seine Anima und alle Frauen in seinem Leben in einer gespaltenen und schattenhaften Art zu erleben. Er wird einen Aspekt des Weiblichen als die tyrannische Königin sehen – seine in jugendlicher Manier idealisierte «jungfräuliche» Mutter. Frauen, die nicht so sind wie sie, sieht er als Huren, und wir haben gesehen, welche komplexe Mischung von Schattenelementen eine Prostituierte in sich schließt. Die tyrannische Königin schickt diesen Mann in den Tod, damit er sie verteidige. Er, seinerseits, in einem Akt der Rache gegen seine Mutter, «vögelt» eine Hure (statt daß er eine Frau liebt und mit ihr «schläft»), und überwindet «ihren» Widerstand mit Brutalität. Das ist die Machtfrage, mit der der Vergewaltiger nicht umgehen kann. Er will Macht über eine Frau, die in seinen Augen immer eine außerordentlich mächtige Frau ist, die ihn mißbraucht. Vielleicht hat ihn seine Mutter physisch oder mit Worten mißbraucht, oder vielleicht hat sie ihn vernachlässigt und war desinteressiert. Ein solcher Mann hat natürlich keinen angemessenen Zugang zu seinem Krieger. Statt dessen ist er ein psychotischer Knabe, ohne jede Erfahrung im Umgang mit der Macht, die ihm legitim zusteht.

Bis sich ein Mann seiner männlichen Identität sicher ist, wird er in seinen Beziehungen zu Frauen Sadomasochist bleiben. Wenn seine Identität nicht gefestigt ist, spürt er, daß er eine Invasion durch seine Anima riskiert. Er muß noch lernen, seine eigenen legitimen Bereiche zu akzeptieren, genauso wie diejenigen der weiblichen Psyche, in ihm selbst und auch in der äußeren Welt. Der seine Identität entwickelnde Mann lernt, daß es einen Bereich in seinem Inneren gibt, in den er nie eindringen kann und der nie «ihm gehören» wird. Er lernt, daß er sich seiner Anima mit Respekt nähern muß. Ist er dann fähig, mit diesem «anderen» diszipliniert und respektvoll umzugehen, hat er das nötige Wissen, um mit jedem «anderen» umzugehen, einschließlich der Frau, die er liebt, sowie anderen Männern, anderen Arten und schließlich dem transpersonalen Anderen, dem wir alle dienen müssen.

Das achteckige Selbst, das wir dargestellt haben, bietet uns ein gutes und anschauliches Modell, um uns diese Anima-Dynamik vorzustellen. Auch wenn es die lebenswichtige Durchdringung der männlichen und weiblichen Strukturen nicht zeigt, so läßt es doch erkennen, daß das gegengeschlechtliche System *innerhalb* der Gesamtstruktur enthalten ist und keinesfalls außen liegt. Die beiden Strukturen zusammen – die Doppelpyramide – bilden den «Diamantkörper» des umfassenden Selbst. Obwohl es in mancher Hinsicht nur eine bildhafte Konstruktion ist, so ist es doch ein vielsagendes Bild voll von Hinweisen und Anspielungen.

Wie die innere Struktur des Kristalls implizit vorhanden ist, so tragen wir alle ein vollkommenes diamantenes Selbst in unserem Inneren. Es wartet nur auf die Möglichkeit, sich zu bilden. Als Geschenk besitzen wir bereits die

Vision, wie wir als Menschen werden können: ein Mensch mit der Klarheit, der Strahlkraft und der Vollkommenheit eines Juwels.

Danksagung

Die Autoren möchten Graciela Infante für das sorgfältige Lesen des Manuskripts danken. Doug möchte in besonderem Maße seine Anerkennung für ihre ständige Unterstützung, Ermunterung und für ihre vielen hilfreichen Vorschläge während der langen Stunden intensiver Arbeit an dem Manuskript zum Ausdruck bringen.

Robert möchte Margaret Shanahan seine besondere Wertschätzung zum Ausdruck bringen für ihre Inspiration und ihre Ermutigung, die bis zu dem Zeitpunkt zurückreicht, als viele dieser Ideen noch als Vorlesungen formuliert waren. Seit 1985 haben ihre andauernde Kameradschaft und Unterstützung nicht nur seine Arbeit angeregt, sondern auch sein Leben und sein Verständnis der vier Kräfte der Psyche zutiefst bereichert.

Beide Autoren möchten Patrick Nugent und Angela Smith für das Transkribieren der Tonbandmitschnitte von Robert Moores Vorlesungen danken, Noel Kaufmann für das Auffinden der Quellen für diese Forschungsarbeit, Max Havlick für seine Arbeit in Zusammenhang mit den Genehmigungen und der Bibliographie und Rudy Vetter für seine exzellenten Photos.

Ein besonderer Dank gilt Maria Guarnaschelli (Vizepräsidentin und Senior Editor bei William Morrow) für ihre innovative Vision für diese Serie und für ihre intensive und überragende Arbeit als Herausgeberin. Katharina Buck war unermüdlich im Herstellen von Verbindungen, in ihrer Verantwortung für die zweckmäßige Koordination und im Sammeln aller Details, die für die Vorbereitung des Manuskripts nötig waren. Kurt Aldeg hat seine Kenntnisse, wie man am besten die Ideen dieses Buches einem möglichst großen Publikum nahebringt, zur Verfügung gestellt. Sie und die anderen Mitarbeiter von Morrow haben den Erfolg dieses Buches möglich gemacht.

Außerdem möchten die Autoren den vielen Männern innerhalb und außerhalb der Männerbewegung danken, die über ihre persönlichen Erfahrungen als Mann nachgedacht und so mitgeholfen haben, die Kenntnis der vier Kräfte und der vier männlichen Initiationen zu verfeinern. Mit ihrer fortgesetzten Unterstützung kann vielleicht ein hilfreicherer und fruchtbarerer Zugang zu diesen männlichen Kräften gefunden werden.

ANHANG

Anmerkungen

Die vollständige bibliographische Information bezüglich der hier zitierten Werke findet der Leser in der Bibliographie. Die Seitenangaben beziehen sich auf die englische Ausgabe, außer wenn nur eine deutsche Titelangabe vorhanden ist.

1 Mit dem Ausdruck «radikale Androgynie» beziehen wir uns auf die Behauptungen mancher Feministinnen – und Feministen –, daß es keine Unterschiede zwischen den Geschlechtern gibt (außer was sie als zufällige biologische Divergenzen ansehen). Wenn es aber darum geht, den Schuldigen zu finden, besonders bei aggressivem Verhalten und Angst vor Intimität, dann machen einige Feministinnen ganz klare Unterschiede zwischen den Geschlechtern, und zwar immer auf Kosten des Mannes. Aufgrund ihrer Behauptungen könnte man glauben, daß Frauen keinen Schatten haben. Ihre einzige Schwäche scheint darin zu bestehen, daß sie «Männer zu sehr lieben». Es ist unmöglich, jemanden zu sehr zu lieben. Es *ist* hingegen *möglich*, süchtig nach jemandem zu werden, so daß eine persönliche Verantwortung aufgegeben wird. Schattenangelegenheiten dieser Art sind jedoch beiden Geschlechtern gemeinsam. Die Idealisierung der Androgynie ist gegen die Natur und gegen jeden wissenschaftlichen Beweis; sie ist auch heuchlerisch. Zu mit diesem Thema verwandten Abhandlungen siehe: Robert Ardrey, sein ganzes Werk, im besonderen: *African Genesis: A Personal Investigation into the Animal Origins and Nature of Men.* New York: Dell, 1963, S. 143 ff. (Dt. *Adam kam aus Afrika*) (Bibliographie 1); James Ashbrook, *The Human Mind and the Mind of God*, S. 57–59, 96–97, 105, 322 ff., 324–327, 339 (Bibliographie 2); Sam Keen, *Fire in the Belly: On Being a Man.* New York: Bantam, 1991, S. 195 ff. (Dt. *Feuer im Bauch. Über das Mann-Sein) (Bibliographie 9)*; Anne Moir und David Jessel, *Brain Sex: The Real Difference Between Men and Women.* New York: Carol, 1991. (Dt. *BrainSex*) (Bibliographie 2); Anthony Stevens, *Archetypes: A Natural History of the Self*, S. 23 ff., 48 ff., 81 ff., 174 ff. (Bibliographie 4); Edward O. Wilson, das ganze Werk, im besonderen *On Human Nature*, S. 16, 18–21, 121 ff. (Bibliographie 1).

2 Ein Beispiel für dieses Phänomen ist Riane Eisler, *The Chalice and the Blade: Our History, Our Future* (Dt. *Kelch und Schwert. Von der Herr-*

schaft zur Partnerschaft. Weibliches und männliches Prinzip in der Geschichte) (Bibliographie 1). Obwohl Frau Eisler behauptet, ein «partnerschaftliches» Modell der Beziehung zwischen Mann und Frau zu geben, bietet sie die stereotype negative Metapher des «Schwerts», um männliche Eigenschaften zu kennzeichnen. Ihr zentrales Bild einer Partnerschaft ist das einer Muttergottheit, die ihr Kind nährt, wobei damit ihr Sohn impliziert ist – kaum das Bild einer Beziehung zwischen Gleichgestellten. Siehe auch Mary Daley, *Beyond God the Father* und *Gyn/Ecology*; und Rosemary Ruether, *Sexism and God-Talk: Toward a Feminist Theology*. Boston: Beacon Press, 1973, S. 104 ff. (Dt. *Sexismus und die Rede von Gott. Schritte zu einer anderen Theologie*) (beide Bibliographie 13).

3 Alice Miller, *Das Drama des begabten Kindes; Am Anfang war die Erziehung; Du sollst nicht merken* (alle Bibliographie 9).

4 Die Forschung auf diesem Gebiet bringt ganz klar die Entwicklung einer höheren Zivilisation (über die «Hochkultur» des späten Neolithikums hinaus) mit dem Auftreten eines heiligen Königtums in Verbindung und der damit verbundenen Ansammlung von größeren Nationalstaaten. Für eine ausführliche Aufzählung von Quellen siehe Bibliographie 5 (Königtum). Darunter im besonderen: Basham; Emery; Frankfort, *The Birth of Civilization in the Near East*; Kwanten; Schele und Freidel; Wales. Siehe auch Julian Jaynes, *The Origin of Consciousness in the Breakdown of the Bicameral Mind* (Dt. *Der Ursprung des Bewußtseins durch den Zusammenbruch der bikameralen Psyche*) (Bibliographie 2); John Weir Perry, *Lord of the Four Quarters* (Bibliographie 8); und Wilson, S. 89–90 (Bibliographie 1).

5 C. G. Jung, *Aion. Beiträge zur Symbolik des Selbst.* GW 9/11; Jolande Jacobi, *Die Psychologie von C. G. Jung. Eine Einführung in das Gesamtwerk*, S. 176; Jung, *Der Mensch und seine Symbole. Mit Beiträgen von M.-L. von Franz, Joseph Henderson, Jolande Jacobi, Aniela Jaffé*, S. 189 ff. und *Mysterium coniunctionis.* GW Bd. 14/I–III. Loren Pedersen, *Dark Hearts* (Dt. *Die Frau im Mann. Die Wiederentdeckung der weiblichen Kräfte, die aus einem halben Menschen einen ganzen Mann machen*); John Sanford, *The Invisible Partners*, (Dt. *Unsere unsichtbaren Partner. Von den verborgenen Quellen des Verliebtseins und der Liebe*); und Stevens, S. 174 ff., 193–194 (alle in Bibliographie 4).

6 Moir und Jessel, S. 31 (Bibliographie 2).

7 Stevens, S. 79–80 (Bibliographie 4); und Wilson S. 132–137 (Bibliographie 1).

8 Siehe Bibliographie 2.

9 David Gilmore, *Man in the Making: Cultural Concepts of Masculinity (Dt. Mythos Mann. Rollen, Rituale, Leitbilder*) (Bibliographie 1).

10 Don Browning, *Generative Man*, S. 145 ff. (Bibliographie 9).

11 Niebuhr ist nicht immer so offen bezüglich seines Mißtrauens der Macht gegenüber, wie es Lord Acton war, als er sagte: «Macht korrumpiert, absolute Macht korrumpiert absolut.» Er stellt jedoch häufig den Wunsch nach Macht sowie ihr Erringen und ihren Gebrauch in einem übertrieben negativen Licht dar. Er nimmt an (wie das die liberalen Christen jahrhundertelang getan haben und einige Feministinnen bis auf den heutigen Tag tun), daß die Suche nach Macht in sich selbst ein Fehler sei, und daß ihr Erlangen unfehlbar zerstörerisch wirkt, und zwar für die Vorgesetzten und für Untergebene gleichermaßen. Autoren wie Keen, Ruether, Eisler und Daley verraten einen unbewußten Utopismus in ihren Werken – und wie Stevens in *Archetypes* anmerkt (S. 139), wird Utopismus immer versagen.

12 Ansbacher, Heinz L., und Rowena R. Ansbacher, *Alfred Adlers Individualpsychologie. Eine systematische Darstellung seiner Lehre in Auszügen aus seinen Schriften.* München: Ernst Reinhardt, 1982 (Bibliographie 9).

13 Anthony Stevens, *The Roots of War*, S. 36–38 (Bibliographie 4); und Anthony Storr, das ganze Werk, im besonderen: *Human Destructiveness*, S. 11, 21, 23, 34, 42 (Bibliographie 9). Sogar Gilmore bestätigt die fast universelle Notwendigkeit eines aggressiven männlichen Verhaltens, wie es in die kulturell definierten Rollen eines Beschützers, Ernährers und Erzeugers eingeflossen ist. Keen unterstützt «grimmige Kavaliere», so als ob sie für das Überleben der Spezies von vitaler Bedeutung wären. Das folgt nach seiner nachdrücklichen Zurückweisung von soziobiologischen Ansprüchen und der Idee eines aggressiven Instinkts und trotz seiner Begeisterung für das romantische Sozialisierungsmodell der Geschlechterdefinition.

14 Selten haben die Kulturen Initiationszeremonien für ihre Mädchen gefeiert. Im großen und ganzen wurden Mädchen durch ihre erste Menstruation als natürlich initiiert betrachtet. Im Gegensatz dazu hat man Knaben mit Gewalt durch ihre Initiationsrituale geführt, die dafür gedacht waren, ihr Bewußtsein von ihrer Verantwortung in Zusamenhang mit ihrer Risikobereitschaft und Selbstaufopferung zu wecken. Das kann auch ein verbreitetes menschliches Wissen widerspiegeln, daß angeborene männliche Aggressionspotentiale besonders sorgfältig bewahrt und gelenkt werden müssen, sollen sie nicht für die menschliche Gemeinschaft gefährlich werden durch das Verhalten von unverantwortlichen, unreifen «Monsterknaben»-Männern. Siehe die Bibliographie unter Ritual und Initiation (12); siehe auch Mircea Eliade, *Rites and Symbols of Initiation* (Dt. *Das Mysterium der Wiedergeburt. Versuch über einige Initiationstypen*). (Bibliographie 8); Gilmore; Jo-

seph Henderson, *Thresholds of Initiation* (Bibliographie 8); Keen, S. 27–33 (Bibliographie 9); Victor Turner, *The Ritual Process: Structure and Anti-Structure* (Dt. *Das Ritual. Struktur und Antistruktur*); und Hutton Webster, *Primitive Secret Societies* (beide Bibliographie 1).

15 Jane Goodall, *In the Shadow of Man*, S. 284 (Bibliographie 11).

16 Jane Goodall, *Through a Window. My Thirty Years with the Chimpanzees of Gombe.* Boston: Houghton Mifflin, 1990, S. 13 (Bibliographie 11).

17 Siehe Bibliographie 11, besonders Frans de Waal, *Chimpanzee Politics* (Dt. *Wilde Diplomaten. Versöhnung und Entspannungspolitik bei Affen und Menschen*); Goodall, *Through a Window* und *In the Shadow of Man*; und Michael MacKinnon, *The Ape Within Us* (Bibliographie 1).

18 Geoffrey Bourne, *Primate Odyssey*, S. 321 ff. (Bibliographie 11).

19 de Waal; Jane Goodall, *In the Shadow of Man*, S. 112 ff.

20 de Waal, S. 109–110, 200, 204–205.

21 Betreffend eine Diskussion der schamanischen Androgynie siehe Joan Halifax' *Shamanic Voices: A Survey of Visionary Narratives.* New York: E. P. Dutton, 1979, S. 22–28. (Dt. *Die andere Wirklichkeit der Schamanen. Erfahrungsberichte von Magiern, Medizinmännern und Visionären)* (Bibliographie 7). Siehe auch die Werke von Joseph Campbell und Mircea Eliade (Bibliographie 7 und 8).

22 Siehe Moore und Gillette, *King, Warrior, Magician, Lover: Rediscovering the Archetypes of the Mature Masculinity.* San Francisco: Harper Collins, 1990, S. 27–33. (Dt. *König, Krieger, Magier, Liebhaber. Die Stärken des Mannes*) (Bibliographie 4).

23 Siehe auch S. 234 ff. für eine weitere Diskussion der strukturellen Grundlagen der Archetypen im Gehirn.

24 Robert Ardrey, *The Social Contract*, S. 121–129 (Bibliographie 1); Geoffrey Bourne, *Primate Odyssey*, S. 137–139 (Bibliographie 11).

25 Jane Goodall, *In the Shadow of Man*, S. 35–37. Siehe auch (von derselben Autorin) *Through a Window: My thirty Years with the Chimpanzees of Gombe* (Dt. *Ein Haus für Schimpansen. Meine 30 Jahre am Gombe-Strom*). Für eine allgemeine Abhandlung über die Herstellung von Werkzeugen bei den Primaten und deren Gebrauch siehe Adrian J. Desmond, *The Ape's Reflection* (alle in Bibliographie 11).

26 Eine schnell anwachsende Literatur ist zu diesem Thema verfügbar. Für eine außerordentlich gründliche Abhandlung des Gebrauchs der Sprache durch Schimpansen sowie ihre kognitiven Fähigkeiten siehe Desmond, *The Ape's Reflection* (Bibliographie 11).

27 Es ist eine ausgedehnte Literatur über Stammesreligionen und traditionelle Religionen verfügbar, und diese stützt auf überwältigende Art die zentrale Rolle eines männlichen Schöpfergottes als der obersten und

ersten Gottheit sowie die wichtigen Rollen von vielen zweitrangigen männlichen Gottheiten. Für einen kurzen Überblick über afrikanische Religionen in diesem Zusammenhang siehe *Africa*, hrsg. von Phyllis M. Martin und Patrick O'Meara, S. 214–218 (Bibliographie 1). Für einen Überblick über die Religionen der Ureinwohner Amerikas in diesem Zusammenhang siehe Krickeberg et al., *Pre-Columbian American Religions* (Dt. *Die Religionen des alten Amerika*), das ganze Werk (Bibliographie 8). Für eine gründliche Analyse der Glaubenssysteme der Steinzeit des alten Amerika, die die Bedeutung eines männlichen Schöpfergottes erhöhen, siehe Gerardo Reichel-Dolmatoff, *Amazonian Cosmos: The Sexual and Religious Symbolism of the Tukano Indians*, besonders Teil III, Kapitel 1 (Bibliographie 8). Siehe auch Hutton Webster, *Primitive Secret Societies* (Bibliographie 1).

28 Mario Ruspoli, *The Cave of Lascaux: The Final Photographs*, S. 25, 80–89 (Bibliographie 1).

29 A. a. O., S. 80–89.

30 Siehe Bibliographie 5 und 7 und die Werke von Eliade und Campbell.

31 I. E. S. Edwards, *The Pyramids of Egypt*. Harmondsworth, Middlesex, England: Penguin, 1947; S. 53, 61, 292. (Dt. *Die Ägyptischen Pyramiden)*. Siehe Säve-Söderbergh, *Pharaos and Mortals*, S. 201, 258; und Wilson, *The Culture of Ancient Egypt*, S. 109, 263 (alle in Bibliographie 3).

32 Die Literatur auf diesem Gebiet ist riesig. Für eine repräsentative Auswahl siehe: Franz Cumont, *The Mysteries of Mithra* (Dt. *Die Mysterien des Mithras. Ein Beitrag zur Religionsgeschichte der römischen Kaiserzeit*), zur Gänze. Mircea Eliade, *Patterns in Comparative Religion*; Robert M. Grant, *Gnosticism and Early Christianity*; Joscelyn Godwin, *Mystery Religions in the Ancient World*, Kapitel IX; William W. Malandra, *An Introduction to Ancient Iranian Religion*; Elaine Pagels, *The Gnostic Gospels*, S. xxxii. (Dt. *Versuchung durch Erkenntnis. Die gnostischen Evangelien*); Huston Smith, *Forgotten Truth: The Primordial Tradition*, S. 46 (alle in Bibliographie 8).

33 Kurt Seligman, *Magic and the Occult*, S. 59.

34 Das wissenschaftliche Werk auf dem Gebiet des Gnostizismus ist enorm. Siehe z. B. Robert M. Grant, *Gnosticism and Early Christianity*; Elaine Pagels, *The Gnostic Gospels*; und James M. Robinson, *The Nag Hammadi Library* (alle in Bibliographie 8). Siehe auch Jungs Werke.

35 Siehe z. B. *Mysteries of the Past*, Hrsg. Joseph J. Thorndike, Jr., Kapitel 2.

36 Seligman, a. a. O., S. 119.

37 Siehe Gershom, G. Scholem, *Major Trends in Jewish Mysticism*; dito *Ursprünge und Anfänge der Kabbala* (beide in Bibliographie 8).

38 Siehe John G. Neihardt, *Black Elk Speaks*. New York: Simon and Schuster, 1972 (Dt. *Schwarzer Hirsch: Ich rufe mein Volk. Leben, Visionen und Vermächtnis des letzten großen Sehers der Ogalalla Sioux*. Herausgegeben von Neihardt, John) (Bibliographie 7).

39 A.a.O., S.22.

40 A.a.O., S.36.

41 Siehe Bibliographie 10.

42 Siehe Don Browning, *Generative Man: Psychoanalytic Perspectives*, Kapitel 6 und 7 und Epilog (Bibliographie 9).

43 Siehe Moore und Gillette, *The King Within* (Bibliographie 5).

44 Siehe die Werke von Mircea Eliade in der Bibliographie.

45 Siehe Joseph Campbell, *The Hero with a Thousand Faces* (Dt. *Der Heros in tausend Gestalten*), vor allem Kapitel 1–3 (Bibliographie 8).

46 Victor Turner, *The Ritual Process: Structure and Anti-Structure* (Dt. *Das Ritual. Struktur und Antistruktur*), vor allem Kapitel 3–5 (Bibliographie 12).

47 Moore und Gillette, *The King Within* (Bibliographie 5), siehe auch Bibliographie 4.

48 Siehe Moore und Gillette, *The King Within* und Werke von Mircea Eliade in der Bibliographie.

49 Siehe John O. Bearhs, *Unity and Multiplicity: Multilevel Consciousness of Self in Hypnosis, Psychiatric Disorder and Mental Health*, als Ganzes (Bibliographie 9).

50 Siehe Moore und Gillette, *The Warrior Within*, Kapitel 10, für eine ausführliche Diskussion dieses Prozesses (Bibliographie 4).

51 Theodore Millon, *Disorders of Personality: DSM-III: Axis II*, Kapitel 4 und 9 (Bibliographie 9).

52 Theodore Millon, *Disorders of Personality: DSM-III: Axis II*, Kapitel 6 und 10.

53 C. G. Jung, *Psychologie und Alchemie*, § 325. Siehe Bibliographie 4.

54 Moore und Gillette, *The King Within*, Kapitel 9 (Bibliographie 5).

55 Moore und Gillette, *The Warrior Within*, Kapitel 10 (Bibliographie 4).

56 David Feinsteins Essay «A Five-Stage Model for Fostering a Revitalized Personal Mythology» in *Shamanism*, hrsg. von Shirley Nicholson, Kapitel 18 (Bibliographie 7).

57 William Blake, *The Four Zoas* (Bibliographie 6).

58 Zur Trauminterpretation: Ernst Aeppli, *Der Traum und seine Deutung. Mit 500 Traumsymbolen*; zur aktiven Imagination: Verena Kast, *Imagination als Raum der Freiheit. Dialog zwischen Ich und Unbewußtem*; Barbara Hannah, *Begegnungen mit der Seele. Aktive Imagination* (alle drei Bibliographie 4).

59 Der Jungsche Analytiker Ira Progoff ist der richtigen Meinung, daß der

Gebrauch der Einsichten aus der Tiefenpsychologie nicht auf das Sprechzimmer des Analytikers beschränkt sein kann. Er hat eine «Tiefen-Tagebuchtechnik» entwickelt, die eine strukturierte und intensive Beschäftigung mit den zentralen Fragen von Lebenssinn und Berufung ermöglicht.

60 Hilfreiche Quellen dafür sind das ausgezeichnete Buch von Bill Kauth *A Circle of Men* sowie die Anthologie *Wingspan: Inside the Men's Movement*, die von Christopher Harding herausgegeben wurde. Beide enthalten Quellen und nützliche Bibliographien für Unternehmungen auf diesem Gebiet.

61 Zitiert nach Johannes 14.2.

62 Aus dem Musical *Camelot*, «Follow Me».

63 Siehe Bibliographie 4.

64 C. G. Jung, *Zwei Schriften über Analytische Psychologie*. GW 7, § 151; Jolande Jacobi, *Die Psychologie von C. G. Jung. Eine Einführung in das Gesamtwerk*, S. 1; Aniela Jaffé: *Der Mythos vom Sinn im Werk von C. G. Jung*, S. 40–42; und Anthony Stevens, *Archetypes: A Natural History of the Self*, S. 43–47 (alle in Bibliographie 4).

65 Jacobi, S. 1; und Stevens, S. 43–47.

66 Joseph Campbell, *The Hero with a Thousand Faces*. Rev. ed. Princeton: Princeton University Press, 1968, S. 3 ff. (Dt. *Der Heros in tausend Gestalten*) (Bibliographie 8); und Jacobi.

67 Joseph Campbell, S. 258.

68 Mircea Eliade, *Cosmos and History: The Myth of the Eternal Return*. Princeton: Bollinger Foundation, 1954, S. 3. (Dt. *Kosmos und Geschichte. Der Mythos der ewigen Wiederkehr*) (Bibliographie 8); Jacobi, S. 5 ff.; siehe die ersten beiden Kapitel über die Natur des Bewußtseins in Julian Jaynes, *Der Ursprung des Bewußtseins durch den Zusammenbruch der bikameralen Psyche* (Bibliographie 2); und Henri Frankfort, *Kingship and the Gods*, S. 27–29 (Bibliographie 5).

69 C. G. Jung: *Aion*, § 1 ff. (Bibliographie 4).

70 John O. Beahrs, *Unity and Multiplicity*, besonders die Kapitel 1 und 4 (Bibliographie 9).

71 Fast jede psychologische Schule anerkennt das in der einen oder anderen Form. Die jungianische Auffassung vom Schatten, die Arbeit der Entwicklungspsychologen mit dem inneren Kind (siehe vor allem Alice Miller) und der Hypnotherapeuten wie Dr. John Beahrs mit multiplen Persönlichkeitsstörungen sind alle ganz besonders relevant.

72 C. G. Jung, *Die Struktur der Seele*. GW 8, § 339; und Stevens, besonders S. 26, 40, 51 ff.

73 C. G. Jung, *Der Begriff des kollektiven Unbewußten*. GW 9/I, § 88 ff.

74 Bruno Bettelheim, *Freud and Man's Soul*, S. 53–64; und Gérard Lau-

zun, *Sigmund Freud: The Man and His Theories* (beide in Bibliographie 9).

75 Don Browning, *Generative Man: Psychoanalytic Perspectives*, S. 158 (Bibliographie 9).

76 A. a. O.

77 A. a. O., S. 159.

78 A. a. O., S. 145–147, 158, 159.

79 Siehe Bibliographie. Obwohl Jean Bolen das nicht macht, so tendiert sie doch dazu, die Götter und Göttinnen mit menschlichen Persönlichkeitstypen zu identifizieren. Bolens Götter und Göttinnen haben Parallelen mit kognitiven, gefühlsmäßigen und verhaltensmäßigen Stilen, die man bei Männern und Frauen beobachten kann. Aber kein menschliches Wesen ist ein Archetyp und auch kein Gott und keine Göttin. Bolens Arbeit beschreibt komplexe Konfigurationen von Archetypen (unsere grundlegenden vier aus den Psychen von Mann und Frau sowie zahllose andere, die unsere Art der Wahrnehmung bestimmen), wie sie durch verschiedene Ich-Identitäten ausgedrückt werden, durch persönliche Komplexe, kulturelle und Über-Ich-Konditionierung etc. Ihre Götter und Göttinnen sind einfacher als menschliche Persönlichkeiten und kommen daher auf dieser Ebene den Archetypen näher als alle menschlichen Persönlichkeiten außer den extrem gestörten. Aber wir sind der Auffassung, daß die Libido ihre Gestaltung auf den grundlegendsten Triebebenen erfährt, entweder als König (oder Königin), als Krieger(in), Magier(in) oder Liebhaber(in), und dann, nachdem sie eine fortschreitende Entwicklung und Diversifizierung durchgemacht hat, drückt sie sich in komplexen Manifestationen aus. Diese grundlegenden vier sind der Kern, um den sich die kulturspezifischen Ideale, die elterlichen Introjekte und andere Familienmythen sammeln, die so viele Schichten der archetypischen Tätigkeit liefern.

80 Jacobi, S. 168 ff.

81 Marie-Louise von Franz: *Spiegelungen der Seele: Projektionen und innere Sammlung* (Bibliographie 4).

82 Für Jungianer besteht die Individuation darin, folgendes in das Ich-Bewußtsein zu bringen: (1) was sonst abgespalten und unterdrückt wurde und (2) erwachende Einsichten, die nie bewußt waren. Betreffend die Unterscheidung zwischen Komplexen und Archetypen und ihre Beziehung zu den beiden erstgenannten Kategorien siehe Jolande Jacobi: *Komplex, Archetypus, Symbol in der Psychologie C. G. Jungs* (Bibliographie 4).

83 Siehe Theodore Millons ausgezeichnete Arbeit mit dem Konzept der Bipolarität in *Modern Psychopathology* (Bibliographie 9).

84 Theodore Millon, *Disorders of Personality: DSM-III: Axis II*, vor allem S. 58 (Bibliographie 9).

85 James Hillman et al., *Puer Papers*, vor allem Hillmans Kapitel «Senex and Puer: An Aspect of the Historical and Psychological Present» (Bibliographie 4).
86 Paul Tillich, *Systematische Theologie*, Bd. 3, vor allem Kapitel 1 und «Das Königreich Gottes...» (Bibliographie 13).
87 A. a. O., siehe auch Sean Kelly, *Individuation and the Absolute: Hegel, Jung, and the Path Toward Wholeness*, im Druck.
88 Siehe Bibliographie 13.
89 Jung, *Psychologie und Alchemie*.
90 In der griechischen Mythologie waren die Symplegaden zwei große Felsen in der Mitte des Ozeans. Wenn ein Schiff versuchte, zwischen ihnen durchzufahren, schlossen sie sich blitzschnell und zerstörten das Schiff.
91 Mircea Eliade, *Cosmos and History*, S. 12 ff. (Dt. *Kosmos und Geschichte*), und *Patterns in Comparative Religion*) (beide Bibliographie 8).
92 Die Literatur über das heilige Königtum und über die Mittlerstellung des Königs zwischen der heiligen und der profanen Welt ist äußerst umfangreich. Siehe auch Bibliographie 5.
93 Siehe Bibliographie 5. Siehe auch James Frazer, *The Golden Bough* (Dt. *Der goldene Zweig. Das Geheimnis von Glauben und Sitten der Völker*) (Bibliographie 8); und John Weir Perry, *Lord of the Four Quarters*, S. 32 (Bibliographie 8).
94 Stevens, S. 259–275.
95 A. a. O., S. 260, 264. Betreffend die Relevanz des limbischen Systems für die vier grundlegenden Archetypen siehe das folgende Kapitel, das tief in der Schuld von George S. Everly Jr.s Synthese der neuesten Arbeiten von einer Anzahl von Hirnforschern in seinem Artikel «The Biological Bases of Personality: The Contribution of Palaeocortical Anatomy and Physiology to Personality and Personality Disorders» steht. Er präsentierte diese Arbeit am First International Congress on Disorders of Personality in Kopenhagen, Dänemark, im August 1988.
96 Rudolf Otto, *The Idea of the Holy*. New York: Oxford University Press, 1923, im ganzen, aber vor allem S. 12 ff., 25. (Dt. *Das Heilige. Über das Irrationale in der Idee des Göttlichen und sein Verhältnis zum Rationalen*) (Bibliographie 8).
97 Paul D. MacLean, *The Triune Brain in Evolution: Role in Palaeocerebral Functions*, S. 257 (Bibliographie 2).
98 A. a. O., S. 264.
99 A. a. O., zur Gänze.
100 Everly, S. 5.
101 A. a. O., S. 5.

102 A.a.O., S. 5.
103 A.a.O., S. 5.
104 A.a.O., S. 6.
105 MacLean, Kapitel 21.
106 Everly, S. 7.
107 Everly, S. 8; MacLean Kapitel 19.
108 MacLean, S. 322 ff.
109 Everly, S. 9; und MacLean, Kapitel 18–27.
110 MacLean, S. 497 f., Kapitel 27.
111 Siehe Alice Millers Diskussion der «vergifteten Pädagogik» und der Rolle der Mutter bei der Zerstörung des Gefühls für das Selbst ihrer Kinder (Bibliographie 9).
112 Ein Beispiel dafür kann man im kanaanitischen Mythenzyklus über Baal finden. In diesem Mythos muß Baal, der König der geschaffenen Welt, zwei Feinde besiegen – das Chaos (Yamm) und den Tod (Mot). Er ist gegen Yamm erfolgreich, wird aber von Mot erschlagen. Seine Schwester und Königin Anath tötet Mot und erweckt Baal wieder zum Leben. Anath beweist weiter, daß sie Baals Waffenkameradin ist, als sie seine Feinde zu einem Bankett versammelt, die Türen versperrt und sie alle umbringt.

Bibliographie

1. Anthropologie

Ardrey, Robert. *Adam kam aus Afrika.* München: Nymphenburger, 1989.
– *The Social Contract: A Personal Inquiry into the Evolutionary Sources of Order and Disorder.* New York: Dell, 1971.
Clemente, C. D. und Donald B. Lindsley (Hrsg.). *Aggression and Defense: Neural Mechanisms and Social Patterns.* Vol. 5. Berkeley: University of California Press, 1967.
Dart, Raymond A. «The Predatory Transition from Ape to Man». *International Anthropological and Linguistic Review 1* (1953): 201–219.
Eisler, Riane. *Kelch und Schwert. Von der Herrschaft zur Partnerschaft. Weibliches und männliches Prinzip in der Geschichte.* München: Goldmann, 1993.
Feilds, Rick. *The Code of the Warrior in History, Myth, and Everyday Life.* New York: HarperCollins, 1991.
Fisher, Helen E. *The Sex Contract: The Evolution of Human Behavior.* New York: Quill, 1983.
Gillette, Douglas. «Men and Intimacy». *Wingspan: A Journal of the Male Spirit* (September 1990).
– Review of *Manhood in the Making* by David Gilmore. In *Wingspan: A Journal of the Male Spirit* (Spring 1991).
Gilmore, David. *Mythos Mann. Rollen, Rituale, Leitbilder.* München: Artemis, 1991.
Herdt, Gilbert H. (Hrsg.). *Rituals of Manhood: Male Initiation in Papua New Guinea.* Berkeley: University of California Press, 1982.
Johnson, Roger N. *Aggression in Man and Animals.* Philadelphia: W. B. Saunders, 1972.
Klein, Richard G. *The Human Career: Human Biological and Cultural Origins.* Chicago: University of Chicago Press, 1989.
Laughlin, William S. «Hunting: An Integrating Biobehavior System and Its Evolutionary Importance». In *Man the Hunter,* herausgegeben von Richard B. Lee und Irven DeVore. Symposium on Man the Hunter, University of Chicago, 1966. Chicago: Aldine, 1968.
Leakey, Louis S. B. «Development of Aggression as a Factor in Early Human and Pre-Human Evolution». In *Aggression and Defense,* herausge-

geben von C. D. Clemente und D. B. Lindsley. Berkeley: University of California Press, 1967.
Life Editors. *The Epic of Man.* New York: Time, 1961.
Lopez, Barry Holstrum. *Arktische Träume. Leben in der letzten Wildnis.* München: dtv, 1989.
MacKinnon, Michael. *The Ape Within Us.* New York: Holt, Rinehart and Winston, 1978.
Mahdi, Louise Carus, Steven Foster und Meredith Little (Hrsg.). *Betwixt and Between: Patterns of Masculine and Feminine Initiation.* LaSalle, Ill.: Open Court, 1987.
Martin, Phyllis M. und Patrick O'Meara (Hrsg.). *Africa.* Bloomington, Ind.: Indiana University Press, 1977.
Montagu, Ashley (Hrsg.). *Man and Aggression.* 2. Auflage. New York: Oxford University Press, 1973.
Morgan, Elaine. *The Descent of Woman.* New York: Stein and Day, 1972.

Morris, Desmond. *Der Mensch, mit dem wir leben. Ein Handbuch unseres Verhaltens.* München: Droemer Knaur, 1981.
– *Der nackte Affe.* München: Droemer Knaur, 1970.
Rappaport, Roy A. «The Sacred in Human Evolution». *Annual Review of Ecology and Systematics 2* (1971): 23–44.
Roper, M. K. «A Survey of the Evidence for Intrahuman Killing in the Pleistocene». *Current Anthropology 10* (1989): 427–459.
Ruspoli, Mario. *The Cave of Lascaux: The Final Photographs.* New York: Harry N. Abrams, 1987.
Scott, John Paul. «Biological Basis of Human Warfare: An Interdisciplinary Problem». In *Interdisciplinary Relationships in the Social Sciences,* herausgegeben von Muzafer Sherif und Carolyn W. Sherif. Chicago: Aldine, 1969.
Smithsonian Editors. *Man and Beast: Comparative Social Behavior,* herausgegeben von J. F. Eisenberg und Witton S. Dillon. Smithsonian Annual III. Washington, D.C.: Smithsonian Institution Press, 1971.
Tierney, Patrick. *Zu Ehren der Götter. Menschenopfer in den Anden.* München: Droemer Knaur, 1989.
Turner, Victor: *Das Ritual. Struktur und Antistruktur.* Frankfurt a.M.: Campus, 1989.
Wallace, Robert A. *The Genesis Factor.* New York: William Morrow, 1979.
Webster, Hutton. *Primitive Secret Societies.* New York: Macmillan, 1932.
Wilson, Edward O. *On Human Nature.* Cambridge: Harvard University Press, 1978.
– *Sociobiology: The Abridged Edition.* Cambridge: Harvard University Press, 1980.

– *Sociobiology: The New Synthesis.* Cambridge: Harvard University Press, 1975.

Zillman, Dolf. *Hostility and Aggression.* Hillsdale, N.J.: L. Erlbaum Associates, 1979.

2. *Gehirnforschung*

Ashbrook, James B. *The Human Mind and the Mind of God: Theological Promise in Brain Research.* Lanham, Md.: University Press of America, 1984.

Harth, Erich. *Windows on the Mind: Reflections on the Physical Basis of Consciousness.* New York: Quill, 1983.

Jaynes, Julian. *Der Ursprung des Bewußtseins durch den Zusammenbruch der bikameralen Psyche.* Reinbek: Rowohlt, 1988.

MacLean, Paul D. *The Triune Brain in Evolution: Role in Paleocerebral Functions.* New York: Plenum Press, 1990.

Moir, Anne und David Jessel. *BrainSex.* Düsseldorf: Econ TB, 1993.

Restak, Richard M. *Geheimnis des menschlichen Gehirns. Ursprung von Denken, Fühlen und Handeln.* München: mvg, 1989.

3. *Geschichte*

Albright, William F. *The Archeology of Palestine.* Harmondsworth, Middlesex, England: Penguin Books, 1949.

Aldred, Cyril. *Akhenaten, Pharaoh of Egypt: A New Study.* London: Thames and Hudson, 1968; London: Sphere Books, Abacus, 1972.

«Andean Civilization». *Encyclopedia Britannica.* Chicago: Encyclopedia Britannica, 1967. Vol. 1, S. 889–891.

Barnett, R. D. und Werner Forman. *Assyrian Palace Reliefs and Their Influence on the Sculptures of Babylon and Persia.* London: Batchworth Press.

Barr, Stringfellow. *The Will of Zeus: A History of Greece.* New York: Dell, 1965.

Berger, Peter L. *Facing Up to Modernity: Excursions in Society, Politics, and Religion.* New York: Basic Books, 1977.

Blacker, Irwin R. und *Horizon* Magazine Editors. *Cortés and the Aztec Conquest.* New York: American Heritage, 1965.

Browning, Robert. *The Emperor Julian.* Berkeley: University of California Press, 1976.

Casson, Lionel, et al. *Mysteries of the Past.* New York: American Heritage, 1977.

Cristofani, Mauro. *The Etruscans: A New Investigation.* New York: Orbis Books, 1979.
Edwards, I. E. S. *Die ägyptischen Pyramiden.* Wiesbaden: Harrassowitz, 1967.
Gernet, Jacques. *Die chinesische Welt. Die Geschichte Chinas aus den Anfängen bis zur Jetztzeit.* Frankfurt a. M.: Insel, 1983.
Gimbutas, Marija. *The Goddesses and Gods of Old Europe: Myths and Cult Images.* Berkeley: University of California Press, 1982.
Gurney, O. R. *The Hittites.* Harmondsworth, Middlesex, England: Penguin Books, 1952.
Morley, Sylvanus G. und George W. Brainerd. *The Ancient Maya.* 4. Auflage. Revised by Robert J. Sharer. Stanford, Calif.: Stanford University Press, 1983.
National Geographic Editors. *The Age of Chivalry.* Washington, D.C.: National Geographic Society, 1969.
Peterson, Frederick. *Ancient Mexico: An Introduction to the Pre-Hispanic Cultures.* Toms River, N.J.: Capricorn Books, 1962.
Säve-Söderbergh, Torgny. *Pharaohs and Mortals.* New York: Bobbs-Merrill, 1961.
Steindorff, George, and Keith C. Seele. *When Egypt Ruled the East.* Chicago: University of Chicago Press, 1942.
Thompson, John Eric S. *The Rise and Fall of Maya Civilization.* Norman: University of Oklahoma Press, 1954. Besonders Kapitel 2.
Time Editors. *The Epic of Man.* New York: Time, 1961. Besonders Kapitel 7.
Time-Life Books Editors. *The Age of the God-Kings, 3000–1500 B.C.* New York: Time-Life Books, 1990.
Turnbull, Stephen R. *The Book of the Samurai: The Warrior Class of Japan.* New York: W. H. Smith Publishers, 1982.
Wilson, John A. *The Culture of Ancient Egypt.* Chicago: University of Chicago Press, 1951. Originaltitel *The Burden of Egypt.*

4. Jungsches Gedankengut

Aeppli, Ernst. *Der Traum und seine Deutung.* Mit 500 Traumsymbolen. Zürich: Rentsch, 1983.
Andrews, Valerie, Robert Bosnak und Karen Walter Goodwin (Hrsg.). *Facing Apocalypse.* Dallas: Spring Publications, 1987.
Corneau, Guy. *Abwesende Väter, verlorene Söhne. Suche nach der männlichen Identität.* Solothurn: Walter, 1993.
de Castillejo, Irene Claremont Day. *Die Töchter der Penelope. Elemente des Weiblichen.* Olten: Walter, 1991.

De Vries, Ad. *Dictionary of Symbols and Imagery.* Amsterdam: North-Holland Publishing Co., 1984.
Edinger, Edward F. *The Creation of Consciousness: Jung's Myth for Modern Man.* Inner City Books, 1984.
– *Ego and Archetype: Individuation and the Religious Function of the Psyche.* New York: G. P. Putnam's Sons (für die C. G. Jung Foundation for Analytical Psychology), 1972; New York: Penguin Books, 1974.
Evans, Richard I. *Gespräche mit C. G. Jung.* Zürich: Rhein, 1967.
Franz, Marie-Louise von. *Spiegelungen der Seele: Projektion und innere Sammlung.* Stuttgart: Kreuz, 1978.
– *Der Schatten und das Böse im Märchen.* München: Kösel, 1985.
Garrison, Jim. *The Darkness of God: Theology After Hiroshima.* Grand Rapids, Mich.: William B. Eerdmans, 1982.
Hannah, Barbara. *Begegnungen mit der Seele. Aktive Imagination. Der Weg zur Heilung und Ganzheit.* München: Kösel, 1985.
Hillman, James, et al. *Puer Papers.* Dallas: Spring Publications, 1979. Insbesondere das Kapitel von James Hillman, «Senex and Puer: An Aspect of the Historical and Psychological Present».
Jacobi, Jolande. *Die Psychologie von C. G. Jung. Eine Einführung in das Gesamtwerk.* Frankfurt a.M.: Fischer TB, 1992.
– *Komplex, Archetypus, Symbol in der Psychologie C. G. Jungs.* Zürich: Rascher, 1957.
Jaffé, Aniela. *Der Mythus vom Sinn im Werk von C. G. Jung.* Einsiedeln: Daimon, 1983.
Johnson, Robert. *Traumvorstellung Liebe. Der Irrtum des Abendlandes.* Olten: Walter, 1985.
Jung, Carl G. *Aion. Beiträge zur Symbolik des Selbst.* Gesammelte Werke Bd. 9/II. Olten: Walter, 1992.
– *Zivilisation im Übergang.* Gesammelte Werke Bd. 10. Olten: Walter, 1991.
– *Zur Psychologie westlicher und östlicher Religion.* Gesammelte Werke Bd. 11. Olten: Walter, 1992.
– *Psychologie und Alchemie.* Gesammelte Werke Bd. 12. Solothurn: Walter, 1994.
– *Mysterium Conjunctionis.* Gesammelte Werke Bd. 14/I–III. Olten: Walter, 1990.
– *Erinnerungen Träume Gedanken.* Aufgezeichnet und herausgegeben von Aniela Jaffé. Olten: Walter, 1992.
– *Das C. G. Jung Lesebuch.* Ausgewählt von Franz Alt. Solothurn: Walter, 1994.
– *Der Mensch und seine Symbole.* Mit Beiträgen von M.-L. von Franz, Joseph L. Henderson, Jolande Jacobi, Aniela Jaffé. Olten: Walter, 1991.

Kast, Verena. *Imagination als Raum der Freiheit. Dialog zwischen Ich und Unbewußtem. Olten: Walter, 1991.*

Layard, John. *A Celtic Quest: Sexuality and Soul in Individuation.* Dallas: Spring Publications, 1975.

Monick, Eugene. *Die Wurzeln der Männlichkeit. Der Phallus in Psychologie und Mythologie.* München: Kösel, 1990.

Moore, Robert. *The Magician and the Analyst: Ritual, Sacred Space, and Psychotherapy.* Chicago: Center for the Scientific Study of Religion, 1992.

– (Hrsg.). *Carl Jung and Christian Spirituality.* Mahwah, N.J.: Paulist Press, 1988.

– und Douglas Gillette. *König, Krieger, Magier, Liebhaber. Die Stärken des Mannes.* München: Kösel, 1992.

– und Daniel Meckel (Hrsg.). *Jung and Christianity in Dialogue: Faith, Feminism, and Hermeneutics.* Mahwah, N.J.: Paulist Press, 1991.

Neumann, Erich. *Kunst und schöpferisches Unbewußtes.* Einsiedeln: Daimon, 1980.

Pedersen, Loren E. *Die Frau im Mann. Die Wiederentdeckung der weiblichen Kräfte, die aus einem halben Menschen einen ganzen Mann machen.* München: Scherz, 1992.

Perry, John Weir. *Roots of Renewal in Myth and Madness: The Meaning of Psychotic Episodes.* San Francisco: Jossey-Bass, 1976.

Sanford, John A. *Gottes vergessene Sprache.* Zürich: Rascher, 1966.

– *Evil: The Shadow Side of Reality.* New York: Crossroad, 1981.

– *Unsere unsichtbaren Partner. Von den verborgenen Quellen des Verliebtseins und der Liebe.* Interlaken: Ansata, 1990.

Stein, Murray (Hrsg.). *Jungian Analysis.* Boulder, Colo.: Shambhala, 1984.

Stevens, Anthony. *Archetypes: A Natural History of the Self.* New York: Quill, 1983. Originalausgabe *Archetype: A Natural History of the Self.* London: Routledge & Kegan, 1982.

– *The Roots of War: A Jungian Perspective.* New York: Paragon House, 1989.

Wolff, Toni. Strukturformen der weiblichen Psyche, in: *Studien zu C. G. Jungs Psychologie.* Einsiedeln: Daimon, 1981.

5. Königtum

Basham, Arthur L. *The Wonder That Was India: A Survey of the Culture of the Indian Sub-Continent Before the Coming of the Muslims.* London: Sidgwick & Jackson, 1954; New York: Grove Press, 1959.

Bricker, Victoria Reifler. *The Indian Christ, the Indian King: The Histori-*

cal Substrate of Maya Myth and Ritual. Austin: University of Texas Press, 1981.

Chaney, William A. *The Cult of Kingship in Anglo-Saxon England: The Transition from Paganism to Christianity.* Berkeley: University of California Press, 1970.

Emery, Walter B. *Archaic Egypt.* Harmondsworth, Middlesex, England: Penguin Books, 1961.

Engnell, Ivan. *Studies in Divine Kingship in the Ancient Near East.* Oxford: Basil Blackwell, 1967.

Evans-Pritchard, Edward E. *The Divine Kingship of the Shilluk of the Nilotic Sudan.* Cambridge, England: Cambridge University Press, 1948.

Frankfort, Henri. *The Birth of Civilization in the Near East.* Garden City, N.Y.: Doubleday, 1956; Bloomington, Ind.: Indiana University Press, 1959.

– *Kingship and the Gods: A Study of Ancient Near Eastern Religion as the Integration of Society and Nature.* Chicago: University of Chicago Press, 1948.

Gadd, Cyril J. *Ideas of Divine Rule in the Ancient East.* Schweich Lectures on Biblical Archeology. London: British Academy, 1948.

Gonda, Jan. «Ancient Indian Kingship from the Religious Point of View». *Numen 3* (1955): 36–71, 122–155; *Numen* 4 (1956): 4, 24–58, 127–164.

Grottanelli, Christiano. «Kingship in the Ancient Mediterranean World». *Encyclopedia of Religion*, herausgegeben von Mircea Eliade, Vol. 8, S. 317–322. New York: Macmillan, 1987.

Hadfield, Percival. *Traits of Divine Kingship in Africa.* Westport, Conn.: Greenwood Press, 1979.

Hocart, Arthur Maurice. *Kingship.* London: Oxford University Press, 1927.

Hooke, Samuel H. *Myth, Ritual, and Kingship: Essays on the Theory and Practice of Kingship in the Ancient Near East and in Israel.* Oxford: Clarendon Press, 1967.

Johnson, Aubrey R. *Sacral Kingship in Ancient Israel.* Cardiff: University of Wales Press, 1955.

Kantorowicz, Ernest H. *Die zwei Körper des Königs. Eine Studie zur politischen Theologie des Mittelalters.* München: dtv, 1992.

Keightley, David N. «The Religious Commitment: Shang Theology and the Genesis of Chinese Political Culture». *History of Religions* 17, Nr. 2 (November 1977 oder Februar-Mai 1978): 211–225.

Kenik, Helen A. «Code of Conduct for a King: Psalm 101». *Journal of Biblical Literature* 95, Nr. 3 (1976): 391–403.

Kwanten, Luc. *Imperial Nomads: A History of Central Asia, 500–1500.* Philadelphia: University of Pennsylvania Press, 1979.

Malandra, William W. *An Introduction to Ancient Iranian Religion: Readings from the «Avesta» and «Achaemenid» Inscriptions.* Minneapolis: University of Minnesota Press, 1983.
Meyerowitz, Eva L. R. *The Divine Kingship in Ghana and Ancient Egypt.* London: Faber & Faber, 1940.
Moore, Robert und Douglas Gillette. *The King Within: Accessing the King in the Male Psyche.* New York: William Morrow, 1992.
Mumford, Lewis. *The City in History: Its Origins, Transformations, and Prospects.* New York: Harcourt, Brace and World, 1968.
Murray, Margaret Alice. «Evidence for the Custom of Killing the King in Ancient Egypt». *Man* 14 (1914): 17–23. London: Royal Anthropological Institute, 1914.
Myers, Henry Allen. *Medieval Kingship.* Chicago: Nelson-Hall, 1982.
Parrinder, Edward G. «Divine Kingship in West Africa». *Numen* 3 (1956): 111–121.
Peters, Edward. *The Shadow King: Rex Inutilis in Medieval Law and Literature, 751–1327.* New Haven: Yale University Press, 1970.
Richards, J. W. «Sacral Kings of Iran». *Mankind Quarterly* 20, Nr. 1–2 (Edinburgh, 1979): 143–160.
Ruttan, Karl. «The Evolution of the Kingship Archetype in the Old Testament». Thesis, Chicago Theological Seminary, 1975.
Schele, Linda, and David A. Freidel. *Die unbekannte Welt der Maya. Das Geheimnis ihrer Kultur entschlüsselt.* München: Knaur, 1991.
Seligman, C. G. *Egypt and Negro Africa: A Study in Divine Kingship.* London: G. Routledge and Sons, 1934.
Tucci, Giuseppe. «The Secret Characters of the Kings of Ancient Tibet». *East and West* 6, Nr. 3 (Oktober 1955): 197–205.
Valeri, Valerio. *Kingship and Sacrifice: Ritual and Society in Ancient Hawaii.* Chicago: University of Chicago Press, 1985.
Waida, Manabu. «Notes on Sacred Kingship in Central Asia». *Numen* 23 (Dezember 1976): 179–190.
– «Sacred Kingship in Early Japan». Ph.D. dissertation, University of Chicago, 1974.
– «Sacred Kingship in Early Japan: A Historical Introduction». *History of Religions* 15, Nr. 4 (Mai 1976): 319–342.
– «Symbolism of ‹Descent› in Tibetan Sacred Kingship and Some East Asian Parallels». *Numen* 20 (April 1973): 60–78.
Wales, Horace G. *The Mountain of God: A Study in Early Religion and Kingship.* London: Bernard Quaritch, 1953.
Zuidema, R. Tom. «The Lion in the City: Royal Symbols of Transition in Cuzco». *Journal of Latin American Lore* 9, Nr. 1 (Sommer 1983): 39–100.

6. *Literatur*

Aeschylos. *Aeschyli Agamemnon.* Hrsg. West, Martin. Stuttgart: Teubner, 1991.

Blake, William. *The Complete Poetry and Prose*, Herausgeber David Erdman, rev. Ausgabe. Berkeley: University of California Press, 1981.

Bly, Robert. *Eisenhans. Ein Buch über Männer.* München: Kindler, 1991.

Euripides. *Die Bakchen.* Ditzingen: Reclam UB (o.J.).

Herbert, Frank. *Dune.* New York: Berkeley Publications, 1965; New York: Putnam, 1984.

Hesse, Hermann. *Die Morgenlandfahrt.* Erzählung. Frankfurt a.M.: Suhrkamp, 1981.

Lacy, Norris J. (Hrsg.). *The Arthurian Encyclopedia.* New York: Garland, 1986.

Lewis, C. S. *'Til We Have Faces.* New York: Harcourt, Brace and World, 1956.

Sophokles. *Sämtliche Werke.* Essen: Phaidon, 1988.

Tennyson, Alfred. *Idylls of the King.* Herausgegeben von J. M. Gray. New Haven: Yale University Press, 1983.

Tolkien, J. R. R. *The Return of the King.* New York: Ballantine Books, 1965. Deutsch: *Der Herr der Ringe.* Bd. 3. *Die Rückkehr des Königs.* Stuttgart: Klett-Cotta, 1992.

White, T. H. *The Book of Merlyn.* Austin: University of Texas Press, 1977.

– *The Once and Future King.* London: Collins, 1958; New York: Putnam, 1958.

7. *Magier, Magie und Schamanismus*

Castañeda, Carlos. *Reise nach Ixtlan. Die Lehre des Don Juan.* Frankfurt a.M.: Fischer TB, 1992.

– *Eine andere Wirklichkeit. Neue Gespräche mit Don Juan.* Frankfurt a.M.: Fischer TB, 1992.

– *Die Lehren des Don Juan. Ein Yaqui Weg des Wissens.* Frankfurt a.M.: Fischer TB, 1992.

Doore, Gary (Hrsg.). *Shaman's Path: Healing, Personal Growth, and Empowerment.* Boston: Shambhala, 1988.

Franz, Marie-Louise von. *Zahl und Zeit. Psychologische Überlegungen zu einer Annäherung von Tiefenpsychologie und Physik.* Stuttgart: Klett-Cotta, 1991.

Goethe, Johann Wolfgang von: *Faust. Der Tragödie erster und zweiter Teil. Zürich: Diogenes, 1992.*

Grossinger, Richard (Hrsg.). *The Alchemical Tradition in the Late Twentieth Century.* Berkeley: North Atlantic Books, 1979.
Halifax, Joan. *Die andere Wirklichkeit der Schamanen. Erfahrungsberichte von Magiern, Medizinmännern und Visionären.* München: Scherz, 1984.
Larsen, Stephen. *The Shaman's Doorway: Opening the Mythic Imagination to Contemporary Consciousness.* San Francisco: Harper and Row/Harper Colophon Books, 1976.
Schwarzer Hirsch. *Ich rufe mein Volk. Leben, Visionen und Vermächtnis des letzten großen Sehers der Ogalalla Sioux.* Göttingen: Lamuv, 1987.
Nichols, Sallie. *Die Psychologie des Tarot. Der Tarot nach der Archetypenlehre C. G. Jungs.* Interlaken: Ansata, 1989.
Nicholson, Shirley (Hrsg.). *Shamanism.* Wheaton, Ill.: Theosophical Publishing House, 1987.
Wolf, Fred Alan. *The Eagle's Quest: A Physicist's Search for Truth in the Heart of the Shamanic World.* New York: Simon & Schuster/Summit Books, 1991.

8. Mythologie und Religion

Albright, William F. *Yahweh and the Gods of Canaan: A Historical Analysis of Two Contrasting Faiths.* Garden City, N.Y.: Doubleday, 1968.
Anderson, William. *Der grüne Mann. Ein Archetyp der Erdverbundenheit.* Solothurn: Walter, 1993.
Arberry, A. J. *Sufism: An Account of the Mystics of Islam.* New York: Harper & Row/Harper Torchbooks, 1970.
Baba, Pagal. *Temple of the Phallic King: The Mind of India: Yogis, Swamis, Sufis, and Avatars.* New York: Simon & Schuster, 1973.
Barnstone, Willis (Hrsg.). *The Other Bible.* San Francisco: Harper & Row, 1984.
Breasted, James H. *The Dawn of Conscience: The Sources of Our Moral Heritage in the Ancient World.* New York: Charles Scribner's Sons, 1933.
Campbell, Joseph. *Der Heros in tausend Gestalten.* Frankfurt a.M.: Suhrkamp, 1978.
– *Historical Atlas of World Mythology.* Vol. 2 *The Way of the Seeded Earth.* Part 1: *The Sacrifice.* New York: Harper & Row/Perennial Library, 1988.
– *Die Masken Gottes, Bd. 3*: Mythologie des Westens. Basel: Sphinx, 1992.
– *Die Masken Gottes, Bd. 4*: Schöpferische Mythologie. Basel: Sphinx, 1992.

– *The Mythic Image.* Princeton, N.J.: Princeton University Press, 1974.
– *Die Kraft der Mythen. Bilder der Seele im Leben des Menschen.* München: Artemis, 1989.
Carrasco, David. *Quetzalcoatl and the Irony of Empire: Myths and Prophecies in the Aztec Tradition.* Chicago: University of Chicago Press, 1982.
Cohn-Haft, Louis. *Source Readings in Ancient History: The Ancient Near East.* New York: Thomas Y. Crowell, 1965.
Cumont, Franz. *Die Mysterien des Mithras. Ein Beitrag zur Religionsgeschichte der römischen Kaiserzeit.* Stuttgart: Teubner, 1981.
Dodds, E. R. *Heiden und Christen in einem Zeitalter der Angst. Aspekte religiöser Erfahrung von Mark Aurel bis Konstantin.* Frankfurt a.M.: Suhrkamp, 1985.
Dupont-Sommer, André. *Die essenischen Schriften vom Toten Meer. Unter Zugrundelegung der Originaltexte.* Tübingen: Mohr, 1960.
Eliade, Mircea. *Kosmos und Geschichte. Der Mythos der ewigen Wiedergeburt.* Frankfurt a.M.: Insel, 1984.
– *Mythos und Wirklichkeit.* Frankfurt a.M.: Insel, 1988.
– *Die Religionen und das Heilige. Elemente der Religionsgeschichte.* Frankfurt a.M.: Insel, 1986.
– *Das Mysterium der Wiedergeburt. Versuch über einige Initiationstypen.* Frankfurt a.M.: Insel, 1988.
– *Das Heilige und das Profane. Vom Wesen des Religiösen.* Frankfurt a.M.: Suhrkamp, 1990.
Evans-Wentz, Walter Y. *Das Tibetanische Totenbuch. Oder: Die Nachtoderfahrung auf der Bardo-Stufe.* Geleitwort u. psychologischer Kommentar von C. G. Jung. Solothurn: Walter, 1993.
Forsyth, Neil. *The Old Enemy: Satan and the Combat Myth.* Princeton: Princeton University Press, 1987.
Frankfort, Henri. *Ancient Egyptian Religion.* New York: Columbia University Press, 1948; New York: Harper & Row, 1961.
Frazer, James G. *Der goldene Zweig. Das Geheimnis von Glauben und Sitten der Völker.* Reinbek: Rowohlt TB, 1989.
Gaer, Joseph. *How the Great Religions Began.* New York: Dodd, Mead, 1929.
Das Geheimnis der Goldenen Blüte. Ein chinesisches Lebensbuch. Text und Erläuterungen von Richard Wilhelm. Mit einem Kommentar von C. G. Jung. Olten: Walter, 1992.
Godwin, Joscelyn. *Mystery Religions in the Ancient World.* San Francisco: Harper & Row, 1981; London: Thames & Hudson, 1981.
Grant, Robert M. *Gnosticism and Early Christianity.* New York: Columbia University Press, 1959; New York: Harper & Row/Harper Torchbooks, 1959.

Hadas, Moses. *The Apocrypha: An American Translation.* New York: Alfred A. Knopf and Random House, 1959.
Hamilton, Edith. *Mythology: Timeless Tales of Gods and Heroes.* New York: New American Library, 1940.
Henderson, Joseph L. *Thresholds of Initiation.* Middletown, Conn.: Wesleyan University Press, 1967.
Hooke, Samuel H. *Middle Eastern Mythology.* New York: Viking Penguin, 1963.
James, William. *The Varieties of Religious Experience: A Study in Human Nature.* Gifford Lectures. London: Longmans Green, 1902. Reprint mit einem Vorwort von Jacques Barzun, New York: New American Library, 1958.
Jobes, Gertrude. *Dictionary of Mythology, Folklore, and Symbols.* Metuchen, N.J.: Scarecrow Press, 1962.
Kipnis, Aaron R. *Knights Without Armor.* Los Angeles: Jeremy P. Tarcher, 1991.
Konfuzius. *Die Weisheit des Konfuzius.* Frankfurt a. M.: Insel (o. J.).
Kramer, Samuel Noah. *Sumerian Mythology: A Study of Spiritual and Literary Achievement in the Third Millennium B.C.* New York: Harper, 1961.
Krickeberg, Walter, et al. *Die Religionen des alten Amerikas.* Stuttgart: Kohlhammer, 1961.
Lind, Millard C. *Yahweh Is a Warrior: The Theology of Warfare in Ancient Israel.* Scottdale, Pa.: Herald Press, 1980.
MacCana, Proinsias. *Celtic Mythology.* Überarbeitete Ausgabe. London: Bedrick Books, 1985.
Malandra, William W. *An Introduction to Ancient Iranian Religion: Readings from the «Avesta» and «Achaemenid» Inscriptions.* Minneapolis: University of Minnesota Press, 1983.
Mansoor, Menachem. *The Dead Sea Scrolls.* Leiden, Netherlands: E. J. Brill, 1964; Grand Rapids, Mich.: Wm. B. Eerdmans, 1964.
Matthews, John (Hrsg.). *Choirs of the God: Revisioning Masculinity.* London: Mandala, 1991; San Francisco: HarperCollins, 1991.
May, Herbert G. und Bruce M. Metzger. *The New Oxford Annotated Bible with the Apocrypha.* Erweiterte Ausgabe. New York: Oxford University Press, 1977.
Miller, Patrick D. *The Divine Warrior in Early Israel.* Cambridge, Mass.: Harvard University Press, 1973.
Moody, Raymond A. *Leben nach dem Tod.* Reinbek: Rowohlt, 1977.
Mylonas, George E. *Eleusis and the Eleusinian Mysteries.* Princeton: Princeton University Press, 1961.
Oikonomides, A. N. *Mithraic Art: A Search for Unpublished and Unidentified Monuments.* Chicago: Ares, 1975.

Otto, Rudolf. *Das Heilige. Über das Irrationale in der Idee des Göttlichen und sein Verhältnis zum Rationalen.* München: Beck, 1991.

Pagels, Elaine. *Versuchung durch Erkenntnis. Die gnostischen Evangelien.* Frankfurt a.M.: Suhrkamp, 1987.

Perowne, Stewart. *Roman Mythology.* London: Hamlyn, 1969.

Perry, John Weir. *Lord of the Four Quarters: Myths of the Royal Father.* New York: G. Braziller, 1966; New York: Macmillan/Collier Books, 1970.

– *Lord of the Four Quarters: The Mythology of Kingship.* Mahwah, N.J.: Paulist Press, 1991.

Pritchard, James B. (Hrsg.). *The Ancient Near East: An Anthology of Texts and Pictures.* Princeton: Princeton University Press, 1958.

Ranke-Graves, Robert von. *Griechische Mythologie. Quellen und Deutung.* Reinbek: Rowohlt TB, 1986.

Reichel-Dolmatoff, Gerardo. *Amazonian Cosmos: The Sexual and Religious Symbolism of the Tukano Indians.* Chicago: University of Chicago Press, 1971.

Robinson, James M. (Hrsg.). *The Nag Hammadi Library.* San Francisco: Harper & Row, 1977.

Scholem, Gershom. *Major Trends in Jewish Mysticism.* New York: Schocken Books, 1946.

– *Ursprung und Anfänge der Kabbala.* Berlin: Walter de Gruyter, 1962.

Seltman, Charles T. *The Twelve Olympians.* New York: Thomas Y. Crowell, 1960.

Shah, Idries. *Die Sufis. Botschaft der Derwische. Weisheit der Magier.* München: Diederichs, 1990.

Smith, Huston. *Forgotten Truth: The Primordial Tradition.* New York: Harper & Row/Harper Colophon Books, 1976.

– *The Religions of Man.* New York: Harper & Row, 1965.

Smith, Morton. *Jesus the Magician.* San Francisco: Harper & Row, 1978.

Sullivan, Lawrence (Hrsg.). *Healing and Restoring: Health and Medicine in the World's Religious Traditions.* New York: Macmillan, 1988.

Thomas, D. Winton (Hrsg.). *Documents from Old Testament Times.* Übersetzung mit einer Einführung und Anmerkungen von Mitgliedern der Society for Old Testament Study. New York: Harper, 1961.

Thompson, Brian. *The Story of Prince Rama.* Harmondsworth, Middlesex, England: Penguin Books, 1980.

Underhill, Evelyn. *Mystik. Eine Studie über die Natur und Entwicklung des religiösen Bewußtseins im Menschen.* Bietigheim-Bissingen: Lorber & Turm, 1973.

Vermes, Geza. *The Dead Sea Scrolls in English.* Baltimore: Penguin Books, 1962.

Walker, J. B. R. *The Comprehensive Concordance to the Holy Scriptures.* S. A. Weston, 1929; New York: Macmillan, 1948.

Watts, Alan und Eliot Elisofan. *Erotic Spirituality: The Vision of Konarak.* Photographien von Eliot Elisofan. Kommentar von Alan Watts. New York: Macmillan/Collier Books, 1971.

Weston, Jesse L. *From Ritual to Romance: An Account of the Holy Grail from Ancient Ritual to Christian Symbol.* Cambridge: Cambridge University Press, 1920; Garden City, N.Y.: Doubleday, 1957.

Wheatley, Paul. *The Pivot of the Four Quarters: A Preliminary Inquiry into the Origins and Character of the Ancient Chinese City.* Chicago: Aldine Publishing, 1971.

9. Andere Psychologien

Ansbacher, Heinz L. und Rowena R. Ansbacher. *Alfred Adlers Individualpsychologie. Eine systematische Darstellung seiner Lehre in Auszügen aus seinen Schriften.* München: Ernst Reinhardt, 1982.

Beahrs, John O. *Unity and Multiplicity: Multilevel Consciousness of Self in Hypnosis, Psychiatric Disorder and Mental Health.* New York: Brunner/Mazel, 1981.

Bettelheim, Bruno. *Freud and Man's Soul.* New York: Alfred A. Knopf, 1983.

Bowlby, John. *Separation: Anxiety and Anger.* New York: Basic Books, 1973.

Bradshaw, John. *Das Kind in uns. Wie finde ich zu mir selbst.* München: Droemer Knaur, 1992.

Browning, Don S. *Generative Man: Psychoanalytic Perspectives.* Philadelphia: Westminster Press, 1973; New York: Dell, 1975.

Freud, Sigmund. *Der Mann Moses und die monotheistische Religion.* Schriften über die Religion. Frankfurt a. M.: Fischer TB, 1991.

– *Totem und Tabu. Einige Übereinstimmungen im Seelenleben der Wilden und Neurotiker.* Frankfurt a. M.: Fischer TB, 1991.

Hendrix, Harville. *Soviel Liebe wie du brauchst. Das Therapiebuch für eine erfüllte Beziehung.* Düsseldorf: Econ TB, 1992.

Keen, Sam. *Feuer im Bauch. Über das Mann-Sein.* Hamburg: Kabel, 1992.

Lauzun, Gérard. *Sigmund Freud: The Man and His Theories.* Greenwich, Conn.: Fawcett, 1962; Paris: Pierre Seghers, 1962.

Lee, Ronald R. und J. Colby Martin. *Psychotherapy After Kohut: A Textbook of Self Psychology.* Hillsdale, N.J.: Analytic Press, 1991.

Marcuse, Herbert. *Triebstruktur und Gesellschaft.* Essay. Frankfurt a. M.: Suhrkamp, 1973.

Miller, Alice. *Das Drama des begabten Kindes und die Suche nach dem wahren Selbst.* Frankfurt a. M.: Suhrkamp, 1979.
– *Am Anfang war Erziehung.* Frankfurt a. M.: Suhrkamp, 1980.
– *Du sollst nicht merken. Variationen über das Paradies-Thema.* Frankfurt a. M.: Suhrkamp, 1981.
Millon, Theodore. *Disorders of Personality: DSM-III: Axis II.* New York: John Wiley and Sons, 1981.
– *Modern Psychopathology: A Biosocial Approach to Maladaptive Learning and Functioning.* Prospect Heights, Ill.: Waveland Press, 1983.
Peck, M. Scott. *People of the Lie: The Hope for Healing Human Evil.* New York: Simon & Schuster, 1983.
– *Der wunderbare Weg. Eine neue Psychologie der Liebe und des spirituellen Wachstums.* Bielefeld: Bertelsmann, 1986.
Rizzuto, Ana-Maria. *The Birth of the Living God: A Psychoanalytic Study.* Chicago: University of Chicago Press, 1979.
Rogers, David J. *Fighting to Win: Samurai Techniques for Your Work and Life.* Garden City, N.Y.: Doubleday, 1984.
Schmookler, Andrew Bard. *Out of Weakness: Healing the Wounds That Lead Us to War.* Toronto: Bantam Books, 1988.
Shapiro, David. *Neurotische Stile.* Göttingen: Vandenhoeck & Ruprecht, 1991.
Spencer, Laura J. *Winning Through Participation.* Dubuque, Iowa: Kendall Hunt, 1989.
Storr, Anthony. *Human Aggression.* New York: Atheneum, 1968; New York: Bantam Books, 1970.
– *Human Destructiveness.* New York: Basic Books, 1972; New York: Grove Weidenfeld, 1991.
– *The Integrity of the Personality.* New York: Atheneum, 1960; New York: Random House, 1992.
Ulanov, Ann und Barry Ulanov. *Cinderella and Her Sisters: The Envied and the Envying.* Philadelphia: Westminster Press, 1983.
Winnicott, Donald W. *Der Anfang ist unsere Heimat. Essays zu einer gesellschaftlichen Entwicklung des Individuums.* Stuttgart: Klett-Cotta, 1990.
Wolf, Ernest S. *Treating the Self: Elements of Clinical Self Psychology.* New York: Guilford Press, 1988.

10. Physik und Kosmologie

Ferris, Timothy. *The Red Limit: The Search for the Edge of the Universe.* New York: William Morrow, 1977; New York: Bantam Books, 1977.

Morris, Richard. *Time's Arrows: Scientific Attitudes Toward Time.* New York: Simon & Schuster, 1984.

Time-Life Books Editors. *Voyage Through the Universe: The Cosmos.* Alexandria, Va.: Time-Life Books, 1988.

11. Ethologie der Primaten

Barnett, Samuel A. «Attack and Defense in Animal Societies». In *Aggression and Defense*, herausgegeben von C. D. Clemente und D. B. Lindsley. Berkeley: University of California Press, 1967.

Bourne, Geoffrey H. *Primate Odyssey.* New York: G. P. Putnam's Sons, 1974.

Davis, D. E. «The Physiological Analysis of Aggressive Behavior». In *Social Behavior and Organization Among Vertebrates*, herausgegeben von William Etkin. New York, 1964.

Desmond, Adrian J. *The Ape's Reflection.* New York: Dial Press/James Wade, 1979.

Eibl-Eibesfeldt, Irenäus. *Krieg und Frieden aus der Sicht der Verhaltensforschung.* München: Piper, 1990.

– *«The Fighting Behavior of Animals». Scientific American* 205 (1961): 112–122.

Fossy, Dian. *Gorillas in the Mist.* Boston: Houghton Mifflin, 1983.

Goodall, Jane. *In the Shadow of Man.* Boston: Houghton Mifflin, 1971.

– *Ein Haus für Schimpansen. Meine 30 Jahre am Gombe-Strom.* Reinbek: Rowohlt, 1991.

Hall, K. R. C. «Aggression in Monkey and Ape Societies». In *The Natural History of Aggression*, herausgegeben von John D. Carthy und Francis J. Ebling, S. 50–64. London: Academic Press (for the Institute of Biology), 1964.

Heltne, Paul G. und Linda A. Marquardt. *Understanding Chimpanzees.* Cambridge: Harvard University Press, 1989.

Matthews, L. Harrison. «Overt Fighting in Mammals». In *The Natural History of Aggression*, herausgegeben von John D. Carthy und Francis J. Ebling. London: Academic Press (for the Institute of Biology), 1964.

Shaw, C. E. «The Male Combat Dance of Crotalid Snakes». *Herpetologia* 4 (1948): 137–145.

Tinbergen, Niko. «Fighting and Threat in Animals». *New Biology* 14 (1953): 9–24.

Waal, Frans de. *Chimpanzee Politics: Power and Sex Among Apes.* New York: Harper & Row, 1982.

– *Wilde Diplomaten. Versöhnung und Entspannungspolitik bei Affen und Menschen.* München: Hanser, 1991.

12. Ritual und Initiation

Almond, Richard. *The Healing Community: Dynamics of the Therapeutic Milieu.* Stanford: Stanford University Press, 1974.

Bellack, L., M. Hurvich und H. Gediman. *Ego Functions in Schizophrenics, Neurotics, and Normals.* New York: John Wiley, 1973.

Benedict, Ruth. «Ritual». *Encyclopaedia of the Social Sciences* 13 (1934): 396–398.

Bossard, James A. S. und Eleanor S. Bell. «Ritual in Family Living». *American Sociological Review* 14 (1949): 463–469.

Davis, Madeleine und David Wallbridge. *Eine Einführung in das Werk von D. W. Winnicott.* Stuttgart: Klett-Cotta, 1983.

Eliade, Mircea. *Das Mysterium der Wiedergeburt. Versuch über einige Initiationstypen.* Frankfurt a.M.: Insel, 1988.

Erikson, Erik. «The Ontogeny of Ritualization». In *Psychoanalysis: A General Psychology,* herausgegeben von Loewenstein et al. New York: International Universities Press, 1966.

Frank, Jerome D. *Die Heiler. Wirkungsweisen psychotherapeutischer Beeinflussung vom Schamanismus bis zu den modernen Therapien.* Stuttgart: Klett-Cotta, 1981.

Gay, Volney P. «Psychopathology and Ritual: Freud's Essay ‹Obsessive Actions and Religious Practises›». *Psychoanalytic Review* 62 (1975): 493–507.

– «Ritual and Self-Esteem in Victor Turner and Heinz Kohut». *Zygon* 18 (September 1983): 271–282.

Gennep, Arnold van. *Übergangsriten.* Frankfurt a.M.: Campus, 1986.

Goodheart, William B. «Theory of Analytical Interaction». *San Francisco Jung Institute Library Journal* 1, Nr. 4 (1980): 2–39.

Grimes, Ronald. «Ritual Studies: Two Models». *Religious Studies Review* 2 (1976): 13–25.

Groesbeck, C. Jess. «The Archetypal Image of the Wounded Healer». *The Journal of Analytical Psychology* 20 (1975): 122–145.

Grolnick, Simon A. und Leonard Barkin (Hrsg.). *Between Reality and Fantasy: Transitional Objects and Phenomena.* New York: Jason Aronson, 1978.

Guggenbühl-Craig, Adolf. *Macht als Gefahr beim Helfer.* Basel: Karger, 1971.

Harrison, Jane. *Ancient Art and Ritual.* London: Williams & Norgate, 1913.

– *Themis: A Study of the Social Origins of Greek Religion.* Cambridge: Cambridge University Press, 1912.

Hart, Onno van der. *Rituals in Psychotherapy: Transition and Continuity.* New York: Irvington Publishers, 1983.

Langs, Robert. *The Bipersonal Field.* New York: Jason Aronson, 1976.
– *Interactions.* New York: Jason Aronson, 1980.
– *Technique in Transition.* New York: Jason Aronson, 1978.
– *The Therapeutic Environment.* New York: Jason Aronson, 1979.
Leach, E. R. «Ritual». *International Encyclopaedia of the Social Sciences* 13: 520–526.
McCurdy, Alexander, III. «Establishing and Maintaining the Analytical Structure». In *Jungian Analysis*, herausgegeben von Murray Stein. LaSalle, Ill.: Open Court, 1982.
Moore, Robert L. «Contemporary Psychotherapy as Ritual Process: An Initial Reconnaissance». *Zygon* 18 (September 1983): 283–294.
– «Ritual Process, Initiation, and Contemporary Religion». In *Jung's Challenge to Contemporary Religion*, herausgegeben von Murray Stein und Robert L. Moore. Wilmette, Ill.: Chiron Press, 1987.
– Ralph W. Burhoe und Philip J. Hefner (Hrsg.). «Ritual in Human Adaptation». *Zygon* 18 (September 1983): 209–325.
Perry, John Weir. *Roots of Renewal in Myth and Madness.* San Francisco: Jossey-Bass, 1976.
Posinsky, S. H. «Ritual, Neurotic and Social». *American Imago* 19 (1962): 375–390.
Reik, Theodor. *Ritual: Psychoanalytic Studies.* London: Hogarth Press, 1931.
Turner, Victor. *The Drums of Affliction.* Oxford: Clarendon Press, 1968.
– *Vom Ritual zum Theater. Der Ernst des menschlichen Spiels.* Frankfurt a.M.: Campus, 1989.
– *Process, Performance and Pilgrimage: A Study in Comparative Symbology.* New Delhi: Concept Publishing, 1979.
– *Das Ritual: Struktur und Antistruktur.* Frankfurt a.M.: Campus, 1989.
– und Edith Turner. *Image and Pilgrimage in Christian Culture.* New York: Columbia University Press, 1978.

13. Theologie und Philosophie

Daley, Mary. *Beyond God the Father: Toward a Philosophy of Women's Liberation.* Boston: Beacon Press, 1973.
– *Gyn/Ecology: The Metaethics of Radical Feminism.* Boston: Beacon Press, 1979.
Evans-Wentz, Walter Y. (Hrsg.). *Das Tibetanische Totenbuch. Oder die Nachtoderfahrung auf der Bardo-Stufe.* Geleitwort und psychologischer Kommentar von C. G. Jung. Solothurn: Walter, 1993.
Goldin, Judah. *The Living Talmud.* New Haven: Yale University Press,

1955; New York: New American Library, 1957.
Greenleaf, Robert K. *Servant Leadership: A Journey into the Nature of Legitimate Power and Greatness.* New York: Paulist Press, 1977.
Keen, Sam. *To a Dancing God: Notes of a Spiritual Traveler.* San Francisco: Harper, 1970.
Kelly, J. N. D. *Altchristliche Glaubensbekenntnisse.* Göttingen: Vandenhoeck & Ruprecht, 1973.
Kelly, Sean. *Individuation and the Absolute: Hegel, Jung, and the Path Toward Wholeness.* New York: Paulist Press, im Druck.
Kirk, G. S. und J. E. Raven. *The Presocratic Philosophers: A Critical History with a Selection of Texts.* Cambridge: Cambridge University Press, 1957.
Loye, David. *The Sphynx and the Rainbow: Brain, Mind, and Future Vision.* Boston: Shambhala, 1983.
Nicholas of Cusa. *The Vision of God.* Herausgegeben von Evelyn Underhill. New York: Ungar, 1960.
Niebuhr, Reinhold. *The Nature and Destiny of Man: A Christian Interpretation.* Vol. 1. New York: Charles Scribner's Sons, 1941, 1964.
Nikhilananda, Swami. *Die Katha-Upanishad. Von der Unsterblichkeit des Selbst.* München: Scherz, 1989.
Nilsson, Martin P. *Greek Piety.* Oxford: Clarendon Press, 1948; New York: W. W. Norton, 1969.
Norris, Richard A., Jr. und William G. Rusch (Hrsg.). *The Christological Controversy.* Philadelphia: Fortress Press, 1980.
Pickthall, Marmaduke. *The Meaning of the Glorious Koran.* New York: New American Library, 1953.
Pirsig, Robert M. *Zen und die Kunst, ein Motorrad zu warten.* Frankfurt a. M.: Fischer, 1992.
Platon. *Apologie und Kriton.* Ditzingen: Reclam UT (o. J.).
Prabhupada, A. C. Bhaktivedanta Swami. *Bhagavad-Gita As It Is.* Bhaktivedanta Book Trust, 1968; New York: Macmillan/Collier Books, 1972.
Ruether, Rosemary R. *Sexismus und die Rede von Gott. Schritte zu einer anderen Theologie.* Gütersloh: Gütersloher, 1990.
Teilhard de Chardin, Pierre. *Der Mensch im Kosmos.* München: Beck, 1981.
Tillich, Paul. *Der Mut zum Sein.* Berlin: de Gruyter, 1987.
– *Systematische Theologie,* Bd. 3. Berlin: de Gruyter, 1987.
– «Das Ewige und das Jetzt». In *Religiöse Reden.* Berlin: de Gruyter, 1988.
Watts, Alan. *The Supreme Identity: An Essay on Oriental Metaphysic and the Christian Religion.* New York: Random House/Vintage Books, 1972.
Wei, Henry. *The Guiding Light of Lao Tze.* Wheaton, Ill.: Theosophical Publishing House, 1982.
Whitehead, Alfred North. *Adventures of Ideas.* New York: Macmillan, 1933; New York: Free Press, 1967.

Guy Corneau

Abwesende Väter – Verlorene Söhne

Die Suche nach der männlichen Identität

Aus dem Englischen übersetzt von Dirk Muelder
2. Auflage 1993. 240 Seiten, Leinen

Der Autor greift das Phänomen des ‹Rabenvater› auf, der in der Familie durch Abwesenheit glänzt. Anhand von Fallbeispielen schildert der kanadische Therapeut, welche fatalen Auswirkungen die lebenslange Suche nach dem abwesenden Vater im Erwachsenenleben enttäuschter Söhne hat.

Eugen Drewermann

Die zwei Brüder

Grimms Märchen tiefenpsychologisch gedeutet

126 Seiten mit 4 Farbtafeln, gebunden

Ein Männermärchen, das Abschied nimmt von der Rolle des «Helden» und die Beziehung der Geschlechter neu definiert.

WALTER-VERLAG

Roger N. Walsh

Der Geist des Schamanismus

Aus dem Amerikanischen von Dieter Kuhaupt

338 Seiten mit 16 Abbildungen, Leinen

Der Geist des Schamanismus – der ältesten religiösen, heilkundlichen und psychologischen Disziplin der Menschheit – erfreut sich wachsender Beliebtheit, obwohl man noch vor wenigen Jahren ein endgültiges Aussterben dieser «archaischen Ekstasetechniken» befürchtete. Inzwischen werden sie ebenso von Hausfrauen wie von Geschäftsleuten und Psychologen erlernt.

William Andersen

Der grüne Mann

Ein Archetyp der Erdverbundenheit

Aus dem Englischen übersetzt von Brigitte Siegel
231 Seiten mit 128 Abbildungen und 8 Farbtafeln, gebunden

Die Gestalt des Grünen Mannes – ein Männergesicht mitten in Pflanzenornamenten – taucht als Kunstwerk immer dann auf, wenn die Menschen um ein neues Selbstverständnis und um einen neuen Bezug zur Schöpfung zu ringen haben. William Andersen behandelt vor allem die mittelalterlichen und modernen Erscheinungsformen des Grünen Mannes und hat ein Buch geschaffen, in dem sich Kunstgeschichte und ökologisches Engagement erhellend miteinander verbinden.

WALTER-VERLAG